EGON CONRAD ELLRICHSHAUSEN

Die uneheliche Mutterschaft im altösterreichischen Polizeirecht des 16. bis 18. Jahrhunderts

Schriften zur Rechtsgeschichte

Heft 42

Die uneheliche Mutterschaft im altösterreichischen Polizeirecht des 16. bis 18. Jahrhunderts

dargestellt am Tatbestand der Fornication

Von

Dr. Egon Conrad Ellrichshausen

Duncker & Humblot · Berlin

CIP-Titelaufnahme der Deutschen Bibliothek

Ellrichshausen, Egon Conrad:
Die uneheliche Mutterschaft im altösterreichischen Polizeirecht des 16. bis 18. Jahrhunderts : dargest. am Tatbestand d. Fornication / von Egon Conrad Ellrichshausen. — Berlin : Duncker u. Humblot, 1988
(Schriften zur Rechtsgeschichte ; H. 42)
ISBN 3-428-06317-1
NE: GT

Satz: Hagedornsatz, Berlin 46
Druck: Berliner Buchdruckerei Union GmbH, Berlin 61
Printed in Germany

ISBN 3-428-06317-1

Vorwort

Die vorliegende Untersuchung erwuchs aus Vorarbeiten zu den Textausgaben der Consuetudinarienbücher, die heute im Oberösterreichischen Landesarchiv aufbewahrt werden. In diesen Rechtsquellen der frühen Neuzeit wurden unter anderem Unzuchts- bzw. Fornicationsfälle in gerichtsorganisatorischer Hinsicht behandelt, die auf eine weitere Durchdringung des dahinterstehenden Problemes neugierig machten. Unter Beiziehung der einschlägigen gesetzlichen Bestimmungen wurde das Gerüst einer Entwicklung sichtbar, das anhand von zahlreichen in der Sache entschiedenen Rechtsfällen zu einer rechts- und sozialhistorischen Studie wurde.

Dabei galt es mehrere Fragen aufzuwerfen, die wegen des Weiterwirkens mancher, im Laufe der Zeit zwischen der ersten Hälfte des 16. Jahrhunderts bis zur zweiten Hälfte des 18. Jahrhunderts, während der die Fornication unter Strafe stand, ausgebildeten Vorstellungen in anderer Form noch heute Gegenstand einer breiten Diskussion sind. So mußte die Frage aufgegriffen werden, von welcher grundsätzlichen Bewertung der menschlichen Sexualität ausgegangen wurde, um zur Ausbildung von gesetzlich sanktionierten Unzuchtsnormen zu gelangen. Besonderes Augenmerk galt der Frage, inwieweit die theoretischen Grundlagen und die daraus hervorgegangenen gesetzlichen Bestimmungen, welche jede nicht erlaubte Form der Sexualität unter rigorose Strafdrohung stellten, in die Rechtspraxis umgesetzt werden konnten. Daran knüpfte sich die generelle Frage, ob aus den theoretischen Vorstellungen und Gesetzestexten allgemeine und pauschale Aussagen über die historische Entwicklung gewonnen werden können oder ob nicht vielmehr die oft unterschiedlich gestalteten Einzelfälle keine pauschale Beurteilung zulassen. Vor dem Hintergrund der gegenwärtigen Diskussion war es außerdem von vorrangigem Interesse, in welcher Art und in welchem Maße Frauen und Männer betroffen waren und welche geschlechtsspezifischen Unterschiede auf theoretischer und auf praktischer Ebene bestanden.

Daß die vorliegende Arbeit im Druck erscheinen konnte, verdanke ich der großzügigen Unterstützung durch die Österreichische Forschungsgemeinschaft, der ich hiermit meinen besonderen Dank aussprechen möchte.

Wels im September 1986

Egon Conrad Ellrichshausen

Inhaltsverzeichnis

1. Themenstellung

Das Problem der unehelichen Mutterschaft wird in der Privatrechtsgeschichte vorrangig aus der Sicht des Ehe-, Kindschafts- oder Erbrechtes behandelt und im Rahmen der Strafrechtsgeschichte meist in Verbindung mit dem Delikt des Kindesmordes dargestellt. Die Stellung unehelicher Mütter bestimmte sich in der frühneuzeitlichen Rechtsordnung jedoch nicht alleine nach privat- und strafrechtlichen Normen, sondern konnte darüber hinaus auch vom Polizeirecht betroffen werden. Als signifikantes Beispiel sei auf ein Unzuchtsurteil aus dem Marktarchiv Engelhartszell (O. Ö.) aus dem Jahre 1766 hingewiesen, das seine Rechtsgrundlage im frühneuzeitlichen Polizeirecht hatte. Durch das Urteil wurde eine Frau bestraft, weil sie „sich zum dritten mahl unehelich schwanngern" hatte lassen[1]. Obwohl diese Urteilsbegründung eine direkte Normierung der Stellung unehelicher Mütter durch das Polizeirecht vermuten läßt, muß einschränkend angemerkt werden, daß das altösterreichische Polizeirecht der frühen Neuzeit — von wenigen Bestimmungen abgesehen — grundsätzlich keine Normen enthielt, die sich unmittelbar auf die uneheliche Mutterschaft bezogen. Einschlägige Normierungsgegenstände waren vielmehr die Tatbestände des Ehebruches und der Unzucht (letzteres in der zeitgenössischen Rechtssprache auch Fornication genannt), welche die Stellung unehelicher Mütter mittelbar betrafen. Wesentlichen, aber nur indirekt wirkenden Einfluß übten beide Tatbestände insofern aus, als sie das Ziel verfolgten, geschlechtliche Beziehungen außerhalb der Ehe zu unterbinden, wodurch sie auch Geschlechtsbeziehungen, welche die Geburt unehelicher Kinder zur Folge hatten, miteinbezogen.

Obgleich beide Tatbestände maßgebliche Auswirkungen auf die Stellung unehelicher Mütter haben konnten, beschränkt sich die folgende Untersuchung

---

[1] Urteil aus dem Herrschaftsarchiv Engelszell:

	Fornications	Straff
Marckt Engl= hartszell den 20. Maÿ 1766.	Wald(purga) Weÿdingering burgers bäcken tochter in Marckt Engelhartszell hat sich zum dritten mahl unehelich schwangernn lassen und ist destwegen gemess den Patenten mit einer Strohenen Cron und dareingebun= dener Schofglocken durch den ganzen Marckt geführet, unnd sodann beym brun for bey der Kirchen Stiegen öffentlich aufge= stellt worden. Abschied dato.	

O. Ö. Landesarchiv, Herrschaft Engelszell, Handschrift E 511, fol. 165.

auf eine Darstellung der Entwicklung des Fornicationstatbestandes, während die Entwicklungsgeschichte des Ehebruches nur vergleichsweise herangezogen werden soll. Damit wird der geltenden rechtshistorischen Methode gefolgt, die den Ehebruch im Rahmen der Strafrechtsgeschichte behandelt, die Fornication aber dem historischen Polizeirecht zuweist. Die Zuordnung beider Materien in das eine oder andere Rechtsgebiet kann allerdings nur in Grundzügen erfolgen, weil nach zeitgenössischem Rechtsverständnis eine Unterscheidung von Strafrecht und Polizeirecht zwar bekannt, aber nur ansatzweise durchgeführt worden war. Die Normierung des Ehebruches in manchen Polizeiordnungen des 16. Jhs. und umgekehrt die Aufnahme des Fornicationstatbestandes in die LGO 1656 und die CCT 1768, die als Strafrechtsquellen galten, illustrieren die unscharfen Grenzen.

Trotz des Ineinanderfließens von Polizeirecht und Strafrecht, die vor allem in den praktischen Auswirkungen der verschiedenen Normen nur schwer unterschieden werden können, sprechen mehrere Gründe für eine Beschränkung auf die Entwicklung des Fornicationstatbestandes. Abgesehen vom formalen Erfordernis eines Eheabschlusses für den Tatbestand des Ehebruches ist diesbezüglich auf eine unterschiedliche Gewichtung beider Tatbestände in den Rechtsquellen hinzuweisen, die sich in einer differenzierten Kompetenzverteilung niederschlug. Während Ehebruchsfälle regelmäßig den höheren, zur Verhängung schwererer Strafen berechtigten Landgerichten zustanden, wurden Unzuchtsfälle meist von den Niedergerichten abgeurteilt. Weiters unterschieden sich beide Tatbestände in ihren Zielsetzungen. Die Bestimmungen über Ehebruch schützten den Bestand der Ehe und damit in katholischen Ländern ein heiliges Sakrament, die Fornicationsnormen sollten alle außerehelichen Beziehungen unterbinden,die aber nicht unbedingt ein Sakrament, sondern oft nur das Keuschheitsgebot verletzten. Außerdem lassen praktische Erwägungen eine getrennte Darstellung als geboten erscheinen. Ehebruchsfälle, die zur Geburt eines unehelichen Kindes führten, konnten nur dann Gegenstand eines gerichtlichen Verfahrens sein, wenn die Erfüllung des Tatbestandes nachweisbar war. Obwohl der Ehebruch vom ausgehenden Mittelalter bis zum Inkrafttreten des Josephinischen Gesetzbuches am Ende des 18. Jhs. ein Offizialdelikt war, hing die Nachweisbarkeit wohl regelmäßig von der Mitwirkung des beleidigten Ehegatten oder anderer in der Hausgemeinschaft lebender Personen ab. Weil die Strafe für Ehebruch das soziale Ansehen wie auch die wirtschaftliche Lage meist aller Hausangehörigen betrafen und das Delikt zumindest in bäuerlichen Kreisen nicht als all zu großes Vergehen galt, gelangten vermutlich nur wenige Fälle zur Aburteilung durch das Gericht. Ehebruch und die Geburt unehelicher Kinder als Folge von Ehebruch unterlagen eher innerfamiliären Sanktionen, die quellenmäßig nur schwer zugänglich und erfaßbar sind. Anders Fornicationsfälle, bei denen die Geburt eines unehelichen Kindes Indiz für die Erfüllung des Tatbestandes war, die unbedingt zu einer gerichtlichen Abhandlung führte, und deshalb anhand zahlreicher entschiedener Urteile rechtshistorisch verfolgt werden können.

Beschränkt sich die folgende Darstellung einerseits auf einen geschichtlichen Überblick des dem Polizeirecht zuzuzählenden Fornicationstatbestandes und seiner Auswirkungen, so ergibt sich daraus andererseits eine Erweiterung der Themenstellung. Da die Fornicationsnormen die Verhinderung sämtlicher außerehelicher Geschlechtsbeziehungen bezweckten, eine Regelung der Stellung unehelicher Mütter jedoch nicht beabsichtigten, sondern nur indirekt erzielten, kann eine abschließende Darstellung der Entwicklung nicht auf Unzuchtsfälle, die eine uneheliche Geburt zur Folge hatten, beschränkt werden. Darüber hinaus ergibt sich eine Erweiterung der Themenstellung daraus, daß das altösterreichische Polizeirecht weder im allgemeinen, noch im Rahmen der Fornicationsnormen eine Unterscheidung der Delinquenten nach Geschlechtern vornahm. Wie zu zeigen sein wird, waren Männer und Frauen grundsätzlich in gleichem Maße von den Wirkungen der Fornicationsnormen betroffen, weshalb nicht allein die Rechtsstellung unehelicher Mütter, sondern vielmehr jene unehelicher Eltern Darstellungsgegenstand sein muß. Außerhalb des Polizeirechtes liegende Gegebenheiten lösten im Einzelfall manchmal geschlechtsunterschiedliche Wirkungen der Fornicationsnormen aus, die Frauen unter Umständen schwerer belasteten als Männer, so daß eine bevorzugte Betrachtung der Stellung unehelicher Mütter gerechtfertigt zu sein scheint.

Der Tatbestand der Fornication wurde in der ersten Hälfte des 16. Jhs. ausgebildet und im Zuge der Veränderungen durch das Naturrecht in der zweiten Hälfte des 18. Jhs. in den altösterreichischen Ländern wieder beseitigt. Seine Normierung erfolgte im Rahmen der frühneuzeitlichen Polizeigesetzgebung,wobei mehrere miteinander verwobene Gesetzgebungsebenen unterschieden werden müssen: das Polizeirecht des Heiligen Römischen Reiches Deutscher Nation, das Polizeirecht der verschiedenen altösterreichischen Länder sowie Normen der Grundherrschaften, Stadtobrigkeiten, Zünfte usw. Die Reichspolizeiordnungen 1530, 1548 und 1577[2] waren zwar Vorbild für die allgemeine Entwicklung des Polizeirechtes der altösterreichischen Länder, hatten aber kaum Einfluß auf die Gestaltung des Fornicationstatbestandes. Zentrale Rechtsquellen waren vielmehr die auf der Ebene der verschiedenen altösterreichischen Länder ergangenen Polizeiordnungen. Einschlägige Bestimmungen der Grundherrschaften usw.[3], die auf Grund ihrer großen Zahl im folgenden nur

[2] Römischer Kayserlicher Mayestät Ordnung und Reformation guter Policey, im Heiligen Römischen Reich, zu Augsburg Anno 1530. Auffgericht.
Reichs=Abschiede, II, 332-345.

Der Römisch=Kayserlichen Mayestät Ordnung und Reformation guter Policey, zu Beförderung des gemeinen Nutzens auff dem Reichs=Tag zu Augspurg, Anno domini 1548. Auffgericht.
Reichs=Abschiede, II, 587-606.

Der römischen kayserl. Mayestät reformierte und gebesserte Policey=Ordnung, zu Beförderung gemeines guten bürgerlichen Wesen und Nutzen auf Anno MDLXXVII. zu Francfurt gehaltenem Reichs=Deputation Tag, erfaßt und auffgericht.
Reichs=Abschiede, III, 379-398.

exemplarische Erwähnung finden können, nahmen in ihrer Ausgestaltung oft die Polizeiordnungen des jeweils übergeordneten Landes zum Vorbild.

Die Auswirkungen der frühneuzeitlichen Fornicationsnormen auf die Betroffenen, insbesondere auf die Stellung unehelicher Mütter, können jedoch nicht allein aus den angeführten Rechtsquellen entnommen werden. Die in den Polizeiordnungen enthaltenen Fornicationsbestimmungen trugen überwiegend den Charakter eines ideellen Programmes, das nicht mit den tatsächlichen Folgewirkungen abgestimmt wurde, weshalb ein Vergleich zwischen dem Buchstaben des Gesetzes und der Rechtspraxis als geboten erscheint. Zu diesem Zweck wurden etwa 500 aus O. Ö. stammende und heute im O. Ö. Landesarchiv aufbewahrte Fornicationsurteile gesichtet und der folgenden Darstellung zugrunde gelegt. Zur Erläuterung sollen allerdings nur einzelne signifikante Beispiele ausgewählt werden, weil die überwiegende Mehrzahl der Fornicationsurteile nach einem gleichbleibenden Schema aufgezeichnet und nur die Namen der Fornicanten, eventuelle Tatwiederholungen, sowie die Strafhöhe vermerkt wurden.

Wie eine überblicksartige Betrachtung der Geschichte des Fornicationsdeliktes deutlich macht, gelangten zahlreiche, oft gegensätzliche Wertungen und Einflüsse im Rahmen des Unzuchtstatbestandes zur Wirksamkeit, die ausgehend von religiösen Ideen über politische Gegensätze bis hin zu subjektiven und emotionalen Wertungen und sogar wirtschaftlichen Interessen reichen konnten. Aufgabe der vorliegenden Untersuchung kann es nur sein, daraus jene Einflüsse und Wertungen herauszuschälen, die sich im Polizeirecht manifestierten und einerseits Grundlage für die Ausbildung des Fornicationstatbestandes im allgemeinen wurden oder andererseits für die Beurteilung des Einzelfalles Bedeutung erlangen konnten. Als bedeutsamste Ursachen für das Entstehen der Fornicationsnormen erwiesen sich der Schutz der metaphysisch verankerten Ehe und der Schutz des (All-) „Gemeinen Nutzens"; wichtigste dem Polizeirecht immanente Wertmaßstäbe zur Beurteilung des Einzelfalles waren ebenfalls der Schutz der Ehe, die Ehre, der Teufels- und Hexenglaube sowie medizinische Probleme. Beide Gruppen waren engstens miteinander verwoben, werden aber im folgenden getrennt dargestellt, da die erste Gruppe die Grundlage für das Polizeirecht insgemein bildete, die zweite aber speziell auf das Fornicationsdelikt einwirkte.

Zeitlicher Rahmen der Untersuchung ist die frühe Neuzeit von der ersten Hälfte des 16. Jhs. bis zur zweiten Hälfte des 18. Jhs. Ein Abriß der mittelalterlichen Wurzeln des Fornicationstatbestandes wird vorangestellt. Geographisch ist eine Beschränkung auf die Rechtsquellen der Vorläufer der heutigen österreichischen Bundesländer vorgesehen, die als altösterreichische Länder bezeichnet werden sollen.

---

[3] Österreichische Weistümer. Gesammelt von der Österr. Akademie der Wissenschaften.

2. Mittelalterliche Wurzeln der frühneuzeitlichen Fornicationsnormen

Die Ausbildung polizeilicher Unzuchtsnormen am Beginn der Neuzeit stellt das Ergebnis einer langen und vielschichtigen, durch sehr unterschiedliche Einflüsse bestimmten Entwicklung dar. Wichtigste Komponente der einwirkenden Strömungen war die grundsätzliche Bewertung der menschlichen Sexualität, die in den verschiedenen Zivilisations- und Kulturstufen anders und teilweise gegensätzlich war. Wie aus der Sittengeschichte bekannt ist, betrachteten historische Gesellschaften menschliche Sexualität vor allem in einem „übernatürlichen Lichte"[4] und nicht bloß als profane Gegebenheit. Als Folge dieser Auffassung konnte Sexualität entweder einer positiven oder einer negativen übernatürlichen Macht (Götter, Geister, Dämonen, Teufel usw.) zugeordnet und je nach ihrer Zuordnung als eher positiv oder eher negativ verstanden werden. Die Kultur des Spätmittelalters war diesbezüglich durch zwei Entwicklungsstränge gekennzeichnet, welche nicht linear, sondern in gegenseitiger Beeinflussung, in Strömung und Gegenströmung verliefen. Zum einen war dies die Haltung des Christentums gegenüber der menschlichen Sexualität, zum anderen außerkirchliche Traditionen mit starken Tendenzen das Geschlechtsleben zu hierophanisieren.

Dazu traten als weitere Komponenten der Bewertung der menschlichen Sexualität soziale und wirtschaftliche Bedingungen, die neben einer metaphysisch verankerten auch zu einer profanen Grenzziehung zwischen erlaubter und unerlaubter Sexualität führen konnten.

2.1. Kirchliche Tradition und außerkirchliche Glaubensvorstellungen

Das Alte Testament stand der Geschlechtlichkeit des Menschen grundsätzlich einschränkend gegenüber. Obwohl Sexualität manchmal als Symbol für das Verhältnis zwischen Mensch und Gott Verwendung fand, gelangte das Alte Testament insgesamt dennoch zu einem negativen Werturteil. Geschlechtsbeziehungen waren grundsätzlich nur innerhalb der ehelichen Gemeinschaft legitim, galten aber auch hier aus kultischer Sicht als verunreinigend. Zur Erlangung kultischer Reinheit wurde daher auch von Verheirateten vor der Durchführung einer kultischen Handlung eine zeitlich begrenzte Askese gefordert. Ehebruch galt als Sünde und konnte für die Frau — nicht für den Mann — unter Umständen Todesstrafe zur Folge haben. Zu außerehelichen Beziehungen

---

[4] *HdA*, III, Sp. 730, Anmerkung 9.

Nichtverheirateter enthielt das Alte Testament kasuistische Aussagen: Die Verführung junger Mädchen, der Umgang mit ehrlosen oder geschiedenen Frauen und sogar ein begehrlicher Blick auf schöne Frauen wurden als Unzucht gewertet[5]. Im Laufe der weiteren Entwicklung wurde Unzucht und Prostitution immer stärker bekämpft, bis es schließlich zum Verbot jeglicher Unzucht kam. Eine generelle und festlegbare Aussage, was unter Unzucht zu verstehen war, traf das alte Testament jedoch nicht[6].

Nach den Vorstellungen des Neuen Testamentes konnte sich der Mensch nur durch jene Werke verunreinigen und nur durch solche Werke sündigen, die einem bösen Willen entsprangen. Dies galt auch für Sexualität, die demnach weder positiv noch negativ bewertet wurde, sondern einen bestimmten Platz in der göttlichen Ordnung zugewiesen bekam, der durch andere Aussagen des Neuen Testamentes festgelegt wurde. Die Eingliederung erfolgte auf Grund des zentralen Postulates der monogamen Ehe, die durch das ausdrückliche, für beide Ehegatten verbindliche Verbot des Ehebruches geschützt war. Das Neue Testament verwarf Unzucht in jeder Form, da sie gleichsam ein Ehebruch an Christus sei, dem der Körper des Christen gehöre. Zusätzlicher Grund für die Ablehnung gegen außereheliche Geschlechtsbeziehungen war die aus dem Alten Testament weiter wirkende Vorstellung, daß die Kinder die Schuld der Eltern zu büßen hätten. In Wechselbeziehung entstand daraus eine verstärkte Ablehnung außerehelicher Geschlechtsbeziehungen und andererseits eine wachsende Benachteiligung unehelicher Kinder[7]. Um der Gefahr der Unzucht vorzubeugen, wurde daher die Heirat empfohlen. Aus allen diesen Bestimmungen war jedoch nicht festlegbar, was unter Unzucht zu gelten hatte, weshalb breiter Raum für verschiedene Einflüsse offen blieb[8]. Auf Grund des bestehenden Freiraumes kam es im Laufe der Entwicklung in den christlichen Gemeinden zu sehr unterschiedlichen Strömungen und Interpretationen hinsichtlich dessen, was unter Unzucht zu verstehen sei.

Das erste nachchristliche Jahrhundert war durch eine eher offene Haltung in bezug auf das Geschlechtsleben gekennzeichnet, während der außereheliche Geschlechtsverbindungen durchaus üblich waren. Mit der Öffnung des Christentums gegenüber dem Hellenismus gewannen neue Vorstellungen Einfluß auf die Entwicklung, wobei dem Ideal der Askese bald ein hoher Stellenwert zukam. Sehr früh gelangten beispielsweise die korinthischen Gemeinden zu einer Abwertung des Leiblichen insgesamt und zu einer Überbewertung des Geistig-Seelischen, die ihren Niederschlag unter anderem in der Forderung des Verzichtes auf eheliches Leben fand. Grundlage dieser Tendenz war die Vorstellung eines stofflich-naturhaft gedachten Gegensatzes von sinnlich-irdischen und geistig-himmlischen Substanzen im Menschen. Die Geschlecht-

---

[5] *Müller-Freienfels*, Religion-Psychologie, in: *Marcuse*, Handwörterbuch, 655ff.

[6] *Leineweber*, Beziehungen, 30.

[7] *Leineweber*, Beziehungen, 30.

[8] *Vögtle*, Unzucht, in: *LThK*, X, Sp. 538.

lichkeit, und damit die Ehe, zählten zu der niedrigen Sphäre der Sinnenwelt und sollten zur besseren Entfaltung der geistigen Sphäre vermieden werden. Den daraus resultierenden schroffen Gegensatz zwischen dem biblischen Auftrag zur Fortpflanzung des Menschengeschlechtes einerseits und den asketischen Anforderungen andererseits versuchte *Paulus* auszugleichen. Die von ihm erarbeiteten und die gesamte weitere kirchliche Entwicklung bestimmenden Grundsätze sahen eine abgestufte Bewertung der Sexualität vor: die weltverneinende Askese war demnach religiös höher zu bewerten als ein christliches Leben in der Welt, das immer einen Kampf mit dem Sinnlich-Irdischen sein mußte. Dies bedeutete grundsätzlich keine generelle Abwertung menschlicher Sexualität, sondern nur deren Einordnung in ein von der Bibel vorgegebenes Ordnungsgefüge. Abhängig von den jeweils herrschenden Einflüssen konnte sich entweder die asketische oder die weltliche Komponente der christlichen Lehre stärker oder schwächer entfalten[9].

Zur Zeit der Christenverfolgung im 2. und 3. Jh. gewann das Ideal der Askese zunehmende Bedeutung für das Leben in den christlichen Gemeinden. Die asketischen Tendenzen verstärkten sich, nachdem das Christentum Staatsreligion geworden war und die nachklassischen Kaiser die christlichen Ideale als Instrument gegen den Sittenverfall der Zeit einzusetzen begannen. Bald wurde nur noch zwischen legitimer Sexualität, die ausnahmslos auf die Ehe beschränkt war, und illegitimer Sexualität unterschieden, wie ein Blick auf das nachklassische Kindschaftsrecht zeigt[10].

Während des Frühmittelalters vollzog sich die Auseinandersetzung des Christentums mit den vordringenden germanischen Völkerschaften, die zu einer wechselseitigen Beeinflussung beider Kulturen führte[11]. Als Folge des so entstandenen Synkretismus flossen neue Vorstellungen über die Bedeutung menschlicher Sexualität in die kirchliche Lehre ein und veranlaßten diese vorerst zu einer weniger asketisch geprägten Haltung. Als Beispiel sei auf das Konzil von Toledo (750) verwiesen, das voreheliche Beziehungen nicht als Ehebruch an Christus bewertete, sondern als einfache Übermäßigkeit[12].

Im Laufe der folgenden Jahrhunderte wurde das heimische Eherecht allmählich durch das kanonische Eherecht mit seinem Prinzip der monogamen Ehe

---

9 *Müller-Freienfels*, Religion-Psychologie, in: *Marcuse*, Handwörterbuch, 661 f. *Weber*, Geschlechtlichkeit, in: *LThK*, IV, Sp. 803 ff. *Michl*, Geschlechtsleben, in: *LThK*, IV, Sp. 808 ff.

10 *Kuhn*, Askese, in: *RGG*, I, Sp. 639 ff. *Leineweber*, Beziehungen, 27 f. *Dufour*, Geschichte, 51. *Schwab*, Grundlagen, 20.. *Wiese*, Religion-Soziologie, in: *Marcuse*, Handwörterbuch, 654 f., 661.

Auch in spätrömischer Zeit gab es jedoch Strömungen, die weniger stark von der Askese geprägt waren. Diesbezüglich sei auf den Kirchenvater *Hieronymus* (ca. 340 - ca. 420) verwiesen, der die Christen nicht danach beurteilte, „wie sie angefangen, sondern wie sie enden". *Dufour*, III, 49.

11 *Schäferdiek*, Christentum der Bekehrungszeit, in: *Hoops*, Reallexikon, IV, Sp. 501 ff.

12 Zitiert nach *Dufour*, Geschichte, III, 54.

ersetzt, wodurch asketische Strömungen wiederum stärker zur Wirksamkeit gelangten. Ansatzpunkt hierzu war die Verwirklichung der Monogamie, die im Gegensatz zum heimischen Eherecht stand, demzufolge es zumindest Männern höherer Schichten erlaubt war, neben einer Hauptehe auch Ehen minderer Rechtsqualität einzugehen[13]. Zur Absicherung der Einehe waren folglich detaillierte Festlegungen über den Bestand einer gültigen Ehe und über Ehebruch notwendig, die im Gegensatz zur heimischen Rechtstradition stehend einen stärkeren asketischen Einschlag haben mußten. Bald kamen dazu auch vereinzelte, Geschlechtsbeziehungen außerhalb der Ehe verhindernde Bestimmungen. Als Beispiel ist das Verbot des *Bonifatius* (675-755) vom Jahre 745 anzuführen, das Männern und Frauen das gemeinsame Baden untersagte[14]. Die von der Rezeption des kanonischen Rechtes und den kanonischen Sittlichkeitsvorstellungen auf den Stellenwert der menschlichen Sexualität ausgehenden Impulse wurden beginnend im Frühmittelalter und verstärkt während des Hochmittelalters durch zentrale Probleme der Christianisierung überlagert. Die Christianisierung der germanischen Völker vollzog sich in einem langwierigen Kampf der Kirche gegen nichtchristliches Glaubensgut, das im Laufe der Entwicklung unter anderem als stofflich-naturhaft bzw. sinnlich-irdisch und schließlich als zur Welt des Bösen gehörig abgetan wurde. Der bestehende Synkretismus ließ außerdem zu, daß die aus der außerchristlichen Glaubenswelt stammende Vorstellung an Schaden stiftende, oft personifiziert gedachte Mächte im Rahmen der Darstellung der satanischen Welt auch durch die Kirche aufgenommen und weiter entwickelt werden konnten. Aus den antiken Dämonen, den germanischen Geistergestalten und den inzwischen „verteufelten" heidnischen Göttern entstand so das bekannte Teufels- und Hexenbild des Mittelalters. Es bedeutete nur mehr einen kleinen Schritt, die ebenfalls der sinnlich-irdischen Sphäre zugezählten Sexualität in Beziehung mit außerchristlichen Glaubensvorstellungen und dadurch mit teuflischen Mächten zu setzen. Anlaß dazu boten beispielsweise Fruchtbarkeitskulte, die als heidnische Kulte den Christianisierungsbemühungen entgegen standen und völlig von den christlichen Sittlichkeitsnormen abwichen. Weiters waren es Praktiken der Volksmedizin zur Stärkung bzw. Bannung des menschlichen Geschlechtsvermögens[15], die jetzt mehr und mehr zur Domäne des Teufels werden mußten. Bereits 860 befaßte sich *Hinkmar* von Reims (um 806-882) im Rahmen eines Gutachtens über die Scheidung *Kaiser Lothars II.* (geb. um 835-869) von Theutberga mit der Frage der Impotenz wegen Verhexung[16]. Nachdem der Einfluß des Teufels auf die Sexualität im allgemeinen und auf die darauf abzielenden volksmedizinischen Praktiken im besonderen durch *Petrus Lombardus* (gest. um 1164)[17] geradezu wissenschaftlich nachgewiesen worden war,

---

[13] *Schwab*, Grundlagen, 16f.

[14] *Weinhold*, Frauen, II, 117.

[15] Zahlreiche Belege in: *HdA*, III, Sp. 747ff.

[16] *HdA*, III, Sp. 742.

[17] *HdA*, III, Sp. 742.

fand diese Verknüpfung Eingang in kirchliche Bußbücher[18] und durch die Dekretalen *Papst Gregors IX.* (1227-1241) sogar in das kanonische Eherecht[19]. Nach *Thomas von Aquino* (1225-1274) stand jeder Geschlechtsakt unter dem Einfluß des Teufels, weil „die Erbsünde, durch welche der Mensch zum Sklaven des Teufels geworden, eben vermittels des Zeugungsaktes in den Menschen gelangt" sei[20]. Damit waren nur die unter Gottes Schutz stehenden Geschlechtsverbindungen von der Gefahr der teuflischen Einflußnahme geschützt. Das waren ausschließlich eheliche Verbindungen, obwohl auch innerhalb der Ehe gewisse Grenzen bestanden, deren Übertretung dem Teufel Einfluß auf die Ehe geben konnten. Zum Schutz gegen diese teuflische Macht bestand z.B. der Brauch, die ersten drei Nächte nach der Hochzeit in Askese zu verbringen („Tobiasnächte")[21] und an heiligen Tagen und während heiliger Zeiten Enthaltsamkeit zu üben[22].

Immer stand der mittelalterliche Mensch in Gefahr, wie der Hexenhammer vom Jahre 1487 in sehr drastischer Weise darstellt[23], daß teuflische Mächte als succubi und incubi[24] menschliche Gestalt annahmen, anfällige Menschen zum Geschlechtsverkehr verführten, um sie so in den Bann des Teufels zu ziehen. Die Dämonen schreckten entsprechend der mittelalterlichen Vorstellungswelt selbst davor nicht zurück, die Gestalt eines Ehegatten anzunehmen, um einen Menschen zu verderben, bedrohten aber vornehmlich außereheliche Beziehungen. Der intensive sexuelle Hintergrund des mittelalterlichen Teufels- und Hexenglaubens[25] führte in der Folge zu einer Aufwertung asketischer Strömun-

---

[18] *Friedberg*, Bußbücher, 100.

[19] *Schwab*, Grundlagen, 19f.

[20] *Hansen*, Zauberwahn, 181.

Über die ablehnende Haltung der Scholastik gegenüber sämtlichen nichtehelichen Beziehungen und deren Zusammenhang mit Hexen- und Teufelsglauben vgl. *Erle*, Ehe, 266.

[21] Die Vorstellung der Tobiasnächte geht auf eine Erzählung des alten Testamentes zurück. *Tobias*, VI, 19ff. u. 8, 1ff.

Beispiele zum Glauben an die „Tobiasnächte" in: *HdA*, III, 739ff.

[22] Kamen die Menschen dem Enthaltsamkeitsgebot nicht nach, so war ihr Geschlechtsleben wie auch das Schicksal ihrer Kinder von der Macht des Teufels bedroht. Ein Beispiel dieser Vorstellung berichtet der Chronist *Thietmar* (975-1018). *Kaiser Heinrich I.* (* ca. 876-936) so glaubte *Thietmar*, mußte ein ganzen Leben lang dafür büßen, daß er sich in einer Freitagsnacht nicht vor geschlechtlichem Umgang mit seiner Frau enthalten hatte. Der angeblich damals erzeugte *Kaiser Otto I.* (* 912-973) sei nur deshalb dem Teufel entgangen, weil ihn sein Vater *Heinrich* sofort nach der Geburt mit Taufwasser habe waschen lassen. *HdA*, III, Sp. 738.

[23] *Sprenger* und *Institor*, Hexenhammer, besonders 41ff., 56ff., 127ff., 136ff., 157ff.

[24] *Marcuse*, Incubi und Succubi, in: *Marcuse*, Handwörterbuch, 295ff.

[25] *Hansen*, Zauberwahn, 286ff. *Müller-Freienfels*, Religion-Psychologie, in: *Marcuse*, Handwörterbuch, 662. Vgl. *Hansen*, Quellen.

Ein frühes Beispiel für die Verknüpfung zwischen Hexen- und Teufelsglaube mit der Sexualität, das die altösterreichischen Länder betraf, kam in einem Schreiben des Papstes *Gregor IX.* (1227-1241) an die Brüder des Predigerordens in Österreich vom 3. September gen und gleichzeitig zu einer tiefgreifenden Scheidung in legitime, von Gott gewollte und geschützte Sexualität einerseits und illegitime, vom Teufel bedrohte Geschlechtsverbindungen andererseits. Im frühneuzeitlichen Polizeirecht fand die Verknüpfung zwischen Sexualität und Teufelsglaube nochmals einen Nachhall, woraus auf einen Zusammenhang zwischen dem Höhepunkt der Hexenprozesse in den Alpenländern während der zweiten Hälfte des 17. Jhs.[26] und dem gleichzeitigen Ansteigen der Verurteilungen wegen außerehelicher Beziehungen geschlossen werden kann.

Zur Durchsetzung der asketischen Anforderungen, zur Verhinderung teuflischer Macht über den Menschen, vor allem aber zur Verwirklichung des Prinzips der Monogamie wurde seit dem 9. Jh. das Institut der Kirchenbuße neu belebt. Ursprünglich verhängte der Bischof Kirchenbußen — unabhängig von weltlichen Sanktionen — für schwere öffentliche Verbrechen, zu denen neben Mord, Totschlag, Wucher, Frauenraub und — in diesem Zusammenhang besonders wichtig — Ehebruch, Blutschande und Hurerei zählten[27]. Nachdem im Laufe des Hochmittelalters ein weltliches Strafverfahren entstanden war und weltliche Obrigkeiten seit dem 13. Jh. vereinzelt auch Sittlichkeitsvergehen zu verfolgen begonnen hatten, verlor die Kirchenbuße an Bedeutung, konnte bald in Geld abgelöst werden und blieb seit dem 14. Jh. in den österreichischen Ländern nur noch in sehr eingeschränktem Umfange erhalten[28]. Für die Geschichte der weltlichen Sittennormen und deren Sanktionierung stellte aber die Kirchenbuße insofern einen entscheidenden Anhaltspunkt dar[29], als der weltliche Gesetzgeber in ihr inhaltlich ausgestaltete Sittennormen und deren Sanktionierbarkeit als Rechtsmodell vorfand. Die bußwürdigen „Tatbestände“ wurden dem Dekalog entsprechend geordnet in sogenannten Bußbüchern dargestellt, deren Aufbau und teilweise auch inhaltliche Ausgestaltung Vorbild für den Aufbau und Inhalt der frühneuzeitlichen Polizeiordnungen werden sollten.

1232 zum Ausdruck. Der Papst ordnete in diesem Schreiben an, daß das Laster der sodomitischen Sünde schärfstens verfolgt werden sollte, weil damit dem Einfluß des Teufels Tür und Tor geöffnet werde. Nicht klar ist, was unter dem Terminus „sodomitisch“ zu verstehen ist. *Byloff*, Hexenglaube, 25.

[26] *Byloff*, Hexenglaube, 86ff.

[27] Zur Ausgestaltung der Kirchenbuße vgl. die Decretalen *Gregors IX.*, V. Buch, Titel XVI, „De Adulteriis et stupro“.

[28] *Merzbacher*, Kirchenbuße, in: *HRG*, II, Sp. 750ff. *Hinschius*, System, V, 445ff., 813ff.

Die letzten Ausläufer einer öffentlichen Kirchenstrafe in den österr. Ländern wurde mit Hofdekret vom 14. Aug. 1797, gerichtet an die westgalizische Landeseinrichtungskommission, abgeschafft. Es sollte von diesem Zeitpunkt an keinem Pfarrer und Seelsorger erlaubt sein, äußerliche Kirchenstrafen oder Bußen eigenmächtig zu verhängen. *Justizgesetzsammlung 1797*, Nr. 363.

[29] Der Vorbildcharakter der Kirchenbuße für die Entwicklung des weltlichen Rechtes zeigt sich beispielsweise sehr deutlich im alten Baseler Recht. *Staehlin*, Sittenzucht, 79.

Schon anhand des mittelalterlichen Teufelsglaubens wird deutlich, daß außerkirchliche Glaubensvorstellungen indirekt auf die Bewertung menschlicher Sexualität Einfluß ausübten. Darüber hinaus sei auch auf Fruchtbarkeitskulte und Ahnenverehrung hingewiesen, von wo aus weitere direkte Impulse ausgehen konnten.

Seit der fränkischen Zeit war die mitteleuropäische Kultur überwiegend eine bäuerliche Kultur, die vom Gedeihen der Pflanzen, Tiere sowie der Zahl der Kinder abhängig war. Die Fruchtbarkeit im allgemeinen und damit die Geschlechtlichkeit galten demzufolge aus religiösen, sozialen und wirtschaftlichen Gründen als positive Werte, die durch zahlreiche Kulte zu erhalten versucht wurden. Anders als in der monotheistischen Religion des Christentums war die der Fruchtbarkeit zugrunde liegende Lebenskraft nach Meinung der Volksreligion nicht von einem Schöpfergott abhängig, sondern unterlag verschiedenen positiven oder negativen Kräften und Mächten, die es zu gewinnen oder abzuschrecken galt. Häufig waren es Formen des Vorbildzaubers in denen Fruchtbarkeitskulte in Erscheinung traten: Geschlechsakte auf einem zu bestellenden Feld oder in der Kornkammer, wie auch die Berührung des Ackerbodens mit Kleidern von Personen, die eine starke erotische Note gezeigt hatten, sind sehr auffällige Beispiele hierzu. Derartige Kulte, welche in Konflikt mit der kirchlichen Lehre geraten mußten, zeigen, daß den außerkirchlichen Traditionen eine völlig andere Bewertung menschlicher Sexualität zugrunde lag, als den von Askese geprägten kanonischen Lehren oder manchen spätantiken Kulturen, denen bestimmte Kulte nur als erotische Stimulierung dienten. Dieses Verständnis menschlicher Sexualität blieb in der bäuerlichen Kultur bis in die Neuzeit erhalten und stand im krassen Gegensatz zu den grundsätzlich auf asketischen Vorstellungen basierenden Normen des frühneuzeitlichen Polizeirechtes[30].

Einen weiteren auf die Bewertung menschlicher Sexualität Einfluß ausübenden Traditionsstrang stellte die Verehrung der Ahnen dar. Ahnenkulte setzten ein enges Verbundesheitsgefühl zwischen den Lebenden und ihren Vorfahren voraus, wobei als Verbindungselement regelmäßig Blutsverwandtschaft diente. Demgemäß konnte der Ahnenkult nur von legitimen Nachfahren Verstorbener, also meist nur von Blutsverwandten, ausgeübt werden. Je nachdem welcher Stellenwert dem Ahnenkult bzw. der Blutsverwandtschaft in einer Gemeinschaft zukamen, konnten auch rechtliche Beziehungen zwischen den Familienmitgliedern, Fragen der Legitimität der Ehefrau und der Erben, die Rechtsstellung zwischen den Kindern und den Eltern sowie zwischen den Nachkommen von hier aus weitgehend determiniert werden. Galt reines Abstammungsprinzip, bedeutete dies für die Bewertung menschlicher Sexualität, daß nur jene Geschlechtsbeziehungen illegitim waren, die nur eine scheinbare Blutsverwandtschaft begründeten, wie z. B. bei Ehebruch. Erst dann, wenn das Abstammungs-

---

30 *Eliade*, Religionen, 299ff.; besonders 377ff. „Ackerbau und Fruchtbarkeitskulte".

prinzip sich mit bestimmten äußeren Formen verband, welche die Aufnahme geschlechtlicher Beziehungen zu legitimieren hatten, konnten sämtliche nichtformal entstandenen Verbindungen den Charakter der Illegitimität bekommen[31].

In Mitteleuropa, wo der Ahnenkult mit Ausnahme des Adels nie sehr große Bedeutung erlangte, veränderten sich dessen Inhalte und Formen durch die Übernahme des Christentums[32]. Der von der Kirche geübte Heiligenkult löste zunehmend den von den Sippen getragenen Ahnenkult ab. Als am Übergang vom Früh- zum Hochmittelalter überkommene Sippenstrukturen zerfielen und dem „Haus“ mit einem deutlich ausgeprägten genossenschaftlichen Verhältnis zwischen Mann und Frau, denen Kinder und andere Hausangehörige gegenüber standen, Platz machte[33], war dem Ahnenkult weitgehend seine soziale Grundlage entzogen. Nur der Adel hielt weiterhin an seiner Sippenstruktur fest[34] und erlangte auch diesbezüglich seit dem Spätmittelalter Vorbildcharakter für das ansonst individuell denkende Bürgertum. Vielleicht ist es dem Einfluß des Humanismus und seiner Quellenstudien zuzuschreiben, daß mit dem Beginn der Neuzeit, vor allem aber seit dem 17. Jh., die Ahnenverehrung in säkularisierter Form wiederum an Boden gewann[35]. Obwohl die neu aufblühende Ahnenverehrung zeitlich mit einer Verurteilung außerehelicher Beziehungen und der daraus entstandenen Kinder korrespondierte, kann eine Beziehung zwischen Ahnenverehrung und der Ablehnung außerehelicher Verhältnisse nur mittelbar hergestellt werden. Die Ahnenverehrung blieb auch jetzt überwiegend ein Wert des Adels, dessen Sittennormen anderen Regulierungsmechanismen unterlagen als die der übrigen Bevölkerung, womit sie eben nur Vorbildcharakter und daher nur mittelbaren Einfluß auf die übrigen Bevölkerungsgruppen gewinnen konnte. In den frühneuzeitlichen Polizeinormen ist eine direkte Beziehung zwischen Ahnenverehrung und dem Verbot außerehelicher Geschlechtsbeziehungen nicht nachweisbar.

2.2. Einschlägige Rechtsnormen des Mittelalters

Das frühmittelalterliche Recht entwickelte grundsätzlich keine auf sittlichen oder moralischen Wertungen beruhende Normen für das Sexualverhalten der

---

[31] *Weber*, Wirtschaft, I, 326f.

[32] *Prinz*, Mönchtum, 493f.
Wie *Prinz* nachweisen konnte, brachte die Annahme des Christentums durch die fränkische Adelsschicht nicht nur eine Bindung mit dem neuen Gott, sondern auch eine politische Festigung des Adels, da die neuen Heiligen aus den Reihen der Adelsschicht kamen. Die neue Heiligenverehrung kann jedoch durchwegs als Weiterführung der Ahnenverehrung verstanden werden.

[33] *Ogris*, Hausgemeinschaft, in: *HRG*, I, Sp. 2024ff. *Schwab*, Familie, in: *HRG*, I, Sp. 1067ff. Siehe auch *Kroeschell*, Haus.

[34] *Scheyhing*, Adel, in: *HRG*, I, Sp. 41ff.

[35] *Coreth*, Geschichtsschreibung, 30ff.

Menschen. Es begnügte sich mit kasuistischen Bestimmungen zur Abwehr von Verbrechen, zu denen Notzucht oder Frauenraub zählten[36], wozu Normen über die Verhinderung von Eingriffen in die Sphäre der Sippe kamen.

Letztere dienten überwiegend ständischen und wirtschaftlichen Zwecken und erzielten nur mittelbar eine Regelung des Sexualverhaltens. Grundsätzlich waren Geschlechtsbeziehungen zwischen Mann und Frau außerhalb der sozial legitimierten Verbindungsformen, die im Frühmittelalter sehr wesentlich von den Ehevorstellungen der Kirche abweichen konnten, nur in bestimmten Konstellationen unerwünscht und mit Sanktionen versehen. Vor allem sollten dadurch Geschlechtsbeziehungen zwischen Freien und Unfreien verhindert werden, um die ständischen Grenzen und das Ansehen der Sippe zu wahren.

Durch die Beschränkung geschlechtlicher Beziehungen erfuhr außerdem eine wichtige Form der Arbeitsorganisation, nämlich der „Dienst in fremdem Haus", seine Ausgestaltung. Der Eintritt in eine fremde Hausgemeinschaft zum Zwecke der Dienstleistung war in allen Schichten verbreitet und machte eine Regulierung des Sexualverhaltens zwischen Hausangehörigen und Fremden notwendig. Einerseits sollten Blutsverwandte aus ständischen und erbrechtlichen Gründen, manchmal auch wegen der Ahnenverehrung, von der Erzeugung von Nachkommenschaft mit Dienstleuten abgehalten werden. Andererseits zählte das Gesinde im weiteren Sinn rechtlich, sozial und wirtschaftlich zum Haus, weshalb Kinder der Dienstleute, unabhängig wem sie entstammten, die gesamte Hausgemeinschaft betrafen. Damit war es bis zu einem gewissen Grad von der Versorgungslage abhängig, inwieweit unerlaubte Sexualbeziehungen sanktioniert wurden[37]. Die Rechtsquellen des frühen Mittelalters wiesen daran anknüpfend abgestufte Rechtsfolgen für unerlaubte Geschlechtsbeziehungen auf. Beziehungen zwischen Freien wurden milder beurteilt, jene mit Unfreien strenger, besonders solche zwischen Hausangehörigen und Dienstleuten. Verbotene Geschlechtsbeziehungen eines Freien mit einer Freien galten als Vergehen gegen die Sippe bzw. gegen den Muntwalt der Frau und konnten Fehde oder Buße zur Folge haben, sofern es nicht zur Heirat kam. Geschlechtsbeziehungen eines Freien mit einer Unfreien bewirkten eine Buße an den Herrn der Frau. Einen Unfreien traf bei geschlechtlichem Verkehr mit einer Freien meist die Todesstrafe, bei Verkehr mit einer Unfreien hingegen eine Leibesstrafe. Eine freie Frau verfiel der Strafgewalt ihrer Sippe und unter Umständen einer öffentlichen Strafe, wenn sie sich mit einem unfreien Knecht eingelassen hatte[38].

Ein Sonderproblem stellt in diesem Zusammenhang der Ehebruch dar, welcher ebenfalls als Eingriff in die Sphäre der Sippe bzw. des Muntwaltes

---

36 *Brunner*, Rechtsgeschichte, II, 859ff. *Erler*, Frauenraub (raptus), in: *HRG*, I, Sp. 1210ff. *Kaufmann*, Notzucht, in: *HRG*, III, Sp. 1101.

37 *Mitterauer*, Mütter, 70ff.

38 *Brunner*, Rechtsgeschichte, II, 850ff. Mit zahlreichen Rechtsquellen. *His*, Strafrecht, I, 288.

verstanden und im Zuge des Racherechtes geahndet wurde. Mit dem Vordringen kirchlicher Vorstellungen entwickelte sich der Ehebruch zur Verletzung eines Sakramentes, wodurch nicht allein die Sippe, sondern alle Menschen von der zu erwartenden Strafe Gottes betroffen waren. Der Ehebruch wurde allmählich zum Offizialdelikt[39], wodurch das Verbot des Ehebruchs immer mehr seinen absoluten Charakter bekam und dadurch zur Abwertung nichtsanktionierter Sexualbeziehungen verstärkend beitrug. In der Verfolgung des Ehebruches setzte sich seit dem 14. Jh. das weltliche Recht gegenüber der geistlichen Gerichtsbarkeit durch, wobei Mann und Frau grundsätzlich gleich behandelt wurden[40].

Insgesamt betrachtet zeigte das frühmittelalterliche Recht keine generelle Ablehnung nichtsanktionierter Sexualität. Es versuchte lediglich konkrete Werte, die durch geschlechtliche Beziehungen als gefährdet erschienen, zu schützen und überließ sittliche Verhaltensvorschriften dem kanonischen Recht[41].

Im Laufe des Hoch- und Spätmittelalters kam es durch geänderte kulturelle, soziale und wirtschaftliche Bedingungen zu einer Erweiterung alter und zu einem Hinzutreten neuer Sittlichkeits- und Sexualnormen. Dies galt vor allem für Städte, deren Entwicklung sich vom übrigen Land zunehmend abhob[42].

In den meisten Städten des Hoch- und Spätmittelalters bestand eine zahlenmäßige Überlegenheit der Frauen, denen eine große Gruppe zwangszölibatierter Männer gegenüberstand[43]. Neben Geistlichen und Ordensleuten waren es namentlich die Handwerksgesellen, denen eine Heirat im Normalfall erst nach Erreichen einer Meisterstelle möglich war. In Verbindung mit der erhöhten Mobilität der Menschen durch Märkte, Messen, wandernde Gesellen, Kaufleute usw. kam es zu einer Veränderung des Sexualverhaltens und des Sexualverständnisses in den Städten[44]. Seit den Kreuzzügen und der Ausbildung

---

39 Frühe weltliche Normen zum Problem des Ehebruches finden sich seit dem 15. Jh. in den Weistümern.

Vgl. *Leitich*, Maßnahmen, 134, Anmerkung 118.

Als Beispiel für die Phase des Übergangs zum Offizialdelikt sei auf das Bann- und Vogttaiding des Klosters Kremsmünster aus der Zeit um 1511 verwiesen. Danach konnten die auf frischer Tat gefaßten Täter durch den Ehemann der Ehebrecherin abgestraft werden. Er konnte den Fall aber auch nach eigenem Ermessen zu Gericht bringen, das die Ehebrecher hinrichten lassen mußte. *O. Ö. Weistümer*, II, 143, Zl. 28ff.

40 *Brunner*, Rechtsgeschichte, II, 854ff. *Lieberwirth*, Ehebruch, in: *HRG*, I, Sp. 836ff. *His*, Strafrecht, II, 169f.

41 *Osenbrueggen*, Strafrecht, 275.

Das Verbot unehelicher Beziehungen war dem weltlichen Recht des frühen Mittelalters grundsätzlich fremd. Ein von *Schwerin* erwähnter Fall wird von ihm als untypisch bezeichnet. *Schwerin*, Buchbesprechung *Merschberger*, 831.

42 Zur Zunahme des Aufgabenbereiches der mittelalterlichen Stadt, vor allem im Bereich der Strafgewalt vgl. *Oehler*, Erweiterung, 493ff. *Staehlin*, Sittenzucht, 95.

43 *Buechner*, Frauenfrage, in: *Buechner*, Beiträge, 259ff.

44 *Mitterauer*, Mütter, 72f.

des Geldwesens gewann so die kommerzialisierte Prostitution immer mehr an Boden in den Städten. Anknüpfend an diese Entwicklung wurde zur Beurteilung außerehelicher Beziehungen zwischen Frauen mit zweifelhaften Ruf einerseits und unbescholtenen andererseits unterschieden und diese Abgrenzung in vielen Fällen auch den Rechtsnormen zugrunde gelegt.

Gegen Ende des 14. Jhs. gab es in fast allen Städten, selbst in kleinen, Frauenhäuser und Badestuben, die zahlreichen polizeilichen Vorschriften unterlagen[45]. Sie wurden als selbstverständliche „Verwaltungsinstitutionen" betrachtet, in deren Rahmen die „schönen Fräulein" einen bestimmten Platz im öffentlichen Leben einnahmen. Im Stufenbau der Gesellschaftsordnung galten sie zwar als Mitglieder des untersten gesellschaftlichen Ranges, der Umgang mit den „Hübscherinnen" stand mit Ausnahme von Ehemännern[46] und Geistlichen grundsätzlich jedoch jedermann ohne rechtliche und soziale Nachteile offen. Es war mancherorts sogar üblich, hohen Besuch ins Frauenhaus zu führen und dort zu bewirten, was vermutlich als Nachhall archaischer Formen der Gastprostitution zu verstehen ist[47]. Berühmte Beispiele hierzu sind der Besuch einer englischen Gesandtschaft am burgundischen Hof am Anfang des 15. Jhs.[48] und der Besuch *Kaiser Sigismunds* (geb. 1368-1437) in Bern im Jahre 1434[49]. Ebensowenig galt es als anstößig, daß „Feile Weiber" im Gefolge von Fürsten reisten, wie beispielsweise im Gefolge *König Albrechts I.* (geb. 1255-1308) als er 1298 nach Straßburg kam[50]. Im Laufe des 15. und der ersten Hälfte des 16. Jhs. wurde diese freizügige Haltung aufgegeben und der Kampf gegen die Prostitution auch durch staatliche Hoheitsträger aufgenommen[51]. Ursachen dafür waren vermutlich der verstärkte Einfluß kirchlicher Moralvorstellungen, hauptsächlich aber die rasche Verbreitung verschiedenster Seuchen. Verheerende Auswirkungen hatten neben den Pestepidemien die seit dem 15. Jh. auftretenden und ganz Europa erfassenden Geschlechtskrankheiten. Diese für die Zeit fast unlösbaren medizinischen Probleme und ihre Verquickung mit dem Hexenglauben sind vermutlich als eine der wichtigsten Wurzeln für die Ausbildung frühneuzeitlicher Polizeinormen zur Regelung des Geschlechtsverhaltens anzusehen[52].

---

45 *His*, Strafrecht, II, 145f.

46 In der Reichsstadt Nördlingen wurde beispielsweise Ehemännern der Besuch des Frauenhauses bis ins 15. Jh. gestattet. *Felber*, Unzucht, 113.

47 *Scheuer*, Bett, in: *Marcuse*, Handwörterbuch, 52. *Sudhoff*, Prostitution, in: *Marcuse*, Handwörterbuch, 599.

Im Berner Oberland soll es sogar bis 1788 Brauch gewesen sein, daß die Tochter, Schwester oder Frau dem Gast angeboten wurde. *Weinhold*, Frauen, II, 189.

48 *Huizinga*, Herbst, 149f.

49 *Elias*, Prozeß II, 242.

50 *Osenbrueggen*, Strafrecht, 274. *Waas*, Mensch, 208.

51 *Staehlin*, Sittenzucht, 83f.

52 *Dufour*, Geschichte, IV, 13ff., 42. *Waas*, Mensch, 209.

Zur Geschichte der Prostitution in den altösterreichischen Ländern, besonders aber in Wien, vgl. *Janovsky*, Prostitution, in: *Koßmann* und *Weiß*, Mann, 436ff.

Unehelicher Verkehr mit nichtbescholtenen Frauen und in nichtqualifizierter Art wie Inzest oder Ehebruch, war auch im Hoch- und Spätmittelalter grundsätzlich nicht Gegenstand weltlicher Sittlichkeitsnormen. Die Summa legum, eine Wiener Neustädter Rechtsquelle des 14. Jhs., bestimmte sogar, daß Witwen und Jungfrauen über 18 Jahre „Mit iren leibe vnd guetern thuen (können) was sie mugen vnd wellen“. „sie mugen eingang in den gaystlichen Orden vnd mugend heureten, sie mugen auch huerweis treiben mit iren leib vnd aus dem verlieren sie nit ire gueter, sunder allein die eer (I. Buch, Cap. XLIII)“[53]. Zugleich warnt aber das Gesetz: „dann ein yede vleischliche begierd ausserhalb der khanschaft (=Ehe) ist tödlich“ (I. Buch, Cap. XLV)[54].

Die hoch- und spätmittelalterlichen Normen beschränken sich, wie ihre frühmittelalterlichen Vorläufer, vor allem auf die Abwehr von Verbrechen und den Schutz der Muntsphäre. Als Eingriff in die Muntsphäre wurde die Aufnahme geschlechtlicher Beziehungen jetzt insofern gewertet, als dadurch das Recht der Eltern[55] oder anderer Berechtigter, die Heirat ihrer Kinder zu bewilligen, gestört wurde. Vor dem Eindringen kirchlicher Ehenormen war eine entsprechende Zustimmung zumindest für Töchter als konstitutive Bedingung eines Ehebeschlusses erforderlich. Das kanonische Recht des Mittelalters hingegen verlangte zum gültigen Eheabschluß ein bestimmtes Alter und die Willensübereinstimmung der Brautleute, die Ehe miteinander eingehen zu wollen; wurde diese Ehe durch Beischlaf vollzogen, galt sie nach kanonischem Recht als unauflöslich[56]. Die Diskrepanz zwischen heimischer Rechtstradition und dem sich allmählich etablierenden Kirchenrecht versuchten manche Rechtsordnungen zu lösen, indem sie eine nach kanonischen Vorschriften gültige Ehe anerkannten und die Nichtbeachtung der Heiratsbewilligung mit Sanktionen verfolgten. Die meisten spätmittelalterlichen Rechtsordnungen sahen für diesen Fall vermögens- und erbrechtliche Benachteiligung der „unbotmäßigen“ Kinder vor[57].

---

[53] *Gál*, Summa legum, 203f.

[54] *Gál*, Summa legum, 205.

[55] Nach dem Zerfall der Sippe bezog sich das familiäre Leben vorrangig auf Mann und Frau, deren Verhältnis zueinander grundsätzlich genossenschaftlich verstanden wurde. Dementsprechend hing die Rechtsstellung der Kinder immer stärker von Vater und Mutter ab. *Schwab*, Familie, in: *HRG*, I, 1067ff.

[56] *Koestler*, Ehebewilligung.

[57] Dazu ein Beispiel aus dem Schwabenspiegel: „Daz vierzehende ist, ob ein tohter ungeraten wirt, daz sie man zu ir leit ân ir vater willen, die wile si under funf und zweinzic iaren ist. Kumt si über funf und zweinzic iar, so mac si ir ere wol verliesen; aber ir erbe kan si nit mer verliesen“ (Cap. XVI § 14). *Gengler*, Schwabenspiegel, 18.

Einen extremen Standpunkt vertrat die um 1350 verfaßte Maiestas Karolina. Sie sah für den Fall, daß Eltern Klage erhoben, weil ihre Tochter ohne ihr Wissen oder gegen ihren Willen einen Mann genommen und mit ihm geschlafen hatte, das Pfählen der Schuldigen und die Konfiszierung ihrer Güter vor (Cap. LXXXIV und LXXXV). *Werunsky*, Maiestas Karolina, 64ff.

Zahlreiche weitere Quellenangaben in *Stobbe*, Handbuch, IV, § 253, 333ff. und *Schwab*, Grundlagen, 29ff.

Als qualifizierter Eingriff in die Munt wurden so wie im Frühmittelalter außereheliche Beziehungen zwischen Familienangehörigen im engeren Sinn und Dienstleuten bewertet. Die ständische Gesellschaftsordnung und die arbeitsorganisatorische Trennung zwischen Herr und Knecht bzw. Frau und Magd blieb weiterhin die Grundlage für eine Verurteilung derartiger Verbindungen[58].

Zahlreiche hoch- und spätmittelalterliche Bestimmungen betrafen weiters den Ausgleich für jene Schäden, die einer unbescholtenen Frau aus einer unehelichen Beziehung erwachsen konnten. Kam es zu keinem Eheabschluß mit dem betreffenden Mann, so waren in den meisten Fällen die Heiratsaussichten der Frau mit einem anderen Mann gemindert und im Falle einer Schwängerung nahezu vertan. Anknüpfend an Bestimmungen des Alten Testamentes gewährten daher zuerst das kanonische Recht und seit dem 14. Jh. auch weltliche Rechtsordnungen unbescholtenen Frauen für derartige Fälle Schadenersatz. Seit dem Hochmittelalter wurde der Verführer noch kanonischem Recht[59] verpflichtet, die Verführte mit dem Kranzgeld[60] auszusteuern und — falls die Zustimmung der jeweils Berechtigten erfolgte — auch zu heiraten (Prinzip „duc et dota"). Der Zwang zum Abschluß einer Ehe hatte wohl in vielen Fällen zu keinen wünschenswerten Ergebnissen geführt, weshalb manche Rechtsordnungen den Verführer die Wahl ließen, das Mädchen zu heiraten oder auszusteuern (Prinzip „duc aut dota")[61]. Verschiedene oberdeutsche Stadtrechte bestimmten eine Wahlmöglichkeit zwischen Heirat oder Strafe und alemannische Quellen des 15. Jhs. sahen einen Anspruch auf Geldleistung zugunsten der „Entehrten" vor[62]. Eine ähnliche Entwicklung wiesen auch die Rechtsfolgen für uneheliche Schwängerungen ("Jungfrauenschwächen") auf, deren Charakter eines zivilen Schadensersatzes damit deutlich zum Ausdruck kam[63]. Seit der 2. Hälfte des 15. Jhs. ist die Tendenz feststellbar, sowohl im Fall der „Entehrung" als auch im

Die Entwicklung des oben vor allem auf Kinder bezogene Ehebewilligungsrechts des Muntwaltes verlief auch bei Unfreien und Vasallen in ähnlicher Weise (für die ebenfalls das kanonische Konsensprinzip erst allmählich wirksam wurde). *Schwab*, Grundlagen, 19, 31. Die unterschiedlichen Auffassungen der kanonischen und der heimischen Rechtsordnung wurden aus der Sicht des kanonischen Rechtes in folgende Formulierung zusammengefaßt: Die Ehebewilligung der Eltern erfolgte aus kanonischer Sicht nur ex honestate und nicht — so wie im heimischen Recht — ex necessitate.

58 Der Schwabenspiegel beispielsweise bestrafte eine Geschlechtsbeziehung zwischen einer freien Frau und ihrem Knecht mit dem Köpfen der Frau und dem Verbrennen des Mannes (Cap. CCLXX § 1). *Gengler*, 210f.

In Wien und Dortmund wurde ein Knecht, der sich mit der Tochter seines Herrn eingelassen hatte, enthauptet; in Straßburg in einem gleichartigen Fall ertränkt. *His*, Geschichte, 142. *His*, Strafrecht, II, 148.

59 *Liber Extra*, X, 16, 1 im Anschluß an *2 Moses* XXII, 15, 16, und *5 Moses*, XXII, XXVII, XXIX.

60 *Erler*, Kranzgeld, in: *HRG*, II, Sp. 1177.

61 *Schmelzeisen*, Polizeiordnungen, 22.

62 *His*, Strafrecht, II, 146.

63 *Osenbrueggen*, Strafrecht, 275.

Falle der „Schwächung" die Strafen auszuweiten, während die Bestimmungen über den Ausgleich für den Schaden der Frau gleich blieben. Im 16. Jh. wurde schließlich jeder außereheliche Geschlechtsverkehr unter Strafe gestellt, weshalb der Ausgleich bei „Entehrung" zumeist verschwand und nur das „Jungfrauenschwächen" am Rande als Sonderdelikt erhalten blieb[64].

Als Motiv lag den Normen über die Entschädigung der Frau vorwiegend die Minderung ihrer Heiratsaussichten zugrunde, weswegen der Mann in den meisten Fällen als „Verführer" behandelt und zu Ersatzleistungen verpflichtet wurde[65]. Seit dem Beginn des 16. Jhs. wiesen die verschiedenen Rechtsordnungen eine stärkere Differenzierung danach auf, wieweit die betreffende Frau „liederlich" war, den Mann „angereizt" hatte oder wegen des Vorliegens einer Ehe des Mannes für sie kein Eheabschluß in Aussicht stand. Konnte der Frau einer dieser Punkte vorgeworfen werden, reduzierte sich die Ersatzleistung des Mannes und entfiel unter Umständen zu Gänze[66].

Die bisher angeführten Bestimmungen zum Schutz der Munt und zum Schutz der Frau wiesen in ihren Zielsetzungen und Motiven grundsätzlich keine rechtliche Abwertung menschlicher Sexualität auf, doch zeigt die Entwicklung der hierbei verwendeten Termini bereits einen gewissen Wertwandel an. Beispiele sind die negativen Begriffe „entehren" und „schwächen" für bestimmte nicht legitimierte Sexualbeziehungen. Der Terminus „entehren" spiegelt darüber hinaus einen wesentlichen Zusammenhang wieder: die seit dem Hochmittelalter erfolgte Verknüpfung von Ehre und menschlicher Sexualität.

In frühmittelalterliche Zeit wurde Ehre als eine der höchsten Werte und Ordnungsgrundlagen des Daseins verstanden, bezog sich aber vorrangig auf persönliche Fähigkeiten und Tüchtigkeiten, auf kriegerische Tapferkeit und Treue. Die christliche Tradition kannte ursprünglich nur einen Ehrbegriff im Verhältnis des Menschen zu Gott und später — ausgehend von der Lehre der Gottesebenbildlichkeit — die Achtung Gottes im Menschen. Selbstsüchtiges Streben nach diesseitigem Ruhm hingegen wurde als Gefahr für das Seelenheil betrachtet und darum bekämpft. Beide Traditionsstränge verbanden somit Ehre grundsätzlich nicht mit Sexualität. Die seit dem Hochmittelalter vollziehende Verfestigung der ständischen Gliederung in Adel-, Bauer- und Bürgerstand brachte auch eine Geburts- und berufsständische Auffächerung des Ehrverständnisses mit sich. Kampfkraft, Treue, Macht und Reichtum waren der ritterliche Wertmaßstab für Ehre, das Wissen, Ernährer aller Stände zu sein, begründete den Ehranspruch der Bauern. Die bürgerlichen Berufs- und Lebensgewohnheiten führten zu einem durch Sparsamkeit, vernünftige Haushaltung, Wertschätzung von Fleiß und Arbeit geprägten bürgerlichen Ehrverständnis. Ab dem 13. Jh. flossen aus kirchlichen Wertvorstellungen moralische

---

[64] *Lieberich*, Anfänge, 355.

[65] *His*, Strafrecht, II, 147.

[66] *Osenbrueggen*, Strafrecht, 276. *Schmelzeisen*, Polizeiordnungen, 26.

Bedeutungs- und Wesensformen in den bürgerlichen Ehrbegriff ein, der damit neben einem sozial-rechtlichen auch einen individuell-ethischen Gehalt bekam. Letzterer entsprach der mittelalterlichen bürgerlichen Tendenz zum Individualismus, so daß kirchlich moralische Wertvorstellungen in bürgerlichen Ehrbegriff verstärkt Aufnahme finden konnten[67].

Wird die beschränkte Versorgungslage des städtischen Handwerker- und Kleinbürgertums zusätzlich in Betracht gezogen, weiters dessen starke Abhängigkeit vom Dienst in fremdem Haus und dem damit verbundenen stetigen Wechsel der Dienstleute, Handwerksgesellen usw., erklärt sich die starke wirtschaftliche und nunmehr auch moralisch begründete Ablehnung aller nicht legitimierten Geschlechtsbeziehungen in diesem Stand[68]. Die seit dem 14. Jh. übliche Formel „echt und recht" im Zusammenhang mit der Aufnahme eines Handwerkers umschrieb die Forderung nach sittlichem Lebenswandel und ehelicher Geburt des Bewerbers. Wenn daher der Sachsenspiegel[69] und der Schwabenspiegel[70] unehelich Geborene als ehrlos einstuft, dann war dies zum einen Folge der Ansicht, daß ein uneheliches Kind nicht als Sippenmitglied galt und deshalb der grundsätzlichen nur durch die Sippe vermittelten Teilnahme am Rechtsleben (Rechtsfähigkeit) entbehrten. Zum anderen sind diese Bestimmungen als Folge der Verknüpfung zwischen Ehre und Unehelichkeit zu verstehen. Die Entwicklung der sozialen Abwertung außerehelicher Beziehungen bis zu ihrer Bestrafung war damit um einen entscheidenden Schritt vorangetrieben worden, wobei wichtige Impulse hierzu aus dem Bürgertum, vor allem aus dem Handwerkertum, kamen[71].

Das mittelalterliche Recht war seinem Charakter nach überwiegend ein Recht der Rechtsbewahrung, der Friedenssicherung, des Schutzes vor Übergriffen und nicht ein Recht, das aktiv gestaltend in das soziale Gefüge eingriff. Fragen der Moral oder der Sittlichkeit waren daher grundsätzlich nicht Gegenstand des weltlichen Rechtes, sondern unterlagen ursprünglich der Normierung durch das kanonische Recht. Erst am Beginn der Neuzeit standen die staatlichen und gesetzestechnischen Voraussetzungen zur Verfügung, welche es der weltlichen Obrigkeit erlaubten, gestaltend auf Fragen der Sittlichkeit Eingriff zu nehmen.

---

[67] *Zunkel*, Ehre, Reputation, in: *Brunner*, Grundbegriffe, II, 1ff.

[68] *Mitterauer*, Mütter, 68ff. *Dufour*, IV, 65.

[69] *Sachsenspiegel*, Landrecht, I, 36, 37; III, 27.

[70] *Schwabenspiegel*, Cap. XXXVIII. *Gengler*, Schwabenspiegel, 35.

[71] *Mitterauer*, Mütter, 61,71.
Vgl. auch *Staehlin*, Sittenzucht, 80. *Wolzendorff*, Polizeigedanke, 33.
Die starken Beziehungen zwischen Bürgertum und verschiedenen kirchlichen Strömungen hatte eine wesentliche Ursache in den zünftischen Strukturen des Handwerkertums. Die Zünfte, welche sich ursprünglich als Bruderschaften in einem durchwegs den geistlichen Orden vergleichbaren Sinn verstanden, waren maßgeblich am kultischen Geschehen in der Kirche beteiligt. *Schreiber*, Gemeinschaften.

3. Die uneheliche Mutterschaft im Polizeirecht der frühen Neuzeit

3.1. Das Entstehen der „Guten Polizey"

Der Zerfall der weltlichen und kirchlichen Universalgewalten im Laufe des Spätmittelalters führte zu tiefgreifenden politischen, religiösen, sozialen und wirtschaftlichen Veränderungen und damit auch zu Veränderungen im Rechtsleben der Zeit, welche mit Hilfe der überbrachten Ordnungsprinzipien und Ordnungsmethoden nicht mehr bewältigt werden konnten. Während des Früh- und Hochmittelalters vermochte eine ständische Gesellschaftsordnung mit ihrem pluralistischen Gewaltenaufbau selbstregulierend zu wirken, sie versagte aber seit dem Spätmittelalter. Die Erschütterung der ständischen Ordnung, neue Formen der Wirtschaft, sowie religiöse Probleme verlangten grundsätzliche, die mittelalterlichen Ordnungsträger überfordernde Maßnahmen. Einzig die Landesfürsten, denen die politische Macht im ausgehenden Mittelalter zugewachsen war, konnten die zur Lösung der anstehenden Probleme notwendigen Schritte setzen, während die Problemlösungskapazitäten des Kaisers und des Papstes in den Hintergrund traten[72].

---

[72] Das Spätmittelalter als Zeit einer krisenhaften Entwicklung brachte eine starke Erschütterung der ständischen Gliederung mit sich, wodurch obrigkeitliches Eingreifen und obrigkeitliche Normsetzung immer notwendiger wurde. Der Adel war wegen neuer Kriegstechniken politisch mehr und mehr funktionslos und auf die Sphäre der Grundherrschaft zurückgedrängt worden. Der Machtverlust des Adels zerstörte aber auch die agrarische Gemeinschaft des Fronhofverbandes mit einer patriachalisch-persönlichen Beziehung zwischen Herren und Bauern, wodurch auch die Bauern Einbußen in ihrer Stellung erleiden mußten. Sie behielten ihre alten Lasten bei, verloren aber den dafür vom Herren bisher geleisteten Schutz. Das hieraus entstehende Mißverhältnis, aber auch die zunehmende soziale Scheidung zwischen Herren und Bauern waren wohl Hauptursache der Bauernunruhen des ausgehenden Mittelalters und der frühen Neuzeit und damit die Ursache für das Eingreifen der Landesfürsten. Vgl. dazu *Maier*, Staats- und Verwaltungslehre, 87f., 90. *Brunner*, Land, 347f. *Huizinga*, Herbst, 73ff.

Die sozial und gleichzeitig wirtschaftlich folgenschwerste Veränderung vollzog sich in mittelalterlichen Städten. Der Übergang zu einer nicht allein auf Selbstversorgung, sondern auf Überschuß und damit Gewinn gerichteten Wirtschaftsform, ließ die Städte zu Wirtschaftszentren werden, deren Ausstrahlung auch die ländlichen Gebiete mehr und mehr einbezog. Dadurch wurden einerseits die ständischen Grenzen zwischen Bürgern und reichen Bauern und zwischen reichen Bürgern und Adeligen andererseits stark verwischt. Innerhalb der Bürgerschaft entstanden auf Grund der neuen arbeitsteiligen Produktionsweise zahlreiche abgestufte persönliche Abhängigkeitsverhältnisse, die von der herrschenden Zunftverfassung sozial nicht zufriedenstellend ausgeglichen werden konnten. Dazu siehe *Maier*, Staats- und Verwaltungslehre, 88ff. *Kroeschell*, Bürger, in: *HRG*, I, Sp. 543ff.

Rechtsgrundlage und Anknüpfungspunkt für das Tätigwerden der Landesfürsten war die ihnen im Laufe des Mittelalters vom Heiligen Römischen Reich übertragene Aufgabe der Friedenssicherung in ihren Territorien, die jetzt in einem sehr weiten Sinn verstanden wurde. Sämtliche Angelegenheiten, welche die Ruhe und Sicherheit des jeweiligen Territoriums betrafen, wurden zu Aufgaben des Landesfürsten. Die wachsenden Kompetenzen gingen bald weit über die bloße Friedenssicherung hinaus, wie schon ihre neue Bezeichnung als „Polizey" oder „Gute Polizey" erweist. Der an das griechische Wort „politeia" anknüpfende Begriff entstand als Umschreibung für die neuen Kompetenzen des Landesfürsten in der Mitte des 15. Jhs. vermutlich in den burgundischen Hofkanzleien, von der er in die Rechtssprache Eingang fand. Was unter „Guter Polizey" inhaltlich zu verstehen war, wurde in der frühen Neuzeit nur durch additatives Aufzählen der polizeilichen Agenda beschrieben; dogmatische Bemühungen um eine begriffliche Abgrenzung „Guter Polizey" und ihre inhaltliche Systematisierung entstammen erst dem 17. und besonders dem 18. Jh. Versucht man eine inhaltliche Bestimmung „Guter Polizey" aus der Rechtspraxis der frühen Neuzeit zu gewinnen, so kann sie einerseits als „Zustand guter Ordnung des Gemeinwesens" und andererseits als Summe von Rechtssätzen, „die auf die Herstellung und / oder Erhaltung des Zustandes guter Ordnung gerichtet waren" definiert werden. Als hervorstechendste Ziele der „Guten Polizey" sind zu nennen: die Bewahrung der sozialen Ordnung, die Regelung der im Umbruch begriffenen Wirtschaftsstruktur und — für das vorliegende Thema von besonderer Wichtigkeit — die Erhaltung der Sittlichkeit[73].

Die Ziele der „Guten Polizey" bezogen sich somit auf Bereiche, die bis zum Beginn der Neuzeit — von Ausnahmen abgesehen — grundsätzlich nicht Gegenstand der weltlichen Rechtssetzung gewesen waren. Daraus entstanden als zentrales Problem der „Guten Polizey" die Fragen, wie weit überhaupt eine Normierung dieser Gebiete zulässig und wer zur Schaffung neuer Normen berufen sein sollte. Bis zum Beginn der Neuzeit entstanden rechtsverbindliche Normen im Regelfall durch Gewohnheitsbildung der Normunterworfenen. Recht hatte grundsätzlich den Charakter des Unwandelbaren und Ewigen, das der Mensch nicht abschaffen, verändern oder neuschaffen konnte. Die wichtigste Ausnahme dieser Grundstruktur war die Schaffung neuer die Abänderug oder Aufhebung bestehender Normen durch verbindliche Vereinbarungen der Normunterworfenen. Vereinbarungen zwischen Kaiser (König) und Reichsständen auf der Ebene des Heiligen Römischen Reiches und Vereinbarungen zwischen Landesfürsten und Landständen auf der Ebene der Territorien sind hier als bedeutendste Beispiele anzuführen. Demgegenüber stellte die „Gute Polizey" — von wenigen Ausnahmen abgesehen — einen neuen Typus der Rechtserzeugung dar: die Polizeinormen waren Rechtsgebote,die als einseitige,

[73] *Knemeyer*, Polizei, in: *Brunner*, Grundbegriffe, IV, 875 ff. *Schmelzeisen*, Polizeiordnung, 11. *Schmidt*, Halsgerichtsordnungen, 17.

obrigkeitliche Willensäußerung bestimmter Rechtsträger, vor allem der Landesfürsten, ergingen und die Normunterworfenen unabhängig vom Bestehen einer gewohnheitsbildenden Übung oder einer Vereinbarung verpflichteten[74]. Der Übergang zu dieser Form der Rechtssetzung, die zu einer der bedeutendsten Wurzeln moderner Gesetzgebung werden sollte, war begleitet von Kompetenzstreitigkeiten zwischen den verschiedenen Rechtsträgern und vollzog sich in unterschiedlichen Übergangsformen. Auf Reichsebene entstand ein Kompetenzstreit zwischen dem Reichsoberhaupt und den Reichsständen um die Zuständigkeit zum Erlaß der Polizeinormen, der spätestens im Westfälischen Frieden 1648 zugunsten der Reichsstände endete. Der Zuständigkeitskonflikt wiederholte sich auf Landesebene zwischen Landesfürsten und Landständen und wurde hier regelmäßig zugunsten der Landesfürsten entschieden. Die Berücksichtigung alter Formen des Entstehens von Rechtsnormen, nämlich die ausdrückliche Erwähnung, daß die verschiedenen Polizeiordnungen unter Mitwirkung der Reichsstände bzw. Landstände, und somit auf Grund einer Vereinbarung entstanden seien, zeigen den Übergangscharakter insbesondere der Polizeiordnungen des 16. Jhs.

Es genügte jedoch nicht, an überbrachte Rechtsentstehungstypen tatsächlich oder auch nur formell anzuknüpfen, um den kaiserlichen bzw. landesfürstlichen Anspruch, ordnungsbedürftige Probleme mittels polizeilicher Rechtsgebote in Zukunft regeln zu wollen, gegenüber den Normadressaten durchzusetzen. Einerseits waren die tradierten Rechtserzeugungstypen und die Vorstellung von der Unabänderlichkeit des Rechtes stark im zeitgenössischen Rechtsverständnis verankert und andererseits regte sich massiver landständischer Widerstand gegen den Aufbau des landesfürstlichen Absolutismus und der dazu notwendigen Hilfsmittel, wie eben das Rechtsgebot[75]. Dies hatte zur Folge, daß die Polizeiordnungen regelmäßig sehr ausführliche und umfangreiche Begründungsversuche enthielten, die den Erlaß polizeilicher Rechtsgebote durch den Landesfürsten legitimieren und erläutern sollten. Anfangs genügte vermutlich der Hinweis auf die Verpflichtung des jeweiligen Rechtsetzenden zur Friedenssicherung, mit dem Anwachsen der durch die „Gute Polizey" zu regelnden Angelegenheiten wurden aber immer detailliertere Begründungen notwendig. Meist hoben bereits die Einleitungen der verschiedenen Polizeiordnungen das Recht und die Pflicht des Reichsoberhauptes bzw. des Landesfürsten zum Erlaß von Polizeinormen hervor und untermauerten sie mit folgenden Begründungen.

Zentrales und wichtigstes Begründungsmotiv war die Vorstellung von der „necessitas", dem (All-) „Gemeinen Nutzen" oder der „Notturft"[76], zu dem

---

[74] *Brauneder*, Gehalt, 209.

[75] *Ebel*, Geschichte, 59ff., besonders 63ff. *Brauneder*, Gehalt, 210ff. *Lieberich*, Anfänge, 307f.

[76] *Pichler*, Necessitas. *Brauneder*, Gehalt, 212 sowie die dort angegebene Literatur zum Thema „necessitas".

Lieberich, Anfänge, 334, Anm. 48. Vgl. *Pichler*, Necessitas non habet legem, in:

Gesetzgeber und Normadressaten nach ihren Möglichkeiten beizutragen hatten. Dieser Pflichtgedanke, den „Gemeinen Nutzen" zu fördern, gewann umsomehr Bedeutung, je mehr das alte Sozialethos im Laufe des Spätmittelalters verblaßte und die Verpflichtung zu seiner Aufrechterhaltung immer mehr den Landesfürsten zufiel[77].

Diese landesfürstliche Verpflichtung zur Bewahrung und Förderung des „Gemeinen Nutzens" wurde außerdem durch ihre Verknüpfung mit kirchlich-religiösen Problemen um eine bedeutende Komponente erweitert. Dazu kam es, als infolge des Zerfalls der kirchlichen Zentralgewalt viele Bereiche des religiösen Lebens reform- und regelungsbedürftig geworden waren und deshalb die Landesfürsten mangels einer Selbstregulierung durch die Kirche auch kirchliche Aufgaben an sich ziehen konnten[78]. Die Reformation einerseits und das Konzil von Trient, dessen Beschlüsse faktisch nur unter Mitwirkung der Landesfürsten durchsetzbar waren, andererseits, verstärkten den landesfürstlichen Einfluß auf das religiöse Geschehen zusehends. Die landesfürstliche Kompetenzerweiterung in kirchlich-religiösen Bereichen ist sowohl als faktische Notwendigkeit, wie auch als Mittel zum Ausbau des landesfürstlichen Absolutismus zu verstehen und gründete sich darüber hinaus auf eine besondere Facette der aus dem Mittelalter nachwirkenden Idee der „unitas mundi". Nach mittelalterlicher Vorstellung waren göttliche und diesseitige Welt untrennbar miteinander verbunden und ineinander verwoben, womit die Verletzung bestimmter Werte und Gebote gleichzeitig eine Verletzung der Welt wie auch eine Verletzung Gottes darstellte. Eine Störung der gesamten Ordnung hatte nach mittelalterlicher Auffassung immer Strafe und Vergeltung zur Folge, die den Ordnungsbrecher in gleichem Maße traf wie jene Gemeinschaft, die derartiges zuließ. Die Gemeinschaft mußte folglich ein vitales Interesse daran haben, Ordnungsbrecher der gerechten Strafe zuzuführen, aber nicht um sich an ihnen zu rächen, sondern in erster Linie, um die gestörte Weltordnung wieder herzustellen. Nachdem am Beginn der Neuzeit die Landesfürsten zu den Hauptgaranten für die Erhaltung und Förderung des „Gemeinen Nutzens" geworden waren, fiel ihnen die Aufgabe zu, Ordnungsbrüche zu verhindern und abzustellen, wollten sie nicht die ihnen von „Gottes Gnaden" anvertraute Gemeinde den hereinbrechenden Strafen aussetzen. Daraus gewannen sowohl der Gedanke des „Gemeinen Nutzens" an sich, als auch die landesfürstliche Verpflichtung zu seiner Erhaltung und Förderung eine weitere Fundierung, nämlich ihre metaphysische Verankerung. Der überbrachte kirchliche Anspruch auf die Seele des Menschen, der mit dem Dogma begründet wurde, daß die Kirche alleinige Vertreterin des Heilweges sei, war damit zu einem Anspruch der Landesfürsten geworden[79].

Festschrift *Hellbling*, 659ff.

Zur Entwicklung in der römischen Antike vgl. *Mayer—Maly*, Gemeinwohl, 135ff.

[77] *Schmelzeisen*, Rechtsgebot, 7.

[78] *Maier*, Staats- und Verwaltungslehre, 89, 92f. *Lieberich*, Anfänge, 350f.

Für die verfassungsrechtliche Entwicklung bedeutete dies eine Stärkung der Idee des Gottesgnadentums[80] und zugleich eine Dynamisierung der Rechtserzeugung, da die landesfürstliche Pflicht zur Regelung ordnungsbedürftiger Belange immer deutlicher in den Vordergrund gerückt wurde. Die neuentstehenden Polizeiordnungen knüpften daran in zweifacher Weise an. Einmal konnte der Erlaß polizeilicher Rechtsgebote auf die den Landesfürsten von Gott übertragene Pflicht gestützt werden, wodurch eine noch stärkere Loslösung von den überbrachten Rechtserzeugungstypen ermöglicht wurde. Zum anderen fielen wichtige Belange, die traditionell zum Aufgabenbereich der Kirche gezählt hatten — vor allem Fragen der Moral und der Sitte — nunmehr auch in die Zuständigkeit der Landesfürsten, die sie jetzt Kraft ihrer metaphysischen Berufung mittels polizeilicher Rechtsgebote zu regeln suchten[81].

Auf Reichsebene entstanden 1530, 1548 und 1577 Reichspolizeiordnungen (RPO), die in ihrer Entstehungsart,ihren Zielen, Inhalten, wie auch in ihren Begründungsmotiven den dargestellten Modellen folgten. § 1 der Einleitung der RPO 1530 etwa, begründete den Erlaß der Ordnung mit der Beseitigung von „Unordnung, Mängel und Gebrechen", alles „Gott dem Allmächtigen zu Ehr und Lob, gemeiner Christenheit und Teutscher Nation zu Wohlfahrt, Fried und Einigkeit, auch dem Heil. Römischen Reich zu Nutz". Der Zusammenhang zwischen dem Verhalten der Menschen und der Strafe Gottes fand seinen ersten deutlichen Niederschlag in § 1 des I. Titels RPO 1530 „Von Gotteslästerung und Gottes=Schwüren", in dem die Verpflichtung der weltlichen Obrigkeiten, Gotteslästerungen zu ahnden, normiert wurde, da nur so Gottes Strafe abgewendet werden könnte[82]. Während in der RPO 1530 der erläuterte Zusammenhang vorrangig auf Gotteslästerung bezogen wurde, war die RPO 1548 als Ganzes von der Wechselbeziehung menschliches Verhalten / Gotteszorn erfaßt. In der RPO 1548 wurde außerdem konkretisiert, welche Nachteile die Rechtsetzer bei Nichtbeachtung der geschützten Werte befürchteten: „Theurung / Krieg / Pestilentz und andere mannigfaltige Plagen"[83]. Den Erlaß

---

[79] *Schmidt*, Halsgerichtsordnungen, 36. *Simon*, Untertanenverhalten, 86, 143.

Zur mittelalterlichen Ganzheitsschau *Luthers* und ihre Auswirkungen auf das Strafrecht und Polizeirecht der Zeit vgl. *Felber*, Unzucht, 114.

[80] Dazu *Erler*, Dei Gratia, in: *HRG*, I, Sp. 672f. *Erler*, Gottes Gnaden (von), in: *HRG*, I, Sp. 1762.

[81] Vgl. dazu *Lieberich*, Anfänge, 376f. *Schmidt*, Einführung, 145. *Schmidt*, Halsgerichtsordnungen, 17. *Hartung*, Volk, 103.

[82] *Reichs=Abschiede, II, 333.*

[83] *Reichs=Abschiede, II, 588.*

Zu diesem Thema entwickelte sich eine reichhaltige zeitgenössische Literatur wie z. B.: *Aventinus*, ain warnus vnd anzaigung der ursach, warumb got der her dem Türcken als ainem verfolger christlichen glaubens vnd namens so viel sigs wider uns christen gebe ... Zitiert nach den von der königlichen Akademie der Wissenschaften herausgegebenen sämtlichen Werken, Band 1, München 1881.

Wolfgang *Cantzler*, Auß was ursach Gott den Türcken verhengt das er die Christenheit so starck überzeucht und mit blutdürstiger Hand / ermordt / verfolgt und hin wegk fürt ..., ohne Ort 1532.

der RPO 1577 begründete man darüber hinaus damit, daß die vorangehenden Ordnungen von 1530 und 1548 nicht eingehalten worden wären und deshalb eine Wiederverlautbarung notwendig geworden sei. Dieses Argument schloß an den traditionell normbegründeten Typus der „Guten alten Gewohnheit" an[84]. Grundsätzlich erhoben die Reichspolizeiordnungen den Anspruch, zur Normierung von Moral und Sitte berufen zu sein, manche Belange, insbesondere die Frage nach der Ahndung von Fornicationsdelikten, blieben jedoch unbehandelt und erfuhren erst in den Ordnungen der verschiedenen Territorien ihre Ausgestaltung.

Der Erlaß dreier Polizeiordnungen auf Reichsebene macht deutlich, daß die Polizeigewalt ursprünglich dem Heiligen Römischen Reich zugeordnet werden sollte. Bereits die RPO 1530 mußte jedoch den Reichsständen zugestehen, Ergänzungen und Abänderungen des Reichspolizeirechtes vorzunehmen, was den tatsächlichen politischen Gegebenheiten entsprach. In weiterer Folge zogen die Landesfürsten die Polizeigewalt mehr und mehr an sich, bis sie spätestens im Westfälischen Frieden von 1648 als Teil der reichsständischen Landeshoheit galt. Die Entwicklung des Polizeirechtes vollzog sich somit vorrangig auf territorialer Ebene, wobei den Reichspolizeiordnungen hauptsächlich Vorbildcharakter zukam[85]. Anders als das Reichspolizeirecht machte das territoriale Polizeirecht weitreichende Aussagen zu Fragen der Moral und der Sitte, vor allem normierte es den für das vorliegende Thema bedeutungsvollen Tatbestand der Fornication.

Da verschiedene Regelungsbereiche — wie die Normierung moralischer Fragen — für den frühneuzeitlichen Polizeigesetzgeber eine neue, vom weltlichen Recht grundsätzlich noch nie geregelten Materie darstellten, knüpfte man bei der inhaltlichen Ausgestaltung entsprechender polizeilicher Bestimmungen manchmal an solche Vorbilder an, welche für die Normadressaten bereits verbindlichen Charakter hatten. Damit wurden die Polizeiordnungen einerseits in die Nähe des Rechtserzeugungstypus der „Guten alten Gewohnheit" gerückt und andererseits erleichterte das Vorliegen ausformulierter Normen den Aufbau des Polizeirechtes. Als Vorbild bot sich vor allem die Heilige Schrift mit ihren Geboten an, denen seit dem Mittelalter allgemein verbindlicher Normcharakter als „lex divina" zukam und die daher in die weltliche Polizeigesetzgebung einfließen konnten[86].

---

[84] *Reichs=Abschiede*, III, 379f.

[85] *Conrad*, Rechtsgeschichte, II, 257.
Vgl. dazu auch *Lieberich*, Anfänge, 346.

[86] Zum Einfluß des Dekalogs auf die Verbrechenssystematik vgl. *Weber*, Dekalog.
Als Beispiel dazu § 1 der Einleitung der RPO 1548: „Nachdem Gott der Allmächtig unser Schöpfer in den Zehen Gebotten / die ein jeder Mensch bey seiner Seelen Seligkeit zu halten schuldig ist /, ...". *Reichs=Abschiede*, II, 588.
Als weitere Beispiele für die Übernahme religiöser und biblischer Motive sei auf die Darstellung von Szenen aus dem Alten Testament in zeitgenössischen Drucken der

Unmittelbare Vorlage für den inhaltlichen und teilweise auch den formellen Aufbau der Polizeiordnungen sollten aber die von der christlichen Moralverkündung aus der Heiligen Schrift erarbeiteten Lasterkataloge und die darauf fußende kirchliche Lehre von den sieben Hauptsünden werden. Der gleiche thematische Umfang in den Polizeiordnungen und in den Lasterkatalogen, deren Tradition vom Christentum bis in die Hellenistische Antike zurückreicht, läßt letztere deutlich als Vorbilder der Polizeiordnungen erkennbar werden[87].

In den altösterreichischen Ländern begann eine Polizeigesetzgebung größeren Umfanges mit der „New Pollicey vnd Ordnung der Hanndtwercher und dienstuolck der Niederösterreichischen Lannde" vom Jahre 1527[88]. Die Ordnung entstand auf Ersuchen der Stände und im Einvernehmen zwischen Landesfürst und Landständen, die an den Beratungen durch Ausschüsse teilnahmen. Formell wurde der tradierte Rechtserzeugungstypus der Vereinbarung zwischen Landesfürst und Landständen eingehalten, doch stellte sich die *NÖPO 1527* für die Normunterworfenen als Rechtsgebot dar. Die tatsächlich betroffenen Handwerker waren nämlich am Erlaß nicht beteiligt und außerdem büßten die Zünfte als Folge der neuen Ordnung ihre autonomen Satzungen und damit ihre autonome Stellung weitgehend ein.

1542 folgte die „Ordnung vnd Reformation guter Polizey" für die Niederösterreichischen Länder[89], die unter dem Einfluß der RPO 1530 stand. Die *NÖPO 1542* enthielt alle oben dargestellten Probleme und Elemente, von denen die wichtigsten kurz angeführt werden sollen. Ihr Erlaß wurde formell auf eine Vereinbarung zwischen Landesfürst und Landständen, deren Rat eingeholt worden war, gegründet[90]. Die Förderung des „Gemeinen Nutzens", des leiblichen und seelischen Wohles, war erklärtes Ziel der *NÖPO 1542*: Der Landesfürst wollte nicht nur die Mängel des „zeitlich leben vnd wesen, sonnder auch zuvordrist der Seelen nachtayl vnd verdammnüß" verhindern. Das Abstellen von Mißständen hatte den Zweck, den Zorn Gottes abzuwenden: „daraus (= aus den Mißständen) dann vermuetlich eruolgt, das der Almechtig vnns, vnser Lannde vnd Leüt mit so manigfaltigen plagen Straffen, als mit entziehung, mißratung vnd verteürung allerhandt des Erdtreichs hunger vnd Sterbens nötten, Auch fürnemblich durch den wüettenden Erbfeinde Christlichs

verschiedenen Polizeiordnungen verwiesen. Dazu *Brauneder*, Gehalt, 213.

Vgl. auch *Lieberich*, Anfänge, 334, 350. *Schmidt*, Einführung, 145ff. *Staehlin*, Sittenzucht, 88.

[87] *Weber*, Dekalog, ...

[88] Sammlung *Chorinsky*, Band 43.

[89] Sammlung *Chorinsky*, Band 43.

[90] Alle nachfolgenden polizeilichen Rechtsgebote der österr. Länder beriefen sich in erster Linie auf die göttliche Legitimation des Landesfürsten zur Erlassung entsprechender Normen, erwähnten aber immer wieder, daß der Landesfürst den Rat der Stände eingeholt hatte. Zum Problem des Verhältnisses zwischen dem Landesfürsten und den Landständen bei der Erlassung neuzeitlicher Polizeinormen vgl. außerdem *Maier*, Staat- und Verwaltungslehre, 94, 103 sowie *Lieberich*, Anfänge, 377.

namens vnd Glaubens den türckhen, vnd in annder meer Wege ain zeicheer haimbgesuecht“. Die Verpflichtung der Obrigkeiten zur Abstellung von Mißständen wurde im Zusammenhang mit Gotteslästerung besonders hervorgehoben: Gotteslästerung mußte verhindert werden, da ansonsten der „Allmechtig nit allain gegen den Thäettern, sondern auch den Obrigkaiten die sollichs zeweren schuldig sein vnd gedulden, zu den werckhen des zorns vnd erschrockhenlicher zeitlicher vnd ewiger straff bewegt wierdt“[91].

Die *NÖPO 1552* faßte die *NÖPO 1527* und die *NÖPO 1542* zusammen. Sie war für die nachfolgenden altösterreichischen Polizeiordnungen des 16. Jhs., so die *ONÖPOen 1566* und *1568*, die *StmkPO 1577* und bis zu einem gewissen Grad die *TLO 1573*, Vorbild und Orientierungshilfe[92]. Die im 17. und unter dem Einfluß des Naturrechtes im 18. Jh. entstandenen polizeilichen Rechtsgebote wiesen nicht mehr das geschlossene Erscheinungsbild der Polizeiordnungen des 16. Jhs. auf, sondern waren nur mehr Ergänzungen und partielle Erweiterungen der weiterhin geltenden Polizeinormen aus dem 16. Jh.

In den altösterreichischen Ländern entstand Polizeirecht jedoch nicht nur auf territorialer Ebene, sondern auch auf der darunterliegenden Ebene der Grundherrschaften, wobei sich der Kompetenzstreit um die Polizeigewalt zwischen Landesfürst und Landständen zeigte. Theoretisch vertrat der Landesfürst die Position, daß die Landeshoheit (Ius eminens) ausschließlich ihm zustände. Alle den Landesständen zukommenden Befugnisse wären von der landesfürstlichen

[91] *NÖPO 1552*, 2ff.

[92] Zum Zusammenhang zwischen den Reichspolizeiordnungen und den altösterreichischen Polizeiordnungen des 16. Jhs. vgl. *Brauneder*, Gehalt, 207 und das von dort übernommene Modell:

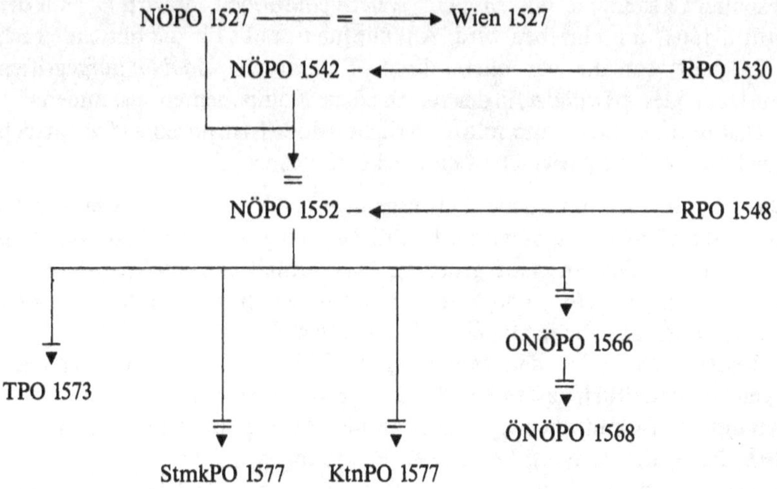

Landeshoheit ableitbar und nach Ermessen des Landesfürsten wieder entziehbar (Absolutismus). Demgegenüber gründeten die Stände ihre theoretische Position auf die Überlegung, daß die Landeshoheit grundsätzlich Landesfürst und Landständen gemeinsam zukäme und zwischen beiden in bestimmter Weise aufzuteilen wäre. Unabhängig vom Vorliegen landesfürstlicher Polizeinormen fühlten sich demnach die Landstände aus eigener Hoheit berufen, in ihren Grundherrschaften polizeiliche Rechtsgebote zu erlassen. Formell wurden sie regelmäßig in die grundherrschaftlichen Weistümer eingebaut, inhaltlich wiederholten sie zumeist die Normen der landesfürstlichen Ordnungen. Die Verpflichtung zu ihrer Einhaltung sollte jedoch für die normunterworfenen Untertanen in den Hoheitsrechten der Grundherrschaften begründet sein.

Als die Auseinandersetzung zwischen Landesfürst und Landständen am Beginn des 30jährigen Krieges im Jahre 1620 militärisch zugunsten des Landesfürsten entschieden worden war, ging auch der Anspruch der Landstände auf unmittelbare Teilhabe an der Landesherrschaft weitgehend verloren. Im Bereich des Polizeirechtes bedeutete dies für die Landstände den nicht unumstrittenen Verlust des Rechtes auf Erlaß polizeilicher Rechtsgebote und ihre Beschränkung auf die Durchführung landesfürstlicher Polizeinormen, die ihnen in immer eingeschränkterem Umfang bis in die Mitte des 19. Jhs. verblieb.

3.2. Das christlich-aristotelische Hausmodell als Grundlage der frühneuzeitlichen Polizeiordnungen

Die weitreichenden Möglichkeiten des Eingriffes in familiäre und persönliche Verhältnisse der Menschen durch die Anwendung des frühneuzeitlichen Polizeirechtes setzte ein bestimmtes Verständnis vom Aufbau der Familie und des Gemeinwesens voraus. Die theoretische Fundierung hierzu lieferte die hoch- und spätmittelalterliche Wissenschaft, welche ein Modell entwarf, das mit dem Begriff „Haus“ umschrieben wird. Anknüpfungspunkt für die mittelalterliche Wissenschaft war die vor allem durch *Thomas von Aquino* aufgegriffene „Hauslehre“ des *Aristoteles*, in der verschiedene Komponenten zusammenwirkten. Das darauf aufgebaute mittelalterliche Modell ist durch die zusätzliche Ausrichtung auf die christliche Lehre gekennzeichnet.

Das „Haus“ als natürliche Lebensgemeinschaft mit einer Analogie zur Struktur des Gemeinwesens wurde als eine aus drei grundsätzlichen Verhältnissen bestehende Gemeinschaft gedeutet: Das Verhältnis zwischen Mann und Frau, das zwischen Vater und Kind und jenes zwischen Herrn und Personal. Diese Beziehungen verstand man als Herrschaftsrechte, welche in der Antike zur Zeit des *Aristoteles* allein dem Mann zustanden, im Spätmittelalter aber wegen der genossenschaftlich gestalteten Strukturen zwischen Mann und Frau bis zu einem gewissen Grad auch auf die Frau als „Mitregentin“ bezogen wurden. Neben der Wahrnehmung personaler Beziehungen erfüllte das „Haus“ als Produktions- und Konsumgemeinschaft zugleich wirtschaftliche Funktionen.

Das aristotelische Hausmodell der Einzelfamilie erfuhr im Mittelalter insofern eine Weiterentwicklung, als dem „Haus“ durch den Einfluß der Theologie spezifische religiöse und sittliche Funktionen zuwuchsen und das „Haus“ zur „oeconomia christiana“ — zum „christlich-aristotelischen Hausmodell“ wurde[93]. Das „Haus“ bildete einen für alle individuellen Bedürfnisse zuständigen Mikrokosmos, der sowohl gesellschaftliche als auch obrigkeitliche Aufgaben wahrnahm und gleichzeitig auch Institution der göttlichen Schöpfungsordnung war. Es verdankte somit sein Bestehen und seine Beschaffenheit nicht allein der menschlichen Willkür.

Darüber hinaus galt das „Haus“ als kleinste Einheit des Gemeinwesens. Es war seinem Zwecke nach auf dieses Gemeinwesen ausgerichtet, dem es grundsätzlich zu dienen hatte. „Haus“ und „Staat“ wurden demnach als miteinander verbundene Naturkörper verstanden. Das Gemeinwesen und damit auch das „Haus“ waren im Sinne der christlichen Lehre auf Gott ausgerichtet und hatten grundsätzlich an der Realisierung der christlichen Ziele mitzuwirken. Solange die Menschen diesem Ziel zustrebten, konnten sie erwarten, daß Gott ihnen Heil und Segen angedeihen ließ. Ausgehend von Gott kam das Heil in die Welt und wurde, vermittelt durch die Stellvertreter Gottes — die kirchliche und die weltliche Obrigkeit — an die Menschen vergeben. Der „Staat“ hatte so die Funktion eines Heilsträgers, wie schon die oben erwähnten Einleitungen der altösterreichischen Polizeiordnungen ausweisen, weshalb eine Gefährdung des „Hauses“ durch den „Staat“ nicht zu erwarten war. Das hatte zur Folge, daß das christlich-aristotelische Hausmodell grundsätzlich keine Abwehrmöglichkeiten gegen den „Staat“ bzw. gegen die Obrigkeit vorsah. Die als vermittelnder Heilsbringer verstandene Obrigkeit sollte vielmehr kontrollierend und korrigierend in das „Haus“ eingreifen, um die Verwirklichung der christlichen Heilslehre auf Erden zu garantieren[94]. Das ursprünglich auf die kleinste Einheit, die Familie, bezogene Hausmodell war nunmehr auf das Gemeinwesen erweitert worden.

Dieser Hausbegriff, der das Verständnis vom Aufbau der Familie und des Gemeinwesens auch noch zur Zeit des Naturrechtes bestimmte[95], fand bereits früh Eingang in das Recht[96] und wurde auch Grundlage des Familien- bzw.

---

[93] Vgl. *Brunner*, Das „Ganze“ Haus, 33 ff.

[94] *Schwab*, Familie, in: *Brunner*, Grundbegriffe, 235 ff., 258 ff.

[95] *Koerber*, Eheauffassung, 5 ff.
Zur Bedeutung des „Hauses“ im Naturrecht vgl. *Bingler*, Studien.

[96] Sehr frühe Beispiele für die Übernahme des christlich-aristotelischen Hausmodelles in das altösterreichische Recht stellen einschlägige Bestimmungen der Summa legum aus der ersten Hälfte des 14. Jhs. dar: Kap. XLVIII „Von der Regierung des Hauses“; Kap. XLIX „Von der Regierung des eeweibs“; Kap. L „Der Man zv dem Weib“; Kap. LI „Das Weib zv dem Man“; Kap. LII „Wie Vater vnd Mueter zv iren Kindern“ (darin wird jedoch das genossenschaftliche Verhältnis zwischen Mann und Frau ausdrücklich erwähnt, womit an die heimische Rechtstradition Anschluß gefunden wurde); Kap. LIII „Die Sun wie gegen Vater vnd Muter“; Kap. LIV „Wie der Hausvater“; das anschließende Kap. LV

Staatsverständnisses in der Polizeigesetzgebung der frühen Neuzeit. Die wesentlichsten Probleme der Zeit, die Ausbildung des Absolutismus, die Erhaltung der ständischen Ordnung, die Regelung der wirtschaftlichen und religiösen Fragen, konnten im Rahmen des christlich-aristotelischen Hausmodells mit Hilfe der Polizeigesetzgebung in ein umfassendes und homogenes Ordnungssystem gebracht werden: Faßte man das Gemeinwesen als erweitertes „Haus" auf, so bekam der Landesfürst, an den die politische und teilweise auch die religiöse Vormacht während des Spätmittelalters übergegangen war, die Funktion eines „Landesvaters"[97], durch die er einen verstärkten Einfluß auf sämtliche Untertanen — die Landstände eingeschlossen — erhielt. Das dualistische Kräfteverhältnis zwischen Landesfürst und Landständen verschob sich — zumindest im theoretischen Anspruch — zugunsten des Landesherrn. Die haus- und hofrechtliche Zuchtgewalt des Mittelalters ging vom fürstlichen Hof, vermittelt durch den Landesfürsten, auf den „Staat" über[98].

In gleicher Weise änderte sich auch das Verhältnis zwischen den Grundherren und ihren Untertanen. Während es im Mittelalter noch durch starke genossenschaftliche Elemente und damit durch Leistung und Gegenleistung bestimmt war, konnte dieses Verhältnis jetzt mehr und mehr zu einem einseitigen Herrschaftsrecht umgedeutet werden[99]. So wie der Landesfürst waren auch die Grundherren von Gott eingesetzte Obrigkeiten und hatten gleich diesem die Stellung eines Garanten für die Verwirklichung der christlichen Heilslehre, welche ihnen weitgehende Eingriffe in das Leben der Untertanen erlaubte.

„Von dem Regiment eyner Statt" weist auf den auf das Gemeinwesen orientierten Zweck des Hauses hin. *Gál*, Summa, I, 208ff.

Vgl. dazu auch *Schwab*, Familie, in: *Brunner*, Grundbegriffe, 265, der einen Einfluß der aristotelisch-mittelalterlichen Lehre auf die Gesetzgebung erst für den Codex Maximilianeus Bavaricus Civilis von 1765 annimmt.

[97] Das Bild des Landesfürsten als „Landesvater" orientierte sich am Pathos des alten Testamentes (*Lieberich*, Anfänge, 334). Es diente als Element der Legitimierung zum Erlaß der Polizeiordnungen (*Staehlin*, Sittenzucht, 100. *Schmidt*, Einführung, 145).

In den altösterreichischen Polizeiordnungen finden wir etwa die Umschreibungen „milder König" (*NÖPO 1527*, 2), „Christlicher Khünig" (*NÖPO 1542*, 5; *NÖPO 1552*, 6).

Sehr ausgeprägt findet sich die Vorstellung von der Obrigkeit als „väterliche Obrigkeit" im Rechtsleben der Stadt Basel. Betont wurde dort das Bild im Bereich der Sittengesetzgebung. *Simon*, Untertanenverhalten, 118f.

[98] *Lieberich*, Anfänge, 334. Vgl. auch *Grabmann*, Studien, 10ff.

[99] In einer Bestimmung der *O. Ö. Landtafel* vom Beginn des 17. Jhs., wonach den „Standespersonen" die „Rechte Polizey" zukomme, wurde nicht nur eine Kompetenzregelung getroffen, sondern vielmehr das einseitige obrigkeitliche Herrschaftsverhältnis gegenüber den Untertanen zum Ausdruck gebracht (vgl. I. Teil, 2. Titel).

Mitteis, Rezeption, 527.

Vgl. auch *Conrad*, Rechtsgeschichte, II, 217ff. *Kroeschell*, Familia, in: *HRG*, I, Sp. 1066f. *Mitterauer*, Mütter, 83.

Auch in der zeitgenössischen Literatur fand die neue Sichtweise ihren Niederschlag. Allgemeine Aussagen der Literatur aber auch Aussagen zum hierarchisch gedeuteten Eheverständnis vgl. bei *Koerber*, Eheauffassung, 5.

In der kleinsten Einheit des Gemeinwesens, dem „Haus“, kamen dem Hausvater entsprechende auf das „Haus“ zugeschnittene Befugnisse zu.

Vergleicht man das christlich-aristotelische Hausmodell mit den altösterreichischen Polizeiordnungen und dem ihnen zugrundeliegenden Aufbau, ergeben sich deutliche Übereinstimmungen[100]: Der Hausvater, worunter der Familienvater, der Bauer, der Meister usw. verstanden wurde, kontrollierte und korrigierte das Zusammenleben im Haus und achtete vor allem auf einen christlichen und gottgefälligen Lebenswandel der Hausangehörigen. Zum „Hause“ gehörten alle Familienangehörige, wobei der Ehefrau im Innenverhältnis gegenüber dem Mann eine genossenschaftliche Stellung zukam, weiters die Kinder, das Gesinde, die im Hause lebenden Inleute und selbst Gäste. Diese Grundstruktur sah z.B. die Ordnung zur „Tugendsamen = Lebensführung“ vom Jahre 1663 vor[101].

Auf der nächsthöheren Ebene achtete der Grundherr im erweiterten Umfang auf alle seine Untertanen[102], wobei er durch kirchliche Institutionen Unterstützung erfuhr: „Es soll auch ein yeder Pfarrer sein Pfarruolckh all Sonntag von Gotzlessterung, Zuetrinckhen, auch allen anderen gemainen Lasstern, Sünden vnd Ergernüß fleissigklich verwarnen[103].

---

[100] Vgl. *Brunner*, Land, 165ff., 240ff.

Das christlich-aristotelische Hausmodell lag auch dem Landtafelentwurf Veit Stahels zugrunde, wie der unter der Überschrift „Von den rechten der Person“ vorgestellte Aufbau zeigt: Vater-Gerhab, Untertan-Leibeigener, Vogtleute-Schirmleute, Herren. *Klein-Bruckschwaiger*, Landtafelentwurf, 223, 240.

Die Grundzüge des christlich-aristotelischen Hausmodells lassen sich auch im Aufbau der Gerichtsorganisation in der *O. Ö. Landtafel* (I. Teil, 2. Titel „Von der ersten instanz“) erkennen.

[101] *OT-L 1663, Codex Austriacus*, II, 359f.

Weitere vergleichbare Ansatzpunkte können beispielsweise in den Art. 76 u. 80 der *LGO 1656* gefunden werden. *Codex Austriacus*, II, 709f. und 714f. Vgl. *O. Ö. Landtafel*, I. Theil, 2. Titel.

Grundsätzlich hatte jeder Besitzer von Grund und Boden das Recht und auch die Pflicht, auf seinen Liegenschaften für Ruhe und Sicherheit zu sorgen. Die Intensität und Ausdehnung dieses Rechtes war im 15. Jhd. noch unklar. Durch das christlich-aristotelische Hausmodell ergab sich jedoch hinsichtlich dieser Fragen auch für den Hausvater eine gewisse Präzisierung, welche ihm durch die Polizeiordnungen nahe gebracht wurde. *Feigl*, Rechtsentwicklung, 28ff. *Feigl*, Grundherrschaft, 131.

Vgl. *Brachmann*, Hausfriede, 327ff.

[102] Die Verpflichtung, für Ruhe und Sicherheit zu sorgen, ergab sich im gesteigerten Maße für fehdeberechtigte Adelige, da sie auf Grund ihrer militärischen Möglichkeiten den Rechtsnormen tatsächlich Geltung verschaffen konnten. Auch hier bewirkte die zunehmende Übernahme des christlich-aristotelischen Hausmodells eine Präzisierung in der Ausgestaltung dieser Rechte. Zunehmend konnte der Lebenswandel der Untertanen Gegenstand des obrigkeitlichen Eingriffsrechtes werden. *Feigl*, Rechtsentwicklung, 28ff.

[103] *NÖPO 1542*, 27.

An der Spitze der Pyramide stand der Landesfürst als ein von Gott eingesetzter und Gott verantwortlicher „Landesvater“[104]. Er hatte für ein geordnetes Zusammenleben des gesamten Gemeinwesens zu sorgen, weshalb in den Polizeiordnungen zumindest im Ansatz keine Unterscheidung zwischen den Normadressaten vorgenommen wurde. Praktisch mußten von diesem weiten Anspruch jedoch Abstriche gemacht werden, da die Polizeiordnungen nicht auf den Adel anwendbar waren. Schon das von den Polizeiordnungen vorrangig verfolgte Ziel, die ständische Ordnung zu erhalten, durchbrach grundsätzlich diesen Anspruch, wie beispielsweise Abstufungen der Stände im Rahmen der Kleiderordnungen, unterschiedliche Strafen für die verschiedenen Stände[105] usw. zeigen. Zudem entsprachen die familiären Strukturen adeliger Familien nicht vollständig dem erläuterten Hausbegriff[106] und außerdem waren polizeiliche Normen gegenüber adeligen Familien mangels einer alles erfassenden staatlichen Organisation kaum durchsetzbar. Die altösterreichischen Polizeiordnungen und das ihnen zugrundeliegende christlich-aristotelische Hausmodell waren somit vorrangig auf bäuerliche und bürgerliche Kreise abgestimmt, während die Einbeziehung des Adels als Programm des Absolutismus verstanden werden muß.

Im Rahmen dieses grundsätzlich nach ständischen Gesichtspunkten differenzierten Gesellschaftsaufbaues wurden weitere Unterscheidungen vorgenommen, von denen für das vorliegende Thema die Behandlung der Geschlechter interessiert. Den theoretischen Hintergrund lieferte auch hier vor allem *Thomas von Aquino*, der das Verhältnis zwischen Mann und Frau — aufbauend auf den naturwissenschaftlich-biologischen Kenntnissen seiner Zeit — in das christlich-aristotelische Hausmodell einordnete. Bedeutendstes Element der zeitgenössischen Naturwissenschaften war die tägliche praktische Erfahrung, daß die Körperkraft eines Menschen dessen Stellung gegenüber der Natur, in der Gesellschaft, im Rechtsleben usw. entscheidend bestimmte. Es entstand ein biologisches Weltbild, in dem die Stellung der Frau durch eine dreifache Minderwertigkeit gegenüber der Stellung des Mannes beschrieben wurde:

— die Minderwertigkeit im Werden (biogenetische Minderwertigkeit),
— die Minderwertigkeit im Sein (qualitative Minderwertigkeit) und
— die Minderwertigkeit im Tätigsein (funktionale Minderwertigkeit).

Die biogenetische Minderwertigkeit entstand auf Grund der Vorstellung, wonach nur der Mann ein vollwertiger und ganzer Mensch sei, während die

[104] Noch sehr deutlich in dem vom Naturrecht getragenen Werk *Donners*: „Sie (= die Untertanen) haben einen Vertrag mit dem Monarchen, daß sie gehorsamen wollen, und die Verträge verbinden in dem Gewissen, sie können eben so wenig ungehorsam seyn als die Kinder gegen ihren Vater; denn was der Vater bey seiner Familie, das ist der Landesfürst im ganzen Staat, er ist der Vater aller ihm unterthänigen Familien, ...“. *Donner*, Rechte, 7.

[105] Dazu *Lieberich*, Anfänge, 377f.

[106] *Schwab*, Familie, 265f.

Frau als ein nicht ganz geglückter, nicht vollständiger Mann betrachtet wurde. Die Erzeugung eines Mädchens wurde folgerichtig auf hemmende Umstände zurückgeführt, welche das Entstehen eines vollwertigen Menschen, also eines Mannes, verhinderten[107]. Die Feststellung der qualitativen Minderwertigkeit fand ihre Begründung in der geringeren Körperkraft und in den daraus angeblich resultierenden geringeren geistigen Fähigkeiten der Frau. Die geistig geringeren Fähigkeiten sollten auch eine sittliche Minderwertigkeit zur Folge haben, weshalb die Frau etwaigen Begierlichkeiten weniger widerstehen könnte und wegen ihres Körpers auch eher zur Unzucht versucht sei als der Mann[108]. Funktionell galt die Frau weniger, da sie bei der Zeugung nur passiv beteiligt sei und nur den Werkstoff zur Verfügung stelle, während der Mann als form- und lebengebender Erzeuger beteiligt sein sollte[109]. Es erscheint bemerkenswert, daß *Thomas von Aquino* die Erzeugung des Kindes mit einem Vergleich aus dem Handwerk darstellt, indem er den Mann als Meister beschreibt, dem die Frau als Gehilfin bloß den Werkstoff zur Verfügung stellte[110]. Die unten darzustellende Übereinstimmung zahlreicher kirchlicher Sexualnormen mit jenen des spätmittelalterlichen Bürgertums hatten hierin einen Verknüpfungspunkt gefunden.

Eingebaut in den Rahmen des christlich-aristotelischen Hausmodells ergab sich daraus eine untergeordnete Stellung der Frau; und zwar gegenüber Gott, dem Staat und innerhalb der häuslichen Gemeinschaft. Der Mann mediadisierte die Frau sowohl in Bezug auf Gott als auch in Bezug auf den Staat, da er auf Grund seiner höheren Befähigung die Hauptverantwortung für ein gottgefälliges und den Zielen des Gemeinwesens entsprechendes Leben seiner Hausangehörigen zu sorgen hatte. Höhere Rechte korrespondierten grundsätzlich mit höheren Pflichten. Innerhalb des Hauses sollte das Verhältnis der Ehegatten zueinander ein genossenschaftliches mit gleichen Rechten und gleichen Pflichten sein. Hausvater und Hausmutter kam gegenüber den anderen Hausangehörigen eine übergeordnete Stellung zu. Die weitgehende, genossenschaftlich verstandene Gleichheit zwischen Mann und Frau innerhalb des Hauses wurde aber insofern zugunsten des Mannes relativiert, als er auf Grund seiner höheren Befähigung zu Grundsatzentscheidungen für das ganze Haus verantwortlich sein und ihm ein Leitungs- und Erziehungsrecht über alle Hausangehörigen — auch über die Frau — zustehen sollte.

Obwohl es im Hoch- und Spätmittelalter auch völlig andere Strömungen gab und *Thomas von Aquino* in einer anderen Phase seiner Entwicklung zum Grundsatz der Gleichstellung aller Menschen fand, setzte sich diese Lehre des *Thomas* im wesentlichen durch, wurde gestaltende Kraft des Konzils von Trient und damit Grundlage für die Entwicklung bis in die moderne Zeit.

---

[107] *Mitterer*, Mann, 514ff.

[108] *Mitterer*, Mann, 518ff., 542.

[109] *Mitterer*, Mann, 512, 523ff., 541.

[110] *Mitterer*, Mann, 522f., 545ff.

In der Entwicklung des altösterreichischen Polizeirechtes kam jedoch eine geschlechtsspezifische Differenzierung grundsätzlich nicht zum Tragen, da die altösterreichischen Polizeiordnungen ihrem Wortlaut nach keine geschlechtsspezifischen Unterscheidungen vornahmen[111]. Sie knüpften damit an die spätmittelalterliche Tradition an, welche das Verhältnis zwischen Mann und Frau grundsätzlich genossenschaftlich organisierte. Mögliche Ungleichbehandlungen ergaben sich folglich nicht aus dem Wortlaut der Polizeinormen, sondern waren das Ergebnis meist außerrechtlicher Einflüsse und Wertungen.

Zusammengefaßt betrachtet stellt sich das christlich-aristotelische Hausmodell als notwendige Voraussetzung für den Erlaß des neuen Polizeirechtes an sich und als Legitimation für den weitreichenden Eingriff in private — in „häusliche" — Angelegenheiten dar. In Ermangelung staatlicher Organisationsformen ermöglichte außerdem nur der skizzierte Familien- und Staatsaufbau den zur Errichtung einer (erst in den Ansätzen vorhandenen) staatlichen Infrastruktur notwendigen Durchgriff der verschiedenen Obrigkeiten auf den einzelnen Menschen. Eine geschlechtsspezifische Differenzierung nahm das altösterreichische Polizeirecht, anders als das theoretische Vorbild, dabei grundsätzlich nicht vor.

3.3. Grundzüge der inhaltlichen Ausgestaltung der frühneuzeitlichen Polizeinormen in bezug auf Ehe, Sitte und Moral

Die neu zu schaffenden Polizeinormen gestatteten unter Zugrundlegung des christlich-aristotelischen Hausmodells dem Landesfürsten als „Landesvater" und den Grundherren als „christlichen Obrigkeiten" weitreichende Eingriffe in das Leben der Untertanen. Davon interessieren für die Behandlung des vorliegenden Themas vor allem solche Gestaltungsversuche der Polizeigesetzgebung, welche die Ehe sowie Fragen der Moral und der Sitte betrafen.

Diese Lebensbereiche waren bisher überwiegend durch die Kirche und durch gewohnheitsrechtliche Rechtsbildung gestaltet worden und sollten nun Gegen-

---

[111] Beispiele für die ausdrückliche Gleichbehandlung von Mann und Frau im Rahmen der altösterreichischen Polizeiordnungen: Lehrjungen „sollen sich gegen jrin Maister vnd Maisterin, aller Gehorsam vnd treue befleissen". *NÖPO 1527*, 51.

Gotteslästerung war „Alt oder jung, Manns oder frawen geschlechts, niemants ausgenomen" verboten. *NÖPO 1542*, 7.

Allen Untertanen, „Mann vnnd Frawenpersonen", war das Zutrinken verboten. *NÖPO 1552*, 29.

Noch deutlicher formulierte die Polizeiordnung 1566 wenn sie bestimmte, daß alle Menschen, „Man vnd Weibs Personen", durch sie verbunden sein sollten. *ONÖPO 1566*, 3ff.

Auch im Falle des Ehebruches wurden „Hoch und Nidern Stannds / Mann vnd Frawen Personen" gleich bestraft.

TLO 1573, XI. Blatt. „So mögen obernenter persohnen Ehewiertinen / sich mit der Klaidung jrer Mannen gleich halten".

StmkPO 1577, 5^r. Vgl. dazu auch *Brauneder*, Gehalt 210.

stand weltlicher Normierungen werden. Dies setzte den oben angesprochenen Kompetenzzuwachs des Landesfürsten voraus und erforderte außerdem, daß die Familie als Gesellschaftsträger anerkannt wurde. Spätestens seit dem 16. Jh. war zumindest der Wissenschaft die Funktion und die Bedeutung der Familie für das Gemeinwesen in Umrissen bekannt: Die Ehe galt nicht bloß als Beziehung zwischen den Gatten mit dem Ziel der Heranziehung von Nachkommenschaft, sondern als staatstragende und staatsbegründende Voraussetzung[112]. Zur Errichtung und Erhaltung des „Gemeinen Nutzens" waren Menschen mit entsprechendem Verhalten erforderlich, wodurch der Ehe die Aufgabe zuwuchs, Kinder als soziale Persönlichkeiten zu erziehen. In der frühen Neuzeit war diese Aufgabe noch in der mittelalterlichen Tradition verhaftet, indem die Sozialisation der Menschen überwiegend auf ein gottgefälliges Leben gerichtet wurde.

Dem „Gemeinen Nutzen" diente aber auch eine große Nachkommenschaft, da nur so die am Beginn der Neuzeit aufstrebende Wirtschaft zur Sicherung des Wohlstandes und der Zukunft der Gemeinschaft wirksam werden konnte.

Die Lösung von mittelalterlichen Bindungen mit ihren gegenwartsverneinenden Jenseitserwartungen und die Hinwendung zu den neuen Strömungen der Renaissance als gegenwartsbezogene Bejahung des irdischen Daseins bewirkten schwerwiegende Erschütterungen im familiären und sozialen Bereich, die dem „Gemeinen Nutzen" hinderlich waren. Zu ihrer Überwindung mußte die Institution der Ehe stärker geschützt und im Gemeinschaftsleben als Wert stärker verankert werden, ihr also auch vom staatlichen Gesetzgeber eine sittliche Funktion, die es zu gestalten galt, zuerkannt werden. Damit gab es aber zwei Ordnungsmächte, die Anspruch erhoben, zur Regelung in Fragen der ehelichen Gemeinschaft sowie in Fragen der Sitte und Moral berufen zu sein[113]. Die Ziele der Kirche, welche in der Ehe eine christliche und monogame Gemeinschaft zum Zwecke des gegenseitigen Beistandes und der Erzeugung von Nachkommenschaft sah, deckten sich weitgehend mit jenen des frühneuzeitli-

[112] Als Beispiele sei auf zwei Flugschriften aus dem 16. Jh. verwiesen: „Nämlich darzu/das wir verständiget werden/das alle ding in Ehlicher gesellschaft bestanden vnd erhalten werden/das on dieselbig/yegklichs ding auffgelöset /vndergang/vnd zu trümmern falle." *Erasmus* von Rotterdam, Von loblichem herkomen notwendige eingriff..., Augsburg 1542, 20.

„Weil denn nu jederman bewust/wie viel den menschen am ehelichen leben gelegen/das sie da selbe genüglich füren möchten/Ists billich/nicht allein zu verwundern/sondern auch mit grossem schmertz zubeklagen/wie die leute hierinne/son vnbedechtig/nicht allein wider Gott/sondern auch offt wider die vernunfft faren müge/das sie vil mehr gedancken drauff geben/wo sie jrgent ein pferd/oder haus keuffen/als wo sie ein weib neme/Dardurch sie dem feinde/beide thüre vnd fenster auffthun/das er sie seines gefallens plangen müge/wie er wölle. Solchem verkerte fürnemen zusteuren/solte dis billich etwas darzu thun/das sie zu rücke gehalten/vn witzig würden/weil sie sehen/wie feindtlich der böse geist/dem Ehestande alzeit zusetze." Petrus *Arbiter*, Die regeln des Christlichen Ehestandes/..., o.O. 1553, 3.

[113] *Lieberich*, Anfänge, 375f. *Schwab*, Grundlagen, 33ff., 43ff.

chen Staates, weshalb es zu einer inhaltlichen Angleichung geistlicher und weltlicher Normziele kommen konnte[114]. Eine Angleichung weltlicher und geistlicher Normen vollzog sich sowohl in protestantischen als auch in katholischen Ländern, woraus entsprechende Unterschiede in der Auffassung der Ehe in den verschiedenen Territorien erwuchsen. Als wichtigste Beispiele sind hier der Sakramentscharakter der Ehe und die davon abgeleitete Frage nach der Scheidbarkeit einer Ehe zu erwähnen. Für das altösterreichische Recht kamen auf die Dauer im wesentlichen nur katholische Vorstellungen zum Tragen, obwohl auch starke protestantische Einflüsse wirksam waren, die ihren Niederschlag unter anderem in den Landesordnungsentwürfen für Österreich unter und ob der Enns 1595 und 1609 fanden[115].

Der Verfall der kirchlichen Universalgewalt und die der Reformation folgenden Wirren machten es vor dem Hintergrund des entstehenden Absolutismus schon aus organisatorischen Gründen notwendig, daß die weltliche Macht Grundsätze im Bereich des Familienlebens und des Gemeinwesens vorgab. Dies geschah auf Reichsebene — wo allerdings die politisch-religiösen Strömungen und die streng katholische Haltung *Kaiser Karls V.* beachtet werden müssen — in der „Römischen Kayserlichen Majestät Erklärung, wie es der Religion halben im Heil. Reich, biß zu Austrag der gemeinen concilii gehalten werden soll"[116]. Im XXI. Titel „Vom Sacrament der Ehe" wurden die oben dargestellten Ziele ausdrücklich genannt (§§ 1 u. 6), der Sakramentscharakter der Ehe betont (§ 6) und die Auflösung der Ehe (mit Ausnahme der Scheidung von Tisch und Bett) verworfen (§§ 3-5 und 8). Geschlechtliche Beziehungen erfuhren grundsätzlich eine negative Bewertung, soferne sie nicht innerhalb einer gültigen Ehe vollzogen wurden. Nur in der Ehe wurde Sexualität als „Gott wohlgefällig" (§ 6) angesehen[117].

Die auf das Konzil von Trient verweisenden reichsrechtlichen Grundsätze, welche weitgehend den frühneuzeitlichen Staatszielen entsprachen, wurden für die Gesetzgebung der von katholischen Landesfürsten regierten österreichi-

---

[114] *Wolzendorff*, Polizeigedanke, 33.
Sehr früh ist eine Angleichung in der Summa legum feststellbar: I. Buch, Cap. „durch was wird die ee gemacht". *Gál*, summa legum, I, 205.

[115] *Brauneder*, Ehescheidung, 273ff.
Zum Problem der Unauflöslichkeit der Ehe in diesem Zusammenhang vgl. auch *Portmann*, Wesen.

[116] *Reichs=Abschiede*, II, 563ff.

[117] Die negative Bewertung der Sexualität tritt sehr deutlich in § 6 zutage: „und wiewohl der Ehestand fürnehmlich angefangen soll werden, umb der Kirchen=Zucht Willen, jedoch wer Ehlich wird, Hurerey zu vermeyden der sündiget auch nicht, dann St. Paulus sagt: Ein jeder hab sein Weib umb der Hurrerey willen. Darum ist das die Krafft dieses Sacraments, daß die Eheleut wissen sollen, daß sie nicht aus Menschlichem, sondern aus Göttlicher Gewalt zusammen kommen seynd, und haben die Gnade empfangen, daß ihnen das Ehelich Beyschlaffen nicht zugerechnet, als eine Sünde". *Reichs=Abschiede*, II, 564.

schen Länder zur Richtschnur[118]. Kernstück war das katholische Ehemodell, wie es in einer jahrhundertelangen Entwicklung, abgeschlossen mit dem Konzil von Trient, ausgebildet worden war. Abschluß, inhaltliche Gestaltung und eventuelle Beendigung einer Ehe unterlagen seit dem Hochmittelalter der kirchlichen Jurisdiktion[119], wo sie auch weiterhin verblieben. Neu war jedoch, daß der Staat aus den genannten Gründen die kirchlichen Normen nunmehr weitgehend sanktionierte und absicherte. Damit wurden aber die zwischen dem kanonischen Recht und der heimischen Rechtstradition bestehenden Konflikte, im Gegensatz zu den bloß punktuell notwendigen Eingriffen zur Unterstützung der Kirche während des Mittelalters, jetzt in großem Umfang auch zu Problemen der weltlichen Obrigkeit.

Wichtigster Anlaß für Konflikte zwischen dem kanonischen und dem staatlichem Recht wurde das für den Eheabschluß gültige Konsensprinzip. So wie im Mittelalter stand es weiterhin im Gegensatz zum ursprünglich konstitutiv wirkenden Ehebewilligungsrecht mancher Verwandter[120]. Der frühneuzeitliche Gesetzgeber mußte wie seine mittelalterlichen Vorgänger einen Ausgleich schaffen. Seit der Mitte des 16. Jhs. ergingen folgerichtig in den altösterr. Ländern mehrere landesfürstliche Gebote, welche in Anwendung des Konsensprinzips Heiraten ohne Zustimmung bestimmter Anverwandter — sogenannte „Winckel = Heurathen“ — als gültig anerkannten[121], aber mit Nachteilen bedrohten. Die Eltern mußten beispielsweise kein Heiratsgut und keine Heimsteuer leisten, konnten ihre Kinder sogar zur Gänze enterben, wenn diese ohne ihr Wissen oder ohne ihre Zustimmung eine Ehe eingegangen waren[122].

---

[118] Über die Frage, inwieweit die Ergebnisse des Konzils von Trient für die N. Ö. Länder verbindlich sein sollten, fanden ständische Beratungen statt. Behandelt wurden dabei vor allem Probleme des „Staatskirchenrechtes“ (z. B. Gerichtsbarkeit, Patronat, Visitationen usw.), wobei die Stände ausdrücklich betonten, daß ihre Rechte durch die konziliaren Neuerungen nicht betroffen sein sollten. Obwohl die zu dieser Zeit weitgehend protestantischen Stände sicherlich auch an Fragen des Eherechtes interessiert waren, enthält die Quelle diesbezüglich keine Aussagen. „Bericht der N. Ö. Regierung und Kammer über die Reformartikel des Tridentiner Concils, welche die Weltlichkeit betreffen“ vom 13. Oktober 1563. Sammlung *Chorinsky*, 32, *Miscellanea juridica*, 2. Heft, 26-67.

[119] *Schwab*, Grundlagen, 19ff., 24ff.

[120] *Felber*, Unzucht, 52. *Schwab*, Heiratserlaubnis, in: *HRG*, II, 60ff.

[121] Das Konzil von Trient legte im Decretum Tametsi ausdrücklich fest, daß eine Ehe auch ohne Zustimmung der Anverwandten geschlossen werden könne: “So sind denn mit Recht die zu verdammen — wie auch die hl. Kirchenversammlung sie mit dem Bannfluch belegt —, die es leugnen, daß solche Ehen wirkliche und gültige Ehen seien, und die fälschlich behaupten, daß die von Hauskindern ohne Einwilligung ihrer Eltern geschlossenen Ehen ungültig seien, vielmehr von den Eltern genehmigt oder aufgelöst werden könnten.“ Beschluß der 24. Sitzung vom 11. Oktober 1563. *Scharr*, Privatrecht, 249.

[122] *Suttinger*, Consuetudines, 337 f., „Heyrath“ und 818f., „Tochter unzuläßliche Heurath und Enterbung betreffend“. *Codex Austriacus*, I, 469f., „Heurathen“, v. 24. 8. 1550 gültig für N. Ö. *Codex Austriacus*, I, 470, „Wien = Stadt alte Ordnung und Freyheit“ v. 12. 10. 1585. *Codex Austriacus*, II, 505, „Winckel = Heurath“ v. 20. 10. 1585 für Ober-

Das Zustimmungsrecht der Angehörigen wurde als Schutzbestimmung zugunsten der Kinder verstanden, vor allem aber zugunsten minderjähriger Töchter, weil diese „auß Weiblicher Blödigkeit leichtlich verführt"[123] werden könnten.

Das Konsensprinzip bedeutete weiters eine Gefahr für die ständische Gliederung der Gesellschaft und eine Unsicherheit in der Regelung der Arbeitsorganisation. Schon die erste große altösterr. Polizeiordnung des Jahres 1527 enthielt deshalb Normen, welche Heiraten zwischen Hausangehörigen und dem Personal unterbinden sollten. Die *NÖPO 1527* und gleichlautend die *NÖPO 1552* verboten den Handwerksgesellen, Töchter, Schwestern oder sonstige weibliche Angehörige des Meisters oder der Meisterin zu einem nach Konsensprinzip bindenden Eheversprechen zu überreden oder gar gegen ihren Willen zu ehelichen[124]. Entführten Gesellen eine Hausangehörige mit oder ohne ihr Einverständnis heimlich von zu Hause, bestimmten die genannten Ordnungen eine Bestrafung nach der lex Iulia de raptu[125]. Schwer bestraft mußte auch derjenige werden, welcher eine Hausangehörige „Un Eerlich beschlieff oder sy jrer iunckhfrawschafft entsetzet"[126].

Diese für Handwerksgesellen normierten Bestimmungen wurden in denselben Polizeiordnungen auch auf alle „anndern Dienstleüt, bawersleüt, vnd ledigen in der gemain" erstreckt[127]. Die O. Ö. Landtafel vom Beginn des 17. Jhs. formulierte den Grundsatz allgemein[128]. Normadressaten dieser Bestimmungen waren nur männliche Hausangestellte, während für weibliches Personal keine entsprechenden Anordnungen bestanden. Frauen unterlagen demnach nur den allgemeinen Bestimmungen über Ehebruch oder Unzucht. Ausdrücklich erwähnt wurde nur, daß Köchinnen und andere „diennst Weibßpersonen" in Unzuchtsfällen der Strafgewalt ihres Hausherren bzw. ihrer Hausfrau unterstehen sollten, die ihnen in dergleichen nicht näher differenzierten Fällen bei Entlassung die „Paßporten oder Abschiedbrief" (= Arbeitszeugnisse) verwei-

---

und Niederösterreich. *Codex Austriacus*, II, 505f., „General = Mandat Wegen Abstellung deren Winckel = Heurathen" v. 7. 9. 1703 gültig für Ober- und Niederösterreich.

Zur Entwicklung im Recht der Reichsstadt Nördlingen vgl. *Felber*, Unzucht, 43.

[123] *Codex Austriacus*, I, 469.

[124] *NÖPO 1527*, 41f. *NÖPO 1552*, 187.

[125] Beispielsweise in der *NÖPO 1527*, 42 und in der *NÖPO 1552*, 188.

[126] So beispielsweise in der *NÖPO 1527*, 42 und in der *NÖPO 1552*, 188.

Vgl. zu diesem Thema auch *Bodemayer*, Rechtsaltertümer, 104. *Lieberich*, Anfänge 355f. *Simon*, Untertanenverhalten, 98 und 103ff.

[127] So in der *NÖPO 1527*, 43 u. *NÖPO 1552*, 188. Die *NÖPO 1552*, 75, erstreckt ihre diesbezügliche Geltung auch auf das landesfürstliche „Hofgesindt".

[128] „Da sich auch sonsten iemand unterstehen wurde ehrlichen Kindern, sonderlich Töchter oder sonst nahent befreundte jungfrauen oder wittiben zu schwächen und umb ihre ehr zu bringen oder verbottner arglistiger weiß zu der ehe aufzureden, der solle alßbald nach gründlicher offenbahrung (er hab es gleich inß werkh gebracht oder nicht) am leib ernstlich gestrafft werden". *O. Ö. Landtafel*, III. Theil, 37. Titel, § 2.

gern konnten[129]. Da dies ohnehin auch für männliches Personal galt, bestanden keine ausdrückliche auf Frauen bezogene Normen zum Schutz der ständischen Gliederung. Die einseitigen Abwehrmaßnahmen zeigen, daß der Polizeigesetzgeber grundsätzlich keine Störung der ständischen Ordnung durch Frauen, sondern eher durch Männer erwartete[130].

Bedeutenden Konfliktstoff lieferten weiters die seit dem Konzil von Trient konstitutiv wirkenden Formerfordernisse beim Abschluß einer Ehe. Das kanonische Recht des Mittelalters verlangte als konstitutives Element des Eheabschlusses lediglich die Willensübereinstimmung der Brautleute und ordnete der Einsegnung durch den Priester und der Zuziehung von mindestens zwei Zeugen nur deklaratorische Wirkung zu. Starke innerkirchliche Strömungen, denen der an bestimmten Formalitäten erkennbare Eheabschluß wichtig war, erreichten endgültig im Konzil von Trient die Festlegung der genannten Formvorschriften als konstitutives Element des Eheabschlusses. Spätestens seit dem Konzil waren bloße Konsensehen — sogenannte „clandestine Ehen" — nichtig und verboten[131]. Entsprechende Formvorschriften ergingen übrigens zur selben Zeit auch in protestantischen Ländern[132].

Anknüpfend an die kanonischen Vorschriften verboten auch die altösterr. Polizeiordnungen des 16. Jhs. alle nicht formal geschlossenen, eheähnlichen Verbindungen, die meist mit dem Begriff „Un Eesitzen" umschrieben wurden[133], ohne eine Unterscheidung zwischen clandestinen Ehen, Probeehen oder Konkubinaten zu treffen[134]. Diese nach heutigem Verständnis unscharfen Bestimmun-

---

[129] So in der *NÖPO 1542*, 79f. und 82. Gleich in der *NÖPO 1552*, 160, 162.

[130] Kam es zu einem Eheabschluß zwischen einem Hausangehörigen und einer weiblichen Dienstkraft, bedeutete dies einen sozialen Aufstieg für die Frau und ihre Kinder, da im Laufe der Neuzeit mit Ausnahme des dynastischen Adels die Frau und die Kinder regelmäßig dem Stande des Mannes folgten. Dazu *Ogris*, Ärgere Hand, in: *HRG*, I, 218ff.

[131] „Beschluß der Kirchenversammlung über die Umgestaltung des Eherechtes", gefaßt in der 24. Sitzung v. 11. 11. 1563 (sogenanntes „Decretum Tametsi").

Zum vortridentinischen Recht vgl. *Schwab*, Grundlagen, 29ff. *Schmelzeisen*, Polizeiordnungen, 32.

Zum Problem der Durchsetzbarkeit dieser Normen siehe unten und *Rudeck*, Geschichte, 188ff. *Wikman*, Einleitung, 290ff.

[132] *Felber*, Unzucht, 115. *Dietrich*, Eherecht.

[133] Zum Begriff „Un Eesitzen" siehe auch *His*, Strafrecht, II, 149 und *Felber*, Unzucht, 61.

[134] *NÖPO 1527*, 37ff. „Un Eesitzen". „Es soll auch khain hanndtwerchsgesell, offenlich an der vnEe, mit ainer, die nit sein Eelich weyb ist, sitzen." *NÖPO 1542*, 26ff.: „von leichtuertiger Beywonung auch anndern offenlichen lastern in gemain. Wann auch viel leichtfertig personen ausserhalb von Gott aufgesätzter Ehe beyeinander wonen, oder sonnst der vnehrn phlegen ... wellen Wir allen vnd yeden Oberkhaiten, ... das Sy sollich gemain Lasster ... mit nichten gedulden ... vnd ... nach rechtmäßsiger erkanntnüß der Obrigkait ... mit straff zum strengisten Verfaern ...". Gleichlautend die *NÖPO 1552*, 41ff. Daher unrichtig die Aussage *Lieberichs*, Anfänge, 353, Anm. 73, nach der der Konkubinat

gen zielten in erster Linie auf die Beseitigung bestehender Konkubinate von Priestern oder die Konkubinate anderer von einem Ehehindernis betroffenen Personen (z. B. bestehendes Eheband). Weiters sollten die in einer clandestinen Ehe lebenden Menschen — eine Form, welche besonders häufig beim bäuerlichen Dienstpersonal anzutreffen war — zur Erfüllung der Formvorschriften angehalten werden[135]. Während sich die *NÖPO 1527* als vortridentinische Ordnung mit einem Verbot der „vn Ee" begnügte, ordneten die nachfolgenden österr. Polizeiordnungen des 16. Jhs. Strafen für das Unterlassen der notwendigen Eheabschlußformen an[136]. Der weltliche Gesetzgeber verhalft damit der

---

in dieser Ordnung nicht bestraft wurde.

In der *ONÖPO 1566*, 7, wurden die „zuuor publicierte Policeyordnung ... abermaln ... gut beduncken".

TLO 1573, XI Blatt: „Von Vneelicher vnd lichtuörtiger beywönung /vnnd anndern Lastern in gemain" „... Ir die für vnd nachgesetzte Oberkaiten / sollet allen denjenigen / so also an der Vnee sitzen / die Stett / Märckt / vnd Gericht Ewer yedes Verwaltung / darinnen Sy sitzen vnnd wonen / ...verbieten (= ausweisen). Vnd da dasselb auch nit helffen / ..." mit Gefängnisstrafen vorgehen.

Die *StmkPO 1577*, 3 ff., behandelte den Tatbestand der „Vnee" nicht ausdrücklich, sondern ordnete entsprechende Fälle dem „uneelichen leichtfertigen beywohnen" zu.

Die genannten Bestimmungen wurden teilweise auch in die verschiedenen Weistümer der Grundherrschaften übernommen wie z. B. in das Ehaftteiding der Herrschaft Windhag bei Freistadt aus dem Jahre 1553, das den Text der *NÖPO 1542* nahezu wörtlich übernahm. *O. Ö. Weistümer*, I, 613, Zl. 1 ff.

Mit zunehmendem Einfluß des römisch-gemeinen Rechtes fand die Bezeichnung „Concubinatus" verstärkt Aufnahme in die heimischen Rechtsquellen (z. B. *Codex Austriacus*, I, 251), der jedoch keine Präzisierung in der Sachabgrenzung brachte. Die Übernahme des römisch-gemeinen Begriffes führte jedoch zur Rezeption eines aus der Antike weiterwirkenden Problems. Das klassische römische Recht kannte den Konkubinat als bestimmte Art einer Lebensgemeinschaft ausdrücklich an, während das Recht der frühen Neuzeit nur formalgültige Ehen akzeptierte. Die frühneuzeitlichen Polizeiordnungen verboten daher mehrfach und ausdrücklich das Institut des Konkubinates. Dazu *RPO 1530*, Art. 33, *Reichs = Abschiede*, II, 343. *RPO 1548*, Art. 25, §§ 1 u. 2, *Reichs = Abschiede*, II, 601. *RPO 1577* Titel XXVI, §§ 1 u. 2, *Reichs = Abschiede*, III, 393.

Zum Kampf der Polizeiordnungen gegen die heimlichen Ehen vgl. besonders *Schmelzeisen*, Polizeiordnungen, 30 ff. sowie *Erle*, Ehe, 263 ff., *Giesen*, Konkubinat, in: *HRG*, II, Sp. 1074 f. und *Schubart-Fikentscher*, Unehelichen-Frage, 17 ff.

Vgl. auch *Lieberich*, Anfänge, 356, *His*, Strafrecht, II, 149 f. *Simon*, Untertanenverhalten, 102.

135 Dazu auch *Schmelzeisen*, Polizeiordnungen, 30. *Schubart-Fikentscher*, Unehelichen-Frage, 17 ff.

Im Ordnungsbuch der Reichsstadt Nördlingen (aus der Zeit zwischen 1423 u. 1522) versuchte man den Konkubinat einfacher Schichten dadurch zu beseitigen, indem man verbot, die im Konkubinat lebenden Personen „zu hausen und zu hofen". *Felber*, Unzucht, 42.

136 Die *NÖPO 1542* beauftragte die Obrigkeit „mit straff zum strengisten" gegen die Betroffenen vorzugehen, ohne jedoch ein Strafausmaß festzulegen. Die *NÖPO 1552* übernahm die Bestimmungen der Ordnungen 1527 und 1542 und ordnete darüber hinaus an, daß Gebotsübertreter höheren Standes sofort ihrer Ämter zu entsetzen seien. Die *ONÖPO 1566* beließ die vorangehenden Regelungen ausdrücklich in Kraft. Nach der *TLO 1573* wurde jemand, der in „Vnee" lebte auf ein halbes Jahr verwiesen, im

scharfen Trennung zwischen ehelichen und nichtehelichen Verbindungen auch in formaler Hinsicht zum endgültigen Durchbruch.

An dieser Stelle sei noch auf ein Sonderproblem beim Eheabschluß verwiesen. Die durch Willensübereinstimmung der Brautleute gültig zustande gekommene Ehe konnte unter gewissen Umständen wieder getrennt werden, sofern die Ehe noch nicht vollzogen worden war. Für das vortridentinische Recht bedeutete dies, daß auch eine heimlich geschlossene Ehe nach Vollzug nicht mehr trennbar war. Die Aufgabe des Polizeigesetzgebers mußte demnach sein, solche Geschlechtsbeziehungen zu verhindern, die zu einer unauflöslichen clandestinen Ehe führten. Die oben dargestellten Regelungen zur Erhaltung der ständischen Gliederung und der Arbeitsorganisation hatten darin eine wesentliche Entstehungsursache.

Wollte der frühneuzeitliche Gesetzgeber seine Ziele hinsichtlich der Gestaltung des Hauses und des Gemeinwesens verwirklichen, so mußte er über die Regelung des Eheabschlusses hinaus auch den Bestand der Ehe schützen. Dies geschah vor allem durch die Verfolgung des Ehebruches und letztlich durch die Verfolgung sämtlicher außerehelicher Beziehungen.

In frühmittelalterlicher Zeit wurde der Ehebruch der Frau als Eingriff in die Munt des Mannes gewertet und deshalb von der betroffenen Sippe geahndet. Der Ehebruch des Mannes hatte dann, wenn die Frau eine Freie war, die Fehde der Frauensippe zur Folge[137]. Mit der Christianisierung und durch die Bestrebungen zur Erhaltung des Landsfriedens während des Hochmittelalters ging die Verfolgung des Ehebruches allmählich von der Sippe in die Kompetenz der kirchlichen Gerichtsbarkeit über. Seit dem 14. Jh. war der Ehebruch auch Gegenstand der weltlichen Gesetzgebung und damit zum Offizialgelikt geworden[138]. Die Polizeiordnungen des 16. Jhs. erwähnten den Ehebruch schon in ihren Einleitungen als besonders verwerfliches, Gott verletzendes Laster[139] und mit Ausnahme der *NÖPO 1527* war er in allen altösterr. Polizeiordnungen dieses Jahrhunderts ausdrücklich als Tatbestand normiert[140]. Flankierend stellte der Polizeigesetzgeber „Zuetrinckhen", „Föllerey" und „Spill" unter Strafe, da derartige Anlässe oftmals zu „Eebruch vnd sonnst vil lasster" genutzt würden[141]. Noch im Laufe des 16. Jhs. entwickelte sich der Ehebruch unter dem

---

Wiederholungsfalle auf ein ganzes jahr „oder lännger" und sollte auch dies „nit helffen/Alß dann mit Straff des thurns/.../mit Wasser vnnd Brot ..." bestraft werden. Ähnlich auch Schweizer Ordnungen. Dazu *Osenbrueggen*, Strafrecht, 278f.

137 *Schwerin*, Buchbesprechung: Gerda *Merschberger*, in: *ZRG*, GA, 58, 824ff.

138 *Lieberwirth*, Ehebruch, in: *HRG*, I, 836ff., besonders 837. Vgl. *Bodemeyer*, Rechtsaltertümer, 110ff. *Lieberich*, Anfänge, 342, 354. *Simon*, Untertanenverhalten, 132. *Staehlin*, Sittenzucht, 85. *Bennecke*, Lehre, 122ff.

139 *ONÖPO 1566*, 4f. *StmkPO 1577*, Einleitung. *TLO 1573*, II. Blatt.

140 *NÖPO 1542*, 26f. *NÖPO 1552*, 41ff. *ONÖPO 1566*, 13f. *TLO 1573*, XI. Blatt. *StmkPO 1577*, 3^{v}.

141 *NÖPO 1542*, 19. *NÖPO 1552*, 28. *TLO 1573*, VII. Blatt. *StmkPO 1577* , 2ff.

Einfluß der Gegenreformation[142] in der altösterreichischen Rechtsordnung zu einem qualifizierten („malefitzischen") Delikt[143], dessen Aburteilung damit zumindest im Wiederholungsfalle nicht mehr den Niedergerichten, sondern dem Landgericht zustand[144]. Im Gegensatz zu der an spätrömische Vorbilder

[142] *Lieberich*, Anfänge, 354.

[143] Unter *Kaiser Maximilian II.* und *Kaiser Ferdinand II.* wurde der Ehebruch — beginnend mit einer Ordnung vom 12. Dezember 1565 — mehrfach als „Malefitzisch" erklärt. *Suttinger*, Consuetudines, 150.

[144] Da die Bestrafung des Ehebruchs anfänglich der Grundobrigkeit zustand, in der Landgerichtsordnung für O. Ö. v. J. 1559 aber dem Landgericht zugewiesen wurde (*Hoegl*, Geschichte, 42), war die Zuständigkeit sehr unklar geregelt. Auch die weitere historische Entwicklung war durch Unklarheiten in der Kompetenz gekennzeichnet wie beispielsweise das Weistum für Waizenkirchen (O. Ö.) v. J. 1593 (O. Ö. *Weistümer*, III, 176, Zl. 39ff.) und das Weistum für Schwanenstadt und die Herrschaft Puchheim (beide O. Ö.) v. J. 1597 (O. Ö. *Weistümer*, III, 404, Zl. 13ff.) ausweisen. Die darin zum Audruck kommende unklare Rechtslage bestand trotz einer Erklärung der N. Ö. Regierung vom 1. September 1587:

Der annderte Ehebruch ist
malefitzisch
Leonhart Hafner Contra Daniel Cammerer
Weillen Tanreutter zum anndertenmall ehe=
brüchig, wie in actis fürkommet, befunden
worden, so wird er, als ein Malefizpersohn
billichen ins Landgericht, Erla der Herr =
schafft Erla geantworttet, Den
Ersten Septembris Ao (15)87.

Consuetudinarienbuch, O. Ö. Landesarchiv, Landschaftsarchiv, Handschrift 112, fol. 453r. Gleichlautend *Consuetudinarienbuch*, O. Ö. Landesarchiv, Stiftsarchiv Gleink, Handschrift 134, fol. 165r und *Consuetudinarienbuch*, O. Ö. Landesarchiv, Neuerwerbungen, Handschrift 160, fol. 499r.

Nach Aussage dieses Regierungsentscheides sollte erst der Wiederholungsfall die Zuständigkeit des Landesgerichtes begründen. Diesem Regierungsentscheid entsprach auch eine Entscheidung der O. Ö. Landeshauptmannschaft v. 8. Oktober 1576:

Ehebruchs halber eingezogenen Clossters vnnder=
than ins Hofgericht zu antworden,
Abschiedt, zwischen Herren Johann Abbten
vnnd Conuent zu Gärssten (= Kloster Garsten, Oberösterreich) Ains und Herren Hannsen
von Prössing (= Preising) Freÿherren Landgerichts Inhaber
der Herrschafft Enns anderstheils fenckhliche ein =
ziehung des Closters vnnderthan Geörgen Rueder
so ehebruch soll begangen haben, betreffend
Der Herr von Prössing seÿ vnverhindert seiner
Waigerung Geörgen Rueder, in das Hoffge=
richt Garssten wider zu antworten, da selbsten
wieder ihne zu Clagg vnnd erkanntnus driber
zuewarten schuldig Linz. 8. October A. o. (15)76.
Nota Herr von Prössing hat Appelirt aber die
Appelation deserirt driber Gärsten Gerichts=
vhrkhundt ertheilt worden. A. o. (15)80.

Consuetudinarienbuch, O. Ö. Landesarchiv, Stiftsarchiv Gleink, Handschrift 134, fol. 325v.

Zur Bedeutung der Consuetudinarienbücher siehe *Ellrichshausen*, Consuetudinarienanknüpfenden italienischen Theorie und Praxis[145] behandelten die altösterreichischen Polizeiordnungen, so wie auch die Constitutio Criminalis Carolina (1532) und die Reichspolizeiordnungen, Ehebrecher und Ehebrecherinnen gleich.

Insgesamt betrachtet führte die spätestens in den Polizeiordnungen des 16. Jhs. auch vom weltlichen Gesetzgeber vollzogene Trennung zwischen Ehen und Nichtehen und die Verfestigung des Ehebruches als Offizialdelikt auch zu einer verstärkten Unterscheidung zwischen legitimen und nichtlegitimen Geschlechtsbeziehungen. Galt dieser Wertungsunterschied anfänglich in erster Linie für außereheliche Beziehungen Verheirateter, so konnte daraus unter dem Einfluß zeitgenössischer Strömungen sehr bald eine ausschließliche Beschränkung geschlechtlicher Beziehungen auf die Ehe erfolgen, in deren Rahmen das Polizeirecht andererseits Beiwohnungspflicht für beide Ehegatten vorsah[146]. Ansätze eines Verbotes geschlechtlicher Beziehungen Unverheirateter gab es bereits in den zweckorientierten Normen des Mittelalters und daran anknüpfend in den einschlägigen Polizeinormen der frühen Neuzeit zur Erhaltung der ständischen Gliederung und zur Regelung der Arbeitsorganisation. Im Laufe des 16. Jhs. wurde dieses Verbot durch die Normierung des Unzuchtstatbestandes endgültig fixiert und generalisiert.

3.4. Die Ausbildung des Fornicationstatbestandes am Beginn der frühen Neuzeit

Im Laufe des 16. Jhs. begannen die Polizeigesetzgeber ganz allgemein in die Lebensführung, insbesondere in die sittliche Lebensführung der Menschen einzugreifen, indem sie auf der Grundlage der oben erwähnten Lasterkataloge „Christliche zucht/erbarkait/Frümbkait/vnd Gottselig Tugendlichen wandel“[147] zum Gegenstand der Polizeiordnungen machten. Die Polizeigesetzgeber nutzten auch hier den dargestellten mittelalterlichen Gedanken zur Begründung polizeilicher Normen, daß ein unsittlicher Lebenswandel Gott beleidige und seinen Zorn auf jene Gemeinschaft herbeirufe, die derartiges

---

bücher, 107ff. *Ellrichshausen*, Weiterwirken.

Eine entsprechende Entscheidung wurde nochmals am 31. Mai 1652 getroffen (*Suttinger*, Consuetudines, 150), obwohl bereits *Kaiser Ferdinand II.* in einem Patent vom 5. Dezember 1633 den „Ehebruch in Allweg für Criminal und Malefizisch“ (*Suttinger*, Consuetudines, 151) erklärt hatte und damit unbedingt das Landgericht zuständig war. Dennoch bestand weiterhin Unklarheit über die Zuständigkeit, weshalb die *LGO 1656* nochmals festlegte, daß der Ehebruch „ohne Mittel Landgerichtlich zubestraffen“ sei (*LGO 1656*, Art. 76). *Codex Austriacus*, II, 709.

[145] *Lieberwirth*, Ehebruch, 838.

[146] Eine Priester betreffende Ordnung v. 5. April 1675. *Codex Austriacus*, II, 137. Text der Ordnung siehe Anm. 222.

[147] *TLO 1573*, I. Blatt. Vgl. *NÖPO 1542*, 3, 5; *NÖPO 1552*, 5f.; *ONÖPO 1566*, 4, 6.

zuließ[148]. Als Folge des erstarkenden landesfürstlichen Absolutismus wurde dieses mittelalterliche Modell erweitert und teilweise säkularisiert, indem die Landesfürsten betonten, daß auch sie als die von Gott zu ihrem Amt Berufenen durch die Begehung derartiger Delikte unmittelbar betroffen seien[149]. In der *StmkPO 1577* konnte daher ein unsittlicher Lebenswandel sogar in die Nähe einer Majestätsbeleidigung[150] gerückt werden, wie eine Bestimmung zeigt, durch die der Landesfürst Personen mit sittenwidriger Lebensweise „zuerkennen .. (gab) ... das wir (= Landesfürst) ain ganz vngnedigs mißfallen dorob tragen / vnd dieselbigen für verächter vngehorsambe / Ja als Feindt des lieben Vatterlandts erkhennen und halten" werden[151].

Im Rahmen dieser Sittenregelungen, zu denen auch die Verbote von unmäßigem Essen, Trinken und Spielen gehörten, nahm die Einrichtung des Deliktes der Unzucht einen besonderen Stellenwert ein. Ursprünglich als flankierende Maßnahme zum Schutz der Ehe angelegt[152], wie vor allem die Verknüpfung von Unzucht und Ehebruch zeigt, wurde daraus bald ein Instrument zur Verhinderung sämtlicher nichtehelicher Geschlechtsbeziehungen. Erste einschlägige Verbote entstanden zumeist in der Mitte des 16. Jhs. auf der Ebene der Territorien[153], während es reichsrechtlich nicht zur Verfolgung von Unzuchtsdelikten kam. Auf der den Ländern untergeordneten Ebene der Grundherrschaften, Stadtherrschaften usw. entstanden zur selben Zeit ebenfalls Fornicationsverbote, die sich inhaltlich meist an den Polizeiordnungen der Länder orientierten. Sie wurden auf eine den Landständen originär zustehende

---

148 In der Baseler Reformationsordnung v. J. 1627 berief man sich beispielsweise ausdrücklich auf den Korintherbrief (1 Kor. 6, 12-60), um die Legitimation zur Unzuchtsgesetzgebung metaphysisch abzusichern. *Simon*, Untertanenverhalten, 99.

149 Zur Ordnung der durch Sittlichkeitsdelikte verletzten Rechtsgüter vgl. auch *Würtenberger*, Rechtsgüterordnung, 47.

150 In einer Ordnung des Fürstentums Braunschweig-Lüneburg v. J. 1593 wurde die Bestrafung der auf den fürstlichen Schlössern begangenen „Hurrerei" durch das Schwert sogar ausdrücklich mit Majestätsbeleidigung begründet. *Schmidt*, Einführung, 181.

Vgl. dazu auch *Holzhauer*, Majestätsbeleidigung, in: *HRG*, III, Sp. 177ff.

151 *StmkPO 1577*, Einleitung.

152 *Schmelzeisen*, Polizeiordnungen 23. *Schubart-Fikentscher*, Unehelichen-Frage, 21.

Der Schutzcharakter in bezug auf die Ehe zeigt sich beispielsweise noch sehr deutlich in der Baseler Reformationsordnung v. J. 1637: „Diejenigen Personen, ... (die sich) vor ihrem Kirchgang ... miteinander fleischlich vermischen, dardurch den heiligen Ehestand heftig beflecken ...". Zit. nach *Simon*, Untertanenverhalten, 125.

153 Generell kam es auch in Bayern ab dem späten 16. Jh. zur Bestrafung der Aufnahme unehelicher Beziehungen vor der kirchlichen Einsegnung. *Moser*, Jungfernkranz, 151. *Lieberich*, Anfänge, 352f.

Wie die Durchsicht Würzburger Polizeinormen aus der Zeit zwischen 1125 u. 1495 ergab, waren darin noch keine Bestimmungen über Unzucht enthalten. *Hoffmann*, Polizeisätze.

In der Schweiz (*Simon*, Untertanenverhalten, 99, 124f.) und in Hannover (*Bodemeyer*, Rechtsaltertümer, 101ff.) entstanden die ersten Unzuchtsbestimmungen im Laufe des 17. Jhs.

und von Gott übertragene — also dem Landesfürsten vergleichbare — Gesetzgebungsbefugnis gegründet[154].

In den österreichischen Ländern wurden Unzuchtsverbote — abgesehen von den genannten Normen zur Erhaltung der ständischen Gliederung[155] — erstmals in der *NÖPO 1542* zusammen mit Ehebruch und „Vn Ee" erlassen. Das Delikt wurde mit der Bezeichnung „unehrn pflegen", „vnehelicher leichtuertiger beywonung vnd vermischung"[156] allgemein umschrieben und im Rahmen der Bestimmungen über weibliches Dienstpersonal als „Hüererey"[157] bezeichnet. Nahezu gleichlautende Termini enthielten die *NÖPO 1552*[158] und die *ONÖPOen 1566* und *1568*[159] sowie die *StmkPO 1577*[160], wobei letztere zudem den Begriff „vnzucht"[161] verwendete; die *TLO 1573* außerdem die Termini "Hurerey", „Vneeliche vnd leichtuörtige beywöhnung/vnnd annder Laster in gemain", die ausdrücklich von „Eebruch"[162] unterschieden wurden. Schon aus dieser Begriffsvielfalt wird deutlich, welche Probleme das zeitgenössische Recht mit der inhaltlichen Bestimmung des Fornicationsdeliktes und seiner Abgrenzung gegenüber anderen Tatbeständen haben mußte. Erst seit dem 16. Jh. fand der Ausdruck „vnzucht" Anwendung auf sittlich-geschlechtliche Vergehen, womit er einen inhaltlichen Bedeutungswandel erfuhr. Das spätmittelalterliche Recht verstand nämlich unter „vnzucht" ganz allgemein Verstöße gegen das friedliche Zusammenleben[163] (beschimpfen, schlagen, stoßen, Messer zücken), wie die bäuerlichen Weistümer an Hand zahlreicher Beispiele belegen[164]. Im weiteren historischen Verlauf umschrieb der Begriff Unzucht leichtere strafbare

---

154 *Feigl*, Grundherrschaft, 44.

Durch den Erlaß polizeilicher Normen wollten die Grundherren vor allem ihre vom Landesfürsten unabhängige Gesetzgebung zum Ausdruck bringen, was ihnen auf Grund ihrer politischen Einflüsse als zweite Kraft des Landes neben dem Landesfürsten möglich war. Erst nach der Niederringung der Stände in den verschiedenen österreichischen Ländern als Folge des 30jähr. Krieges stand die Gesetzgebungshoheit („potestas legislatoria") zumindest politisch nurmehr dem Landesfürsten zu.

155 Die Reformation der Polizei im Viertel ob dem Wienerwald vom 20. Mai 1524 enthielt keine Bestimmungen über das sittlich-geschlechtliche Verhalten der Menschen im allgemeinen und über Unzucht im besonderen. *Sammlung Chorinsky*, Band 37, 142ff.

156 *NÖPO 1542*, 26f.

157 *NÖPO 1542*, 82.

158 *NÖPO 1552*, 41ff., 162.

159 *ONÖPO 1566*, 4, 13f., Anhang, 28.

160 *StmkPO 1577*, Einleitung, 3.

161 *ONÖPO 1566*, 4, 6; Anhang, 28, 30. *StmkPO 1577*, Einleitung.

162 *TLO 1573*, II. und IX. Blatt.

163 Vgl. *Lexer*, Handwörterbuch, II. Sp. 1900f. *Adelung*, Wörterbuch, IV, Sp. 953. Vgl. dazu I. Buch, Cap. XXV der Summa legum, in dem der lateinische Terminus „indisciplina" mit dem Wort „vnzucht" übersetzt wurde. *Gál*, Summa legum, I, 162.

164 Beispiele aus oberösterr. Weistümern: Ehaft des Marktes Aigen im Mühlkreis d. J. 1589 (*O. Ö. Weistümer*, I, 6, Zl. 3ff.). Marktordnung der Herrschaft Aurolzmünster aus der Zeit um 1563 (*O. Ö. Weistümer*, IV, 9, Zl. 9ff.).

Handlungen im Unterschied zu „ungericht“ als Bezeichnung schwererer Rechtsbrüche[165]. Seit dem 16. Jh. beschränkte sich die Begriffbedeutung des Wortes „Unzucht“ zunehmend auf geschlechtliche Vergehen, obgleich daneben noch lange mittelalterliche Bedeutungsinhalte weiterlebten. Erst die Constitutio Criminalis Theresiana von 1768, welche um eine klare Ausdrucksweise bemüht war, beseitigte unscharfe Begriffe und gab erstmals Legaldefinitionen der verschiedenen geschlechtlichen Delikte[166].

Unscharf wie die Terminologie war auch die Abgrenzung gegenüber anderen Delikten[167]. Nur der Bruch einer formell geschlossenen Ehe konnte durch das zeitgenössische Recht klar bestimmt werden, während schon die Unterscheidung zwischen einer clandestinen Ehe, einem Konkubinat und einfacher Unzucht nicht mehr möglich war. Unmöglich war auch die Abgrenzung gegenüber Probeehen und anderen Formen der Einleitung einer Ehe, die besonders in bäuerlichen Kreisen stark verbreitet waren. Keine Unterscheidung wurde außerdem nach österr. Rechtsquellen zwischen Unzucht und außerehelicher Schwängerung (Imprägnation) getroffen, wie dies in der Rechtspraxis anderer Territorien gelegentlich der Fall war[168]. Sieht man die oben genannten Ziele der frühneuzeitlichen Polizeiordnungen als Abgrenzungskriterien zwischen Unzucht und ähnlichen Tatbeständen heran, so zeigt sich, daß eine klare Scheidung geschlechtlicher Vergehen ohnehin nicht angestrebt wurde. Vielmehr sollte der Idealzustand einer asketisch orientierten Lebensweise verwirklicht werden, weshalb grundsätzlich alle außerehelichen Geschlechtsbeziehungen ohne Unterscheidung mit Verbot belegt werden mußten[169]. An Hand der begleitenden Normen, wie die Verbote von „Zuetrinckhen“, „Füllerey“, „Spill“, dem Singen „leichtfertiger vnd vnschamperer Lieder“[170], die Vermeidung „unzüchtig = leichtfertiger Wort und Wercke“ beim Baden in Badeanstalten[171],

---

165 *Hellbling*, Tat- u. Täterbezeichnung, 298f. *Felber*, Unzucht, 39ff.

166 *Hellbling*, Tat- u. Täterbezeichnung, 299.

167 *Felber*, Unzucht, 51f. *His*, Strafrecht, 144. *Brunner*, Rechtsgeschichte, II, 850.

168 *Felber*, Unzucht, 51. *Bodemeyer*, Rechtsaltertümer, 104.

169 Diese Grundtendenz trat nicht nur in Polizeiordnungen anderer Territorien, wie etwa im Recht der Reichsstadt Nördlingen (*Felber*, Unzucht, 100f.), in Erscheinung, sondern auch in den zeitgenössischen Privatrechtskodifikationen. Als Beispiel sei hier auf § 2, Titel 37 des III. Teil der *O. Ö. Landtafel* (*Sammlung Chorinsky*, Band 23, 328) verwiesen, nach dem schon der Versuch zur Überredung einer Ehe und der Versuch einer unehelichen Schwängerung bestraft wurde: Der Täter mußte mit Sanktioneen rechnen, unabhängig davon, ob er die Tat „gleich inß werkh gebracht (hatte) oder nicht“.

170 *NÖPO 1552*, 152. Diese Bestimmung richtete sich in erster Linie gegen Schmähschriften und Schmähreden, welche meist die politischen Mißstände der Zeit zum Thema hatten. Die Bezeichnung „leichtfertig“ und „vnschamper“, welche häufig im Zusammenhang mit geschlechtlichen Delikten verwendet wurden, läßt vermuten, daß das Verbot darüber hinaus auch Fornication verhindern wollte.

Zum Problem der zweideutigen Reden und Lieder siehe auch *Leitich*, Maßnahmen, 104.

171 Badeordnung für Baden bei Wien v. J. 1613. Diese Ordnung wurde jeweils 1621 und 1655 erneuert. *Codex Austriacus*, I, 146.

das für O. Ö. erlassene Verbot des „Rocken = reissens“[172] oder die besonders an Frauen gerichtete Anordnung, sich in der Kirche „vnergerlicher / wolbedeckter langer klaidung“[173] zu bedienen, welche alle namentlich auch das Ziel der Verhinderung außerehelicher Beziehungen anstrebten, läßt sich diese Absicht des Gesetzgebers deutlich erkennen. Die weitreichenden Zielvorgaben kamen außerdem bei den Bestimmungen über Prostitution und Kuppelei[174] zum Ausdruck. So wurde in der *NÖPO 1527* und in der *NÖPO 1552* den Handwerksgesellen nur verboten „mit den gemainen frawen ... auff offenn platz“[175] zu tanzen, die Existenz der Prostituierten jedoch grundsätzlich geduldet. Doch schon in den *ONÖPOen 1566* und *1568* und ähnlich auch in der *TLO 1573* und der *StmkPO 1577*[176] wurde den Grundobrigkeiten aufgetragen, „leichtfertige Weiber ... abzuschaffen (= verweisen)“ und „nach gelegenhait jhrer verbrechung“[177] zu strafen. Die seit dem Spätmittelalter einsetzenden Maßnahmen vieler Städte zur Eindämmung der Prostitution[178] gelangten mit diesem Verbot nunmehr zu einem vorläufigen Abschluß.

---

[172] Das „Rocken = reissen“ wurde 1581 verboten, weil durch das nächtliche Zusammensein von Knechten und Mägden nichts anderes entstehe als „Unzucht / und alle Leichtfertigkeit“. *Codex Austriacus*, II, 255. Vgl. auch *Leitich*, Maßnahmen, 110 ff.

[173] *StmkPO 1577*, 7. Diese Vorschrift ist in erster Linie als Kleiderordnung zu betrachten, doch läßt auch hier die Terminologie auf eine Beziehung zu Unzuchtsdelikten schließen (siehe Anm. 170).

[174] Die Polizeiordnungen des 16. Jhs. (so z. B. *NÖPO 1542*, 27; *NÖPO 1552*, 42; *TLO 1573*, XI. Blatt) beauftragten die Obrigkeiten, Kuppler, Kupplerinnen und alle diejenigen, welche „zu solcher leichtuörtigkeit vnd sündlichem Leben / Herberg vnd Vnderschlaiff gebn“ (*TLO 1573*, XI. Blatt) zu vertreiben.

Zur neuzeitlichen Entwicklung dieses Deliktes in Österreich vgl. auch *Leitich*, Maßnahmen, 142 ff.

Zum römisch-gemeinen Recht vgl. *Mommsen*, Strafrecht, 699 ff.

[175] *NÖPO 1527*, 39. *NÖPO 1552*, 185. Diese Bestimmung hatte in dem Verbot *Kaiser Ferdinands I.* einen Vorläufer, in welchem den Gesellen von Wien im Jahre 1524 bacchantische Tänze mit „freien Töchtern“ untersagt wurden. *Geschichte der Stadt Wien*, V,135.

Vgl. dazu auch *Panzer*, Tanz, 40 ff.

[176] *ONÖPO 1566*, 13. *StmkPO 1577*, 3. *TLO 1573*, IX. Blatt („offentliche Sünd vnd Laster“).

[177] *ONÖPO 1566*, 13.

[178] Als illustratives Beispiel die Erklärung des Rates der Reichsstadt Nördlingen v. 28. 8. 1536: „Erwog ain rath beretennlich, das ain offen gemain hurnhaus allhie inn vnnser commun zehallten, nit allain schenntlich vnehrlich auch ergerlich vnnd guter polizey vnnd erberkeit erstörlich. sonder auch gegen Gott den allmechtigen vnnd seinem gnadenreichen wort vbel verantwortlich sey. weil kein hurer inn der christennlichen gemain gehallten noch gedullt werden soll. darum vnnd von desselben wegen. unangesehen das man sagt, es würden ergere sünden dadurch enntstehen vnnd an andern orten einreißen. entschloß sich ain rath, das offen hurhaus abzethon oder zuzeschließen zum wenigsten vff ain zeitlanng vnnd bevalch demnach dem gemainen freywirth, das er das hauß vff Michaelen raumen sollt. Actum vis.“ zitiert nach *Felber*, Unzucht, 117 f.

Faßt man die unscharfen Begriffsinhalte und die unscharfen Abgrenzungsmöglichkeiten zusammen, so ergibt sich, daß der Begriff „vnzucht“ in der Rechtssprache der Zeit von der Mitte des 16. Jhs. bis zum 30jährigen Krieg in einem weiteren und einem engeren Sinn verstanden wurde. Im weiteren Sinn zählten die Unzucht alle geschlechtlichen Vergehen, die nicht Notzucht, Kuppelei, Sodomie, Blutschande, Bigamie und Ehebruch waren. Diese Delikte wurden zwar gelegentlich ebenfalls als „Unzucht“ bezeichnet, waren aber regelmäßig als eigenständige Delikte erkennbar und wurden unterschiedlich von der Unzucht bestraft. Unter Unzucht im engeren Sinn verstand man geschlechtliche Beziehungen zwischen unverheirateten Männern und unverheirateten Frauen. Damit unterschied sich das Polizeirecht der altösterreichischen Länder vom römisch-gemeinen Recht und dem daran anschließenden Recht mancher italienischer Städte des Hoch- und Spätmittelalters, das auch die Geschlechtsbeziehungen eines verheirateten Mannes mit einer unverheirateten Frau unter Unzucht einordnete[178a].

Die Grenzen der Unzucht lagen auf der einen Seite im Tatbestand des Ehebruchs, welcher auf Grund der kanonischen Formvorschriften keine Abgrenzungsschwierigkeiten bot, und auf der anderen Seite im Tatbestand der Prostitution, der aber anhand der nur spärlich in den Polizeiordnungen vorgegebenen Kriterien schwer abgegrenzt werden konnte.

Wie aus den oben angeführten Quellenbelegen hervorgeht, lag Prostitution im Unterschied zu Unzucht dann vor, wenn die Aufnahme geschlechtlicher Beziehungen gewerbsmäßig und organisiert erfolgte. Die Bezeichnung „gemeine Frauen“ zeigt außerdem, daß Prostitution nicht von Männern, sondern nur von Frauen begangen werden konnte, wenn sie sich mehreren Männern entgeltlich hingaben.

Wegen der schwierigen Beweislage im konkreten Einzellfall mag diese buchstabengemäße Unterscheidung oftmals nicht genügt haben. Obwohl in den Polizeiordnungen davon nicht ausdrücklich die Rede ist, trat bei Abgrenzungsproblemen das Kriterium des Rufes, des Leumundes einer Person, der wegen der kleinräumigen Verhältnisse mit der entsprechenden sozialen Gebundenheit und Überschaubarkeit generell und nicht bloß in bezug auf fleischliche Vergehen ein anerkanntes und geübtes Kriterium rechtlicher Bewertung war.

Innerhalb dieser Grenzen nahm das altösterreichische Polizeirecht des 16. Jhs. (abgesehen von der Staffelung der Wiederholungsfälle) keine weiteren Unterscheidungen vor, wie dies in anderen Rechtsquellen der Fall war. So unterschied das kanonische Recht zwischen „stuprum“, der Unzucht mit Jungfrauen, und „fornicatio“, der Unzucht mit anderen nichtverheirateten Frauen, woran jeweils unterschiedliche Rechtsfolgen geknüpft waren[178b]. Die schon erwähnte Unterscheidung in Unzucht mit Schwängerung (imprägnation) und ohne Schwänge-

---

178a *Dahm*, Srafrecht, 425.

178b *Dahm, Strafrecht, 426.*

rung fand ebenfalls keine Aufnahme in die altösterreichischen Polizeiordnungen des 16. Jhs.

Wie aus dem Wortlaut der Polizeirechtsquellen nur undeutlich, aus den Urteilen aber klar hervorgeht, war der Tatbestand der Unzucht dann erfüllt, wenn geschlechtlicher Verkehr zwischen den betreffenden Personen stattgefunden hatte. Der Beweis darüber erfolgte in der Praxis durch das Geständnis, sehr häufig aber durch eine Reihe von stereotypen Indizien. Abgesehen vom Falle der Schwängerung waren dies beispielsweise das gemeinsame Betretenwerden in einer Schlafstätte oder der Fall, daß ein Mann beim heimlichen Verlassen des Zimmers der Frau ertappt wurde.

Als inneres Moment war Vorsatz verlangt, wie aus der Normierung von Notzucht erschlossen werden kann. Kennzeichnend für die Gestaltung des Fornicationsdeliktes war, daß die inneren Momente der Tat, die Frage der Jugendlichkeit der Fornicanten, ihre geistige Zurechnungsfähigkeit eben keine ausdrückliche Erwähnung in den Rechtsquellen der Zeit erfuhren[179].

Als Instrument zur Verhinderung jeglicher Unzuchtsfälle[180] bedienten sich die Polizeiordnungen hauptsächlich der Strafe und als Präventivmaßnahme der Mahnung durch den Pfarrer, der „sein Pfarruolckh, all Sontag von obbestimmten ... gemainen Lasstern, Sünden Ergernuß vleissigklich“[181] abmahnen sollte. Nach den *ONÖPOen 1566* und *1568* wurden die Obrigkeiten sogar angehalten,„das in ainer jeden Stat marckht oder Dorff etlich Personen in der still gehalten vnd.... bestelt werden (sollten), welche auff die vbertretter der Polizey in Wirtsheusern Weinkhelern vnd sonst allenthalben jr aigentlichs auffmercken vnd erkündigung halten, vnd deswegen niemandts daran zuuerschonen der Obrigkait jedes orts mit Aidsphlicht sich verbinden sollen“[182]. Anhand dieser Bestimmung wird außerdem ersichtlich, daß die Unzuchtsfälle grundsätzlich in Form des Inqusitionsprozesses verfolgt wurden[183].

---

179 So auch in der Entwicklung der Reichsstadt Nördlingen.*Felber*, Unzucht, 100ff.

180 Andere Rechtsquellen knüpften manchmal eine Strafe auch an bestimmte Bedingungen: So wurde Unzucht in der hannoverschen Stadt Peine 1579 nur im Schwängerungsfalle (Imprägnation) bestraft. Darin kommt die eingangs angeführte Verknüpfung zwischen Strafe und unehelicher Mutterschaft wiederum zum Ausdruck. *Bodemeyer*, Rechtsaltertümer, 104.

Vgl. dazu auch *His*, Strafrecht, II, 145ff. *Lieberich*, Anfänge, 355f. *Simon*, Untertanenverhalten, 98, 103ff.

181 *NÖPO 1552*, 43.

182 *ONÖPO 1566*, 21f.

183 Eine entsprechende Entwicklung vollzog sich auch im Recht der Reichsstadt Nördlingen. *Felber*, Unzucht, 109. Vgl. *Schmidt*, Einführung, 68ff.

Zur Illustration sei auf ein N. Ö. Urteil aus dem 17. Jh. verwiesen, demzufolge Richter und Geschworene vor das herrschaftliche Gericht zitiert wurden, weil „ain Dienstmensch Maria ... schwanger gehe“ und sie den Vorfall zu untersuchen hatten. *Demelius*, Dorfversammlung, 58.

Zur Verhinderung der Unzucht und zu ihrer Bestrafung waren nach den *NÖPOen 1542* und *1552* die „Oberkaiten, bey den pflichten damit Sy Unnß verwont“, berufen[184]. Dies waren Grundherrschaften, Stadtherrschaften und unter Umständen auch autonome Verbände (z.B. Universität Wien, Klöster), soferne die Letztgenannten über ihre Angehörigen die Polizeihoheit besaßen. In bezug auf ihre Gerichtshoheit wurden die „Oberkaiten“ in Niedergerichte und Landgerichte (Hochgerichte) unterschieden, wobei eine Kompetenzaufteilung grundsätzlich nach der Qualität der Tat und damit der Höhe der zu verhängenden Strafe erfolgte. Wegen der Verquickung zwischen Strafausmaß und Kompetenz soll die Frage nach der Zuständigkeit von Hoch- und Niedergerichten für Unzuchtsfälle unten im Zusammenhang mit dem Strafausmaß behandelt werden.

Die Frage nach der Zuordnung eines Falles zur Hoch- oder Niedergerichtsbarkeit wurde außerdem durch das Problem überlagert, ob der konkrete Fall nach Territorialitäts- oder Personalitätsprinzip zu verfolgen war. Galt Territorialitätsprinzip, so war jene „Oberkait“ zuständig, auf deren Territorium die Tat begangen worden war, während nach Personalitätsprinzip jeder Täter unabhängig vom Tatort an seinem persönlichen Gerichtsstand abgeurteilt werden mußte. In dieser Frage kam es bis zur Mitte des 17. Jhs. zu keiner klaren Entscheidung und damit zu einer sehr uneinheitlichen Kompetenzverteilung[185].

Hinsichtlich der Strafart traf die *NÖPO 1542* noch keine Bestimmungen und die *NÖPO 1552* begnügte sich mit der Feststellung, daß alle Amtsträger, insbesondere solche höheren Standes, ihr Amt als Folge der Begehung von Unzucht verlieren sollten[186]. Erst die *ONÖPOen 1566* und *1568* trafen genauere Angaben über die Durchführung der Bestrafung: Sowohl Ehebruch als auch Unzucht sollten durch die „straff deß Thurns, oder dergleichen gefenkniß mit Wasser vnd Brot“ geahndet und im Wiederholungsfalle nach den Bestimmungen des gemainen Rechtes bestraft werden. Nur für Ehebruchsfälle wurde den Gerichten ausdrücklich die Verhängung von Geldstrafen untersagt[187], womit die Bestrafung der Unzucht weiterhin unscharf geregelt blieb. Während die *StmkPO 1577* die Bestimmungen der *ONÖPO 1566* und *1568* nahezu wörtlich übernahm[188], ging die *TLO 1573* einen anderen Weg, indem sie Ehebruch und Unzucht ausdrücklich getrennt regelte. Im Unzuchtsfalle wurde der Täter das

---

[184] *NÖPO 1542*, 26. *NÖPO 1552*, 42. Dies war ein Aufluß des generellen Rechts der Landstände auf Ausübung der Polizeigewalt in ihren Herrschaften. Vgl. dazu auch Veit *Stahels* Landtafelentwurf vom Jahre 1571, in dem die Polizeigewalt den Ständen zugeordnet wurde. *Klein-Bruckschwaiger*, Landtafelentwurf, 220.

[185] *Feigl*, Grundherrschaft, 186ff.

[186] *NÖPO 1542*, 26f. *NÖPO 1552*, 42f.

[187] *ONÖPO 1566*, 13f. *ONÖPO 1568*, 149.

[188] *StmkPO 1577*, 3. Ein Unterschied zu den *ONÖPOen 1566* u. *1568* bestand lediglich in der ausdrücklichen Anordnung, daß die Aburteilung von Landständen nur durch Standesgenossen erfolgen könne (dazu unten).

erste Mal „mit Ernnst außgeschafft" und im Wiederholungsfalle durch die Obrigkeit „mit Ernnstlicher Straff" belegt[189]. Die Bestimmung der *NÖPO 1552*, wonach Ehebrecher und Fornicanten „Infames vnd vntüchtig geacht vnd gehalten werden" sollten[190] bildete außerdem die Rechtsgrundlage für das allmähliche Aufkommen von Ehrenstrafen neben den schon genannten Strafarten. Im Laufe der weiteren Entwicklung gewann diese Strafart immer mehr Boden in der Rechtspraxis[191].

Hinsichtlich des ebenfalls sehr uneinheitlich geregelten Strafausmaßes ist eine Tendenz zur Strafverschärfung feststellbar, die sich unter anderem aus der engen Verknüpfung der Tatbestände Unzucht und Ehebruch ergab. Als 1565 mit kaiserlichem Patent der Ehebruch nach einer Zeit, in der es ungewiß gewesen war, ob der Ehebruch als einfaches oder als Malifizdelikt zu bewerten sei, ausdrücklich zum schwerer wiegenden Malifizdelikt erklärt wurde[192], konnte dies Rückwirkungen auf den Tatbestand der Unzucht haben. Wie eine Entscheidung der O. Ö. Landeshauptmannschaft zeigt, war es jetzt unklar,ob mit dem Patent von 1565 auch der Tatbestand der Unzucht zum Malifizdelikt geworden war, womit grundsätzlich höhere Strafen (z. B. Gefängnis- oder Leibesstrafen) verhängt werden konnten und das für Malefizdelikte zuständige Landgericht kompetent geworden wäre[193]. Als Folge kam es zu Kompetenz-

---

189 *TLO 1573*, XI. Blatt.

190 *NÖPO 1552*, 43.

191 Zur allgemeinen Entwicklung der Strafarten im Heiligen Römischen Reich vgl. *Doehring*, Geschichte, 14.

Auch in Bayern bestand hinsichtlich der Strafarten bei Fornicationsdelikten eine sehr unklare Rechtslage. Ansätze einer Vereinheitlichung sind in einem Mandat des Jahres 1635 zu sehen, durch das Geldstrafen in Leibesstrafen umgewandelt wurden. *Moser*, Jungfernkranz, 152.

192 *Suttinger*, Consuetudines, 150.

Folgerichtig ordneten demgemäß die *ONÖPOen 1566* u. *1568* an, daß „Ehebruchs halben, ainige Geltstraff, nit genommen werden" dürfe. *ONÖPO 1566*, 16f.

193 Zur Illustration eine Entscheidung der O. Ö. Landeshauptmannschaft vom 6. Mai 1593:

„*Vnzucht vor der Ehe am Leib zu straffen*
zwischen Joachim Thüringer ains vnd Wolp(urga)
Ehingerin anndersteils,

Dieweil Thüeringer vnd sein versprochene, vor
ihrer ehe verlübens, sich in vnzucht, Lediges
Stanndts vergangen, so solle ehinger, von
Lanndtgericht wegen, ÿede Persohn, von wegen
solcher verprechen auf.8. tag in Gefencknus,
mit wasser vnd brot, and(ern) zu billichen ab=
scheich abstraffen, vnd wan sie solche Leibstraf,
außgestanndten, so ist dagegen die vbrige Straf
hiemit aufgehebt vnnd die Pürgschafft Relaxiert
Linz den Sechsten Mai Ao dreÿ vnd Neinzig.
Die Appellatio hat nit stadt.

streitigkeiten zwischen Niedergerichten und Landgerichten[194] und in weiterer Folge zu Einzelregelungen bestimmter Fragen. Speziell für den Fall des Konkubinates wurde 1594 die Verhängung von Geldstrafen ohne Festlegung ihrer Höhe angeordnet, nicht aber angegeben, welches Gericht in einem Konkubinatsfall zuständig war[195]. Erst mit Patent vom Jahre 1633 erfolgte in

---

Consuetudinarium, O. Ö. Landesarchiv, Stiftsarchiv Gleink, Handschrift 134, fol. 295$^{v, r}$ und gleichlautend *Consuetudinarium*, O. Ö. Landesarchiv, Neuerwerbungen, Handschrift 160, fol. 610^{v}.

Bemerkungen zum Fall: Die Bestimmung der Strafart: „Gefencknus, mit wasser vnd brot" ging auf die *ONÖPOen 1566* und *1568* zurück.

Bemerkenswert erscheint der Einbau einer generalpräventiven Maßnahme („andern zu billichen abscheich") in ein Urteil.

Die Bestimmung, nach der die „Pürgschafft Relaxiert" sei, deutet vermutlich auf ein Problem der Hausgewalt hin. Unterstand der Fornicant der hausherrlichen Gewalt (z. B. als Knecht der des Bauern) so haftete der Hausherr dafür, daß der Täter seiner Bestrafung zugeführt wurde und nicht entfliehen konnte. Mit der Abbüßung der Strafe fiel diese Verpflichtung weg. Vgl. dazu *Feigl*, Grundherrschaft, 131.

[194] Da die Verfolgung von Sittlichkeitsdelikten ursprünglich der Kirche zustand, bestanden außerdem Schwierigkeiten der Kompetenzabgrenzungen zwischen kirchlichen und weltlichen Gerichten (dazu *Feigl*, Grundherrschaft, 191; *Leitich*, Maßnahmen, 117). In diesem Zusammenhang soll jedoch nur auf die Probleme der Kompetenzabgrenzungen zwischen Landgerichten und Niedergerichten eingegangen werden. Dazu ein Fall aus der Praxis:

„*Vnzucht Ausser Mallefiz gebürth den grundt=*
herrn zu straffen
Abschiedt Zwischen Abrahamb Öeder Passauer
Pfleg: vnd Landgerichtsverwalter zu Velden ains
vnd Vlrichen Harleinsperger anderstheils verschaffen vnd
stöllung einer dirn so in Vnehrn ein Khündt erzeugt

der Harleinsperger ist von deß Öder begern der Zeit
Ledig vnd Mießig Linz 30. Augusty (15)94
Nota Härleinsperger sagt die Vnzucht geb ier ihm
ab zu straffen Khain gegentheill aber ein Malefiz
Probirn, wie er sich der Landgerichts Ordnung ge=
mäß zu halten vnd weil diser abschiedt onappelliert
sein Crafft erreicht ist den Harleinsperger Gerichts
Vrkhundt ertheilt worden. 26. Jenner (15)95."

Consuetudinarienbuch, O. Ö. Landesarchiv, Stiftsarchiv Gleink, Handschrift 134, fol. 347^{r}. Gleichlautend *Consuetudinarienbuch*, O. Ö. Landesarchiv, Neuerwerbungen, Handschrift 160, fol. 160^{r}.

Bemerkungen zum Fall: Unter Landgericht „Velden" ist der heutige Markt Neufelden im Mühlkreis zu verstehen.

Abraham *Oeder* war vermutlich ein Mitglied der in der Umgebung von „Velden" begüterten Adelsfamilie Oedt zu Götzendorf. *Starkenfels*, Wappen, 225f.

Mitglieder der adeligen Herleinsperger waren zwischen 1443 und 1494 Pfandherren der Herrschaft „Velden" und Pfandherren des Landesgerichtes „Velden", welche ihnen der Bischof von Passau mit Wiedereinlösungsrecht am 29. September 1443 verpfändet hatte. Der hier genannte *Ulrich IV.* Herleinsperger zu Hochhaus und Altenhof (beides im Mühlkreis) starb 1602 und liegt in der Spitalskirche zu Eferding begraben. *Starkenfels*, Wappen, 122. *Hoheneck*, Herren=Stände, III, 287.

[195] *Codex Austriacus*, I, 251.

bezug auf die Kompetenz respektive des Strafausmaßes eine gewisse Abgrenzung: Ersttäter sollten von nun an durch Niedergerichte, Wiederholungstäter und solche, welche die Tat ein drittes Mal begingen, durch das Landgericht bestraft werden[196]. Zwar zielte das Patent von 1633 in erster Linie auf eine Gestaltung der Bestrafung des Ehebruchs, suchte aber auch die „Abstellung der Sünd und Laster, Unehrlicher Beysammen Wohnungen/und/.../andern im Schwung gehenden leichtsinnigen Lebens" zu erreichen, womit es auch für Unzuchtsdelikte Gültigkeit hatte. In dieser Form der Dreistufung und der daraus resultierenden Kompetenzzuordnung ging das Fornicationsdelikt 1656 in die Landgerichtsordnung für Niederösterreich ein.

Die schematische Art der Verfolgung des Deliktes und das Fehlen eines dogmatischen Aufbaues des frühneuzeitlichen Polizeirechtes nach Tatbestand, Rechtswidrigkeit und Schuld erlauben nur schwer die Beantwortung der Frage, nach welchen Maßstäben der Unrechtsgehalt der Fornication bewertet wurde. Von den zahlreichen außerrechtlichen und rechtlichen Bewertungskriterien soll nur auf jene hingewiesen werden, die in den Polizeiordnungen ausdrücklich Erwähnung fanden. Neben der oben schon ausgeführten Bewertung als Sünde, als Beleidigung Gottes, die allgemeinen Charakter hatten, kam der Bestimmung der *NÖPO 1552*, nach der Ehebrecher und Fornicanten „für Infames vnd vntüchtig geacht vnd gehalten werden"[197] sollten, grundsätzliche und speziell auf die Fornication bezogene Bedeutung zu. Die Verknüpfung von Ehre und Sexualität wurde damit in der extremen Form, eheliche Sexualität ist ehrbar, außereheliche Sexualität hingegen unehrbar und untüchtig, zum polizeilichen Rechtssatz normiert. Deutlichen Niederschlag fand diese Verknüpfung im zeitgenössischen Rechtswortschatz, der eine Vielzahl auf die Ehre zielender, negativer Termini für die Bezeichnung nichtsanktionierter außerehelicher Geschlechtsbeziehungen bereit hielt[198]. Vor diesem Hintergrund wird auch verständlich, warum die ursprünglich unterschiedlichen Begriffe „Unehrlich" und „unehelich" in der Rechtssprache der Zeit nahezu als Synonyme aufgefaßt wurden[199], obwohl beide Begriffe grundsätzlich andere Inhalte zum Ausdruck

---

[196] *Suttinger*, Consuetudines, 151.
Erstmals wurde das Modell, demzufolge im Wiederholungsfalle das Landgericht wegen seiner Möglichkeit zur Verhängung höherer Strafen zuständig sein sollte in den §§ 31 bis 54 der Landgerichtsordnung *Maximilians I.* für N. Ö. normiert. *Hye*, Beitrag 372ff.

[197] *NÖPO 1552*, 43. Gleichlautend im Weistum von Windhag bei Freistadt v. J. 1553. *O. Ö. Weistümer*, I, 613, „Eepruch und Huererei". Vgl. dazu auch *Merzbacher*, Infamie, in: *HRG*, II, Sp. 358ff.

[198] Dazu folgende Beispiele: „Un Eesitzen". *NÖPO 1527*, 37; *TLO 1573*, XI. Blatt. „Un Eerlich beschlaffen". *NÖPO 1527*, 42; *NÖPO 1552*, 188. „vnehrn pflegen", „vnehrlich leichtuertige beywonung". *NÖPO 1542*, 26f.; *NÖPO 1552*, 41ff., 75; *ONÖPO 1566*, 13; *TLO 1573*, XI. Blatt; *StmkPO 1577*, Einleitung, 3. „Hurrerei". *O. Ö. Weistümer*, V, Stichwort „Hurerei".

[199] Als Beispiel: „das Er (= Handwerker) vneelich geboren, oder mit poesen vn Eerlichen sachen befleckt". *NÖPO 1527*, 24; *NÖPO 1552*, 174.

brachten. Unehrlich Geborene waren jene Menschen, deren (verheiratete) Eltern einen unehrlichen Beruf (z. B. Henker, Schinder, Abdecker) ausübten und wegen ihres Berufes sozial abgewertet wurden, während Unehelichkeit nur den Familienstand der Eltern beschrieb. Die ablehnende Haltung gegenüber unehrlichen Leuten und unehelichen Menschen war jedoch teilweise so groß, daß es sogar zu einer Verschmelzung in der Abwertung beider Gruppen kommen konnte[200]. Hinsichtlich des vorliegenden Themas sei auf ein Urteil aus dem Jahre 1595 hingewiesen, in dem eine uneheliche Mutter als „dirn so in Vnehrn ein Khündt erzeugt"[201] bezeichnet wurde.

3.5. Entwicklung des Fornicationstatbestandes in der Zeit vom Dreißigjährigen Krieg bis zum frühen achtzehnten Jahrhundert

Das Polizeirecht des 17. Jhs. führte einerseits die Strukturen des 16. Jhs. weiter und wurde andererseits durch die Geschehnisse der Zeit geprägt. Der Sieg des landesfürstlichen Absolutismus am Beginn des 30jährigen Krieges, der kulturelle, religiöse, soziale und wirtschaftliche Niedergang als Folge des Krieges, die ständige Bedrohung der altösterreichischen Länder durch die Türken und schließlich die gegen 1680 ihren Höhepunkt zustrebende Hexenverfolgung konnten nicht ohne Einfluß auf das Polizeirecht bleiben.

Die Legitimation zum Erlaß von Polizeinormen im allgemeinen und die Legitimation zur Schaffung von polizeilichen Sittlichkeitsregeln im besonderen wurde auch jetzt auf den im Mittelalter ausgebildeten und dem Polizeirecht des 16. Jhs. zugrunde gelegten Kausalzusammenhang gegründet, nach dem der menschliche Lebenswandel, die Haltung Gottes gegenüber der gesamten Menschheit und das Wohlergehen der Menschen in direkter kausaler Beziehung stünden. Während dem Zusammenhang im 16. Jh. überwiegend ein theoretisch-prophetischer Charakter zukam, mußte er unter dem Eindruck des Zeitgeschehens als erwiesene und ständig neu beweisbare Tatsache empfunden und

---

[200] Sie sprachliche Verknüpfung zwischen „unehelich" und „unehrlich" entsprach durchwegs den Vorstellungen der Zeit, obwohl beide Begriffe andere Inhalte zum Ausdruck brachten. Unehrlich Geborene waren jene Menschen, deren (verheirateten) Eltern einen unehrlichen Beruf, wie beispielsweise Henker, Schinder, Abdecker und ähnliches ausübten und wegen ihres Berufes sozial abgewertet wurden. Der Begriff Unehelichkeit bezog sich nur auf den Familienstand der Eltern. Die ablehnende Haltung gegenüber unehrlichen Leuten und unehelichen Menschen war jedoch in manchen Kreisen so groß, daß es zu einer Verschmelzung beider Begriffe und ihrer Inhalte kommen konnte. *Schwarzlmüller*, Berufslaufbahn, 9ff. *Schwarzlmüller*, Lehrling, 16ff.

Vgl. außerdem *Beck*, Tractatus, 66. *Schubart-Fikentscher*, Unehelichen-Frage, 102ff. *Leineweber*, Beziehungen, 141.

Ein Beispiel aus dem Privatrecht: Nach § 3, Kapitel 9, Teil III der O. Ö. Landtafel „von leibgedingen" (*Sammlung Chorinsky*, Band 23, 105) konnten Leibgedinge über zwei oder drei Generationen nur von Kindern errichtet werden, woruntcr „allein die ehrlichen und legitimi aber nit die unehrlichen verstanden werden".

[201] Text und Zitat siehe Anm. 194.

verstanden werden[202]. Damit erreichten die Polizeinormen einen fast absoluten Legitimationsgrad, der sie geradezu als Rettung vor weiteren Schrecknissen und sogar als Lösung der anstehenden Probleme auswies: von „Gott (sei)/weder Wolfahrt/Glück noch Heyl zugetrösten/noch weniger zu erwarten", hieß es in den Novellen der Ordnung zur tugendsamen Lebensführung 1633 (= *OT-L 1633*) aus den Jahren 1677 und 1683, wenn den landesfürstlichen Ordnungen nicht „nachgelebt" werde[203].

Von allen Polizeinormen nahmen die Bestimmungen über das sittlich-geschlechtliche Verhalten der Menschen einen besonders hohen Stellenwert als Rettungs- und Problemlösungsmöglichkeiten ein, wie aus der *OT-L 1633* hervorgeht: „Weillen dann auch zum Dritten/vor Gott dem Allmächtigen die fleischlichen Sünden vorderist abscheulich seyn/und derentwegen mehrmahlen mit Feuer/Schweffel/und Pech ganze Länder verwüstet/und zu nichte gemacht worden/und kein Zweiffel/daß bey jezigen Zeiten/die betrübten Zuständ/und Übel dannenhero meistentheils verursacht werden."[204].

Umgekehrt bedeutet dies, daß durch die Einhaltung eines, den Polizeinormen konformen sittlich-geschlechtlichen Verhaltens die bestehenden Mißstände beendet worden wären, weshalb es nach dem 30jährigen Krieg und zur Zeit der Hexenprozesse zu einer verstärkten Verfolgung und Bestrafung von Unzuchtsdelikten kommen mußte[205].

Die hierfür einschlägigen Rechtsquellen können ihrer zeitlichen Herkunft nach in zwei Gruppen geschieden werden: Eine Gruppe umfaßt die Rechtsquellen der vorangehenden Periode, die mangels formeller oder materieller Derogation weiterhin in Geltung standen. Die zweite Gruppe wird von den im 17. Jh. entstandenen Rechtsquellen gebildet, welche fast ausschließlich auf territorialer Ebene als landesfürstliche Normen ergingen. Dem Rechtsquellenverständnis der Zeit entsprechend beseitigten sie die vorangehenden Normen des 16. Jhs. nicht, sondern erhoben nur den Anspruch diese zu erneuern, zu verbessern oder zu ergänzen[206]. Im Gegensatz zum Polizeirecht des 16. Jhs. wiesen die Normen des 17. Jhs. nicht mehr das geschlossene Erscheidungsbild einer „Polizeiordnung" auf, sondern waren meist verstreut in verschiedenen Mandaten, Patenten, Resolutionen, Ordnungen usw. enthalten. Die aus dem 17. Jh. stammenden territorialen Normen zur Verhinderung von Unzucht waren im wesentlichen in

---

[202] In der *OT-L 1633* hieß es: Gott, „welcher umb unserer männigfältiger Sünd/und unbußfertigen frechen Lebens Willen/seinen gerechten Zorn/und wohlverdienten Bestraffung/wie es leider bey diesen betrübten Zeiten augenscheinlich beschiht/außgießen thut", wird „desto mehr zu Vätterlicher gnädiger Verschon= und Erbarmung" angefleht. *Codex Austriacus*, II, 353.

[203] *Codex Austriacus*, II, 359f.

[204] *Codex Austriacus*, II, 355.

[205] Eine vergleichbare Entwicklung vollzog sich auch im Rechtsleben der Stadt Nördlingen. *Felber*, Unzucht, 45.

[206] *Ebel*, Geschichte, 57ff.

folgenden Rechtsquellen enthalten: Die Ordnung zur „Tugendsamen = Lebensführung" von 1633 (= *OT-L 1633*), ihre Novellierungen aus den Jahren 1663, 1683 und 1683[207] sowie die „Land = Gerichts = Ordnung" *Kaiser Ferdinands III.* von 1656 (= *LGO 1656*) gültig für N. Ö.[208].

Mit der Normierung eines Fornicationstatbestandes in der *LGO 1656* (Art. 81) hatte das bisher dem Polizeirecht zugezählte Delikt zumindest formell Eingang in das Strafrecht gefunden, womit sich die Frage erhebt, ob die formelle Änderung einen Wesenswandel der Fornication vom Polizeidelikt zum Strafdelikt zum Ausdruck brachte. Grundsätzlich war die Verschiedenheit zwischen Straf- und Polizeirecht schon am Beginn des 16. Jhs. bekannt, es bestand aber bis ins 18. Jhs. keine Klarheit über die wechselseitige Abgrenzung beider Materien[209]. Die formelle Eingliederung des Unzuchtsdeliktes in das Strafrecht muß aber vorwiegend als Versuch einer umfassenden Stoffsammlung und systematischen Gliederung im Rahmen der großangelegten Kodifizierung bewertet werden[210] aus der kein Wesenswandel des Deliktes abgeleitet werden kann[211]. Es soll allerdings eingeräumt werden, daß die oben angesprochene Tendenz zur verschärften Verfolgung und Bestrafung des Deliktes möglicherweise Anlaß für die Aufnahme der Fornication in die *LGO 1656* als eine dem Strafrecht nunmehr sehr nahekommende Materie gewesen sein konnte.

---

[207] *Codex Austriacus*, II, 359 ff. Außerdem bei *Suttinger*, Consuetudines, 152, der unter dem Rubrum „uneheliche Beywonung" jedoch nur die Ordnung von 1633 anführt.

[208] Land = Gerichts = Ordnung *Kaiser Ferndinands III.* v. 30. Dezember 1656 gültig für N. Ö. Am 14. August 1675 wurde die *LGO* auch für O. Ö. eingeführt. *Codex Austriacus*, I, 659 bis 726. In den anderen altösterreichischen Ländern wurde sie nicht ausdrücklich, wohl aber durch die Anwendung in der Rechtspraxis rezipiert. Zu dieser Ordnung siehe *Hoegl*, Geschichte, 27 ff., 44 ff.

[209] Zur Abgrenzung vgl. *Lieberich*, Anfänge, 332 f. *Segall*, Geschichte, 101 ff. Vgl. außerdem *Goldschmidt*, Verwaltungsstrafrecht, 80 ff., 151, 154, und *Würtenberger*, Rechtsgüterordnung, 159.

[210] Hierbei ist insbesondere an die Staffelung der Fornicationsstrafen zu erinnern, die bei Wiederholungsfällen die Zuständigkeit der Landgerichte bewirkte. Wollte man eine möglichst umfangreiche und abschließende Materialsammlung der bei Landgerichten anzuwendenden Normen schaffen, dann mußte konsequenterweise das Delikt der Unzucht in einer Landgerichtsordnung aufscheinen, ohne daß dadurch der polizeirechtliche Charakter des Deliktes eine Veränderung erfuhr.

Vgl. *Motloch*, Landesordnungen, in: *Mischler* und *Ulbrich*, Staatswörterbuch, III, 331 ff.

[211] Dies zeigt sich deutlich in der *LGO* für O. Ö. von 1675. Das Gesetz schloß zwar materiell an die *LGO* 1656 an, war aber anders gegliedert. Unzucht war im ersten Teil „Von denen Land = Gerichtsmässigen Fällen, so nicht pur Malefizisch, noch den Todt, oder das Leben berühren" unter der Überschrift „Von gemeiner Hurerey, und andern ungezimlichen Beywohnungen" als 28. Artikel enthalten. Qualifizierte Sexualdelikte wurden hingegen in den dritten Teil „Von denen pur lauter Malefiz-Fällen insonderheit" als 23. Artikel „Von der Blut = Schand, Noth = Zucht, Ehebruch, und andern fleischlichen Sünden, so sich zwischen Christen, Juden und Türcken, oder anderen Ungläubigen zutragen" eingeordnet. Diese Gliederung läßt den polizeilichen Charakter der einfachen Unzucht sichtbar werden.

Neben territorialen Bestimmungen müssen auch für das 17. Jh. die Rechtssätze der verschiedenen Grundherrschaften (Weistümer), Stadtherrschaften (Statuten) und autonomen Verbände (z.B. Zunftordnungen) als einschlägige Polizeirechtsquellen herangezogen werden. Anders als auf territorialer Ebene traten aber hier zu den weiterhin geltenden Normen der vorangehenden Periode kaum noch eigenständige, von den jeweiligen Rechtsträgern der Grund- und Stadtherrschaften erlassene Normen, da die Gesetzgebungshoheit seit dem Sieg des Landesfürstentums über die Stände zumindest politisch nur noch dem Landesfürsten zustand. Fanden dennoch neue Normen Eingang in diese Rechtsquellen, so handelte es sich regelmäßig um die Rezeption (territorialer) landesfürstlicher Bestimmungen[212].

So wie die Bestimmungen des 16. Jhs. verwendeten auch die Polizeinormen des 17. Jhs. keinen einheitlichen Begriff für den Tatbestand der Unzucht und trafen keine genauen Aussagen darüber, was unter Unzucht zu verstehen war. Die *OT-L 1633* sowie ihre Novellen und ähnlich auch Art. 81 *LGO 1656* sahen lediglich vor, daß Personen, „die in unehrlicher Beywohnung" lebten, zu bestrafen seien[213]. Zieht man zur Interpretation von „unehrlicher Beywohnung" die Glossierung des Tatbestandes als „Concubinatus" in der 1704 im *Codex Austriacus* erschienenen Textausgabe der *OT-L 1633* und die Einordnung des Tatbestandes nach der Normierung von Ehebruch und Bigamie in derselben Ordnung heran, dann beschrieb „unehrliche Beywohnung" den Tatbestand des Konkubinates. Das Rubrum des Art. 81 *LGO 1656* „Von gemeiner Hurerey: und andern unzimlichen Beywohnungen" sowie eine im Jahr 1666 ergangene Erläuterung zur *LGO 1656*[214] machen demgegenüber aber klar, daß unter „unehrlicher Beywohnung" alle Geschlechtsbeziehungen nicht verheirateter Frauen und Männer verstanden wurden. Dies entsprach außerdem der Bedeutung von Unzucht auf Grund der immer noch in Geltung stehenden Normen der Polizeiordnungen des 16. Jhs.

So wie ihre Vorgänger hatten auch die Polizeinormen während der zweiten Entwicklungsperiode des Unzuchtsdeliktes die Verhinderung und letztlich die Beseitigung aller nichtsanktionierten Geschlechtsbeziehungen zum Ziel. Daraus ergibt sich, daß weiterhin eine genaue Abgrenzung des Deliktes der Unzucht zu ähnlich gelagerten Tatbeständen in den Rechtsquellen nur oberflächlich vorgegeben wurde. Abgrenzungsprobleme konnten vor allem bei der Unterscheidung zwischen Unzucht und Prostitution auftreten[215], die beide in der *LGO 1656* aufschienen: Dem ausdrücklich in Art. 81 *LGO 1656* normierten Tatbestand der Unzucht stand in Art. 80 *LGO 1656* die „Kupplerey" gegenüber, deren Tatbestandsbeschreibung von „verdächtigen Weibern" und „verdächtigen Orten" handelte und mittelbar auch die Prostitution zum Gegenstand hatte. Eine

---

[212] *Patzelt*, Entstehung, 54ff. Vgl. Anm. 154.

[213] *OT-L 1633. Codex Austriacus*, II, 355. Art. 81 *LGO* 1656. *Codex Austriacus*, I, 715.

[214] *Codex Austriacus*, I, 729.

[215] *Simon*, Untertanenverhalten, 102ff.

Gegenüberstellung beider Artikel zeigt, daß im 17. Jh. die selben Unterscheidungskriterien galten wie in der vorangehenden Entwicklungsperiode: Die in Art. 81 *LGO 1656* normierte Unzucht betraf Geschlechtsbeziehungen unverheirateter Männer und Frauen, Art. 81 *LGO 1656* sanktionierte die gewerbsmäßig organisierte und entgeltliche Hingabe von Frauen. Klarer als in den Polizeiordnungen des 16. Jhs. wurde der Ruf einer Person als Bewertungskriterium einbezogen, wie aus dem Terminus „verdächtig“ abgelesen werden kann[216].

Gewisse Abgrenzungsprobleme konnten weiters bei der Unterscheidung zwischen Fornication und Notzucht entstehen. Unterscheidungsmerkmal waren nach Art. 75 der *LGO 1656* die Anwendung von Gewalt und die Aufnahme sexueller Kontakte gegen den Willen der betroffenen Frau bei der Begehung von Notzucht, die bei Unzucht entfielen[217]. In der Praxis wurde diese Abgrenzungsfrage häufig zu einer Beweisfrage.

Die als Malefizdelikte ausgestalteten Tatbestände des Ehebruchs und der Bigamie[218] bereiteten auf Grund der seit dem Tridentinischen Konzil bestehenden zwingenden Formvorschriften für Eheabschlüsse keine Unterscheidungsschwierigkeiten gegenüber der Fornication. Ebenso auch die Tatbestände Blutschande, Homosexualität und Sodomie[219], welche andere Rechtsgüter schützten und keinen Raum für Abgrenzungsprobleme boten. Gleiches galt grundsätzlich für „gewalthätige Entführung der Jungfrauen/und Eheweiber“ und für „heimliche Ehebered= und Entführungen der Töchter ohne Vorwissen der Eltern oder Gerhaben“[220], da für ihre Begehung die Aufnahme geschlechtlicher Beziehungen nicht erforderlich war. Die letztgenannten Normen schützten die ständische Gliederung der Gesellschaft und die Zustimmungsrechte bestimmter Anverwandter zur Heirat von Töchtern.

---

216 Die Beschreibung der Prostitution als gewerbsmäßige und/oder organisierte Unzucht läßt sich auch aus der *OT-L* 1633 erkennen: Zur Beseitigung der Prostitution sollte die Obrigkeit hinkünftig mindestens einmal wöchentlich „verdächtige Orth“ heimlich visitieren sowie „verdächtige/leichtfertige, unzüchtige Weibs=Personen/wie auch die Kuppler und Kupplerin“ verhaften, bestrafen und an der weiteren Ausübung ihrer Tätigkeit hindern. *Codex Austriacus*, II, 355.

Auch in anderen zeitgenössischen Rechtsordnungen wurde verschiedentlich versucht, eine (wenn auch im Ergebnis manchmal unscharfe) Trennung zwischen Prostitution und Unzucht herbeizuführen. So wurde in manchen Rechten dem „stuprum“, der Geschlechtsbeziehung mit einer Prostituierten, die „fornicatio“, die Geschlechtsbeziehung mit einer unverheirateten Frau, gegenübergestellt, ohne an diese begriffliche Trennung detaillierte inhaltliche Unterscheidungen anzuschließen.

Vgl. dazu auch *Quanter*, Sittlichkeitsverbrechen, 156.

Siehe oben Kapitel 3.4. und Anmerkung 178b.

217 *Codex Austriacus*, I, 708ff.

218 *OT-L 1633. Codex Austriacus*, II, 355.

219 *OT-L 1633. Codex Austriacus*, II, 355. Art. 74 u. 73 *LGO 1656. Codex Austriacus*, I, 706f.

220 *OT-L 1633, Codex Austriacus*, II, 355. Art. 78 *LGO 1656, Codex Austriacus*, I, 712f.

Innerhalb der aufgezeigten Grenzen wurden auch in der zweiten Entwicklungsperiode keine weiteren Unterscheidungen mehr vorgenommen.

Der Tatbestand der Unzucht war auch im Recht des 17. Jhs. erst nach tatsächlicher Aufnahme geschlechtlicher Beziehungen erfüllt, wobei der Beweis in der Praxis gleichfalls durch Geständnis oder die schon erwähnten Indizien erfolgte. Als inneres Moment wurde weiterhin Vorsatz verlangt.Nähere Ausgestaltungen, wie die Frage nach der Unzurechnungsfähigkeit oder dem Alter der Fornicanten sahen die Quellen gleichfalls nicht vor[221].

Zur Verhinderung der Unzucht waren wiederum Präventivmaßnahmen und Strafen vorgesehen. Als vorbeugende Maßnahme verlangte z. B. die *OT-L 1633*, daß die „ordinarii loci" die Priesterschaft zu vorbildlichem Leben anhalten und letztere durch Predigten die Menschen vom Laster abbringen sollten[222]. Ersttäter des Unzuchtsdeliktes konnte die zuständige Obrigkeit scharf verwarnen und ihnen für den Wiederholungsfall strenge Strafen androhen[223].

Zuständig für die Verhängung von Strafen waren weiterhin die Grund- und Dorfobrigkeiten sowie die Landgerichte[224]. Die Zuordnung des konkreten Falles zu einem bestimmten Gericht sollte auf Grund der *OT-L 1633* nach dem Territorialitätsprinzip erfolgen, während Art. 81 der *LGO 1656* vorschrieb, daß „Persohnen in unehrlicher Beywohnung .... von *ihrer* Grund- oder Dorff = Obrigkeit" abzuurteilen seien (Personalitätsprinzip). Die Erläuterung zur *LGO 1656* aus dem Jahre 1666[225] bezog wiederum den Standpunkt des Territorialitätsprinzips. In der Praxis kam es durch die unsichere Rechtslage zu zahlreichen Zuständigkeitsstreitigkeiten und schließlich zum Einpendeln auf der Grundlage des „alten Herkommens" woraus ein von Herrschaft zu Herrschaft unterschiedlicher Gerichtsbrauch entstand: In manchen Gegenden wurden Fornicanten nach Territorialitäts- und in anderen nach Personalitätsprinzip verfolgt.

Die Frage nach der Abgrenzung zwischen Niedergerichten und Landgerichten und damit die Frage nach Strafausmaß und Strafart wurde durch eine

---

221 Art. 81 *LGO 1656*. *Codex Austriacus*, I, 715. *OT-L 1633*. *Codex Austriacus*, II, 355.

222 *Codex Austriacus*, II, 353.
In einer Ordnung vom 5. April 1675 wurde generell die Verpflichtung der Priester festgelegt, über das sittlich-geschlechtliche Leben der ihnen Anvertrauten zu wachen: „Es sollen auch ermelte Pfarrer und Pfarr = Verweser gute fleißige Obacht haben / ob die Ehe = Leuth einander eheliche Treu und Beywonung / wie sich gebührt / leisten / und da sie dergleichen Ehe = Leuth / welche ärgerlich voneinander wohnen befinden wurden / solches alsobalden an wohlgedachtes Consistorium berichtlich gelangen lasse". *Codex Austriacus*, II, 134 bis 141, „Pfarrer", 137.

223 *OT-L 1633*. *Codex Austriacus*, II, 355. Art. 81 *LGO 1656*, *Codex Austriacus*, I, 715.

224 Vgl. dazu § 1 des 3. Titels des Tractatus de juribus incorporalibus des Jahres 1679, *Codex Austriacus*, I, 586.
Zur Bedeutung des Traktats siehe *Wisnicki*, Geschichte, 69 ff.

225 *Codex Austriacus*, II, 359 f.

Staffelung der Kompetenzen gelöst. Die *OT-L 1633* unterschied zwischen der ersten Begehung der Unzucht, wofür neben oder kumulativ mit der präventiven Abmahnung Geld- und Leibstrafen verhängt werden konnten, und der Tatwiederholung, die Geld-, Leib-, Ehrenstrafen und Verweisung zur Folge haben sollten. Eine Zuordnung zu Niedergerichten oder Landgerichten erfolgte nur insoweit, als die Obrigkeiten in der Unzuchtsverfolgung so vorgehen sollten, wie sie es seit altersher gehalten hatten[226]. Damit entschied der jeweils geltende Gerichtsbrauch über die Kompetenz der Nieder- oder Landgerichte. Dies bedeutete, daß Abmahnungen, Geldstrafen, Ehrenstrafen und unter Umständen Verweisungen regelmäßig von den Niedergerichten vorgenommen werden konnten, während die Verhängung schwererer Leibesstrafen überlicherweise den Landgerichten oblag. Erst Art. 81 der *LGO 1656* fand zu einer klareren Kompetenzgestaltung: die erste Begehung der Tat war danach von der „Grund= oder Dorff=Obrigkeit" und „zum andertenmal durch scharffe Geld= oder Leibs=Straff" ebenfalls von den Niedergerichten abzuurteilen. „..... drittens sodann von dem Land=Gericht mit scharffer Leibs=Straff". Gegen Personen, die trotz mehrmaliger „Bestraffung von ihrem bösen Leben nicht abstehen" wollten, hatte das Landgericht mit jeweils höheren Strafen einzuschreiten. Diese Bestimmungen wurden durch die Erläuterung zur *LGO 1656* aus dem Jahre 1666 wie folgt präzisiert: „das erstemahl mit einer Geldstraff: das andertemahl mit einer höhern Geld= oder Leibs=Straff: das dritte aber durch das Land=Gericht/nach gestalt der Persohnen und Umbständ/mit schärffer Leibs=Straff"[227]. Damit war hinsichtlich der Strafarten, des Strafmaßes und der Kompetenzen zwischen Nieder- und Landgerichten eine weitgehende Abgrenzung erfolgt, die jedoch wegen weiter bestehender Lokalgewohnheiten in vielen Fällen modifiziert sein konnte.

Das Verfahren zur Verfolgung von Fornicationsdelikten gestaltete sich auch im 17. Jh. nach den Grundsätzen des Inquisitionsprozesses, der jetzt mit einer zunehmenden Kontrolle verbunden war. Der Ausbau der Kontrolle betraf vor allem die „Hausvätter", welche im 17. Jh. mehrmals nachdrücklich verpflichtet wurden, gleichsam als eine den jeweiligen Obrigkeiten nachgeordnete Instanz, für das sittliche Verhalten ihrer Angehörigen, besonders hinsichtlich der Gotteslästerung, Unzucht und Leichtfertigkeit der Bekleidung Sorge zu tragen und notfalls Anzeige zu erstatten[228]. Diese Sorge- und Anzeigepflichten der „Hausvätter" waren auf territorialer Gesetzesebene grundsätzlich nicht sanktioniert, doch konnte ihre Unterlassung unter Umständen den weitreichenden Tatbestand der Kuppelei erfüllen[229].

---

226 *OT-L 1633. Codex Austriacus*, II, 355.

227 *Codex Austriacus*, I, 729.

228 *Novelle* zur *OT-L 1633. Codex Austriacus*, II, 359f.

229 Nach Art. 80 § 1 Abs. 2 der *LGO 1656* (*Codex Austriacus*, I, 714) mußte eine Untersuchung wegen „Kupplerey" bereits dann eingeleitet werden, „da einer geduldete/daß in seiner Gegenwart verdächtige Manns=Persohnen mit seiner Tochter

Die Betonung der hierarchisch geordneten Kontrolle des sittlich-geschlechtlichen Verhaltens der Menschen (Landesfürst-Obrigkeiten-Hausväter) zeigte einen Wandel im Verständnis des christlich-aristotelischen Hausmodells an, dessen Konzeption auch dem Polizeirecht des 17. Jhs. zugrunde lag. Grundsätzlich waren die Beziehungen im Rahmen des christlich-aristotelischen Hausmodells als wechselseitiges Vater-Kind-Verhältnis ausgestaltet und im 16. Jh. wohl überwiegend so verstanden worden. Nach dem 30jährigen Krieg trat die Idee der väterlichen Fürsorge in den Hintergrund und machte dem Gedanken der Aufsicht als vorrangiges Gestaltungselement des Hausmodells Platz. Verbunden mit den Problemen und Ängsten der Zeit führte dieser Wandel zu einem zahlenmäßigen Ansteigen der Fornicationsurteile seit dem zweiten Drittel des 17. Jhs.[230] und zu einem deutlichen Auseinanderfallen zwischen den die Sittlichkeit betreffenden Ziele der Polizeinormen und dem Verständnis, das die Normunterworfenen diesen Zielen entgegenbrachten. Pointiert betrachtet konnten die Normunterworfenen die Anwendung von Fornicationsnormen auf der Grundlage väterlicher Fürsorge als eine gutgemeinte Erziehungsmaßnahme verstehen, während die Verhängung von Fornicationsstrafen als Folge verstärkter Kontrolle sehr bald den Charakter einer obrigkeitlichen Schikane annehmen konnten. Letzteres umsomehr, als das Sittlichkeitsideal des frühneuzeitlichen Polizeirechtes während der gesamten Dauer seines Bestehens den Lebensgewohnheiten der überwiegenden Mehrzahl der Menschen — wie zu zeigen sein wird — entgegenstand.

Auf die Frage, welche Wertvorstellungen auf die Beurteilung von Fornicationsdelikten Einfluß hatten, geben die Polizeirechtsquellen in größerem Umfange Auskunft als ihre Vorläufer aus der Zeit vor dem 30jährigen Krieg. Weiterhin galt Unzucht als Sünde, als Beleidigung Gottes, wobei der erwähnte Kausalzusammenhang zwischen Sünde und Gottesstrafe jetzt besonders nachdrücklich betont wurde. Längere theologische Abhandlungen oder Bibelzitate fanden in die altösterreichischen Fornicationsnormen im Gegensatz zu anderen Rechtsordnungen[231] jedoch keinen Eingang.

Ansätze einer entsprechenden Konfessionalisierung des altösterreichischen Polizeirechtes können aber in den Anordnungen über Gebetglocken, die Abhaltung von Morgen- und Abendgebeten, den Besuch von Gottesdiensten[232]

---

oder Eheweib umbgebührlich umgiengen" und nach Art. 80 § 2, Abs. 3 konnte „ein Ehemann / oder Vatter / zur Zeit / da verdächtige Mannsbilder sein Weib oder Tochter besuchten / sich von ihnen volltrincken liesse / oder sonst beÿseite gienge", verhaftet werden.

[230] Die Zunahme der Fornicationsfälle nach dem Dreißigjährigen Krieg zeigt die Übersicht der ca. 500 im O. Ö. Landesarchiv gesichteten Fornicationsurteile.

[231] *Simon*, Untertanenverhalten, 142. Vgl. *Mitterauer*, Mütter, 35.

[232] *Novellen* zur *OT-L 1633. Codex Austriacus.* II, 359f.
Weitere Ansätze einer Konfessionalisierung des zeitgenössischen Polizeirechtes sind in folgenden Bestimmungen zu erblicken: In einer Ordnung für N. Ö. vom 21. Juni 1681

und in den Empfehlungen Nächstenliebe zu üben, Bedürftigen zu helfen[233] usw. gesehen werden. Ursache derartiger „theologisierter" Polizeinormen war jedoch nicht allein das Ziel der Verhinderung von Unzucht, sondern auch die Bekämpfung von Hexen und Zauberern, die Angst vor den Einbruch der Türken und nicht zuletzt die allgemeine barocke Weltauffassung von der Erde als Jammertal[234].

In wichtiger Wechselbeziehung standen Fornicationsdelikte weiterhin mit dem Wert der Ehre. Die *OT-L 1633* normierte die „Führung eines ehrbaren / und Gott = Wohlgefälliges Leben"[235] als eines Ihrer Hauptziele, für dessen Verwirklichung der Landesfürst Sorge tragen mußte[236]. Im Gegensatz zu den *ONÖPOen 1566* und *1568*, nach deren grundsätzlich alle sittenwidrige Verhaltensweisen geschlechtlicher Natur infamierend wirkten, verknüpfte die *OT-L 1633* Ehre und Sexualität ausdrücklich erst im Zuge der Bestimmungen über Wiederholungstäter: sie sollten neben den schon genannten Strafen „für unehrliche Leith gehalten / und bey keiner ehrlichen Zusammenkunfft geduldet" werden[237]. Da die *ONÖPOen 1566* und *1568* weiterhin in Geltung standen, brachte die Bestimmung der *OT-L 1633* nur die Betonung des Kriteriums Ehre bei Wiederholungsfällen zum Ausdruck, bewirkte aber keine Besserstellung von Ersttätern. Für die *LGO 1656* war es nicht mehr notwendig, die Infamie als Rechtsfolge für Fornicationsdelikte ausdrücklich zu erwähnen.

Wie zahlreiche Quellen der Rechtspraxis über Streitigkeiten in Ehrenfragen ausweisen[238], kam der Ehre in allen Bevölkerungsschichten[239] während des 17.

---

wurde wegen der „schwäre(n) Zeiten" das Tragen von Masken während der Faschingszeit verboten. *Codex Austriacus*, I, 322f., „Fasching". Mehrere Ordnungen bezüglich „Fasten" aus der Zeit zwischen 27. Februar 1532 und 18. September 1655 (*Codex Austriacus*, I, 322), „Fasten= und Gottes=Dienst" vom 21. Februar 1658 (*Codex Austriacus*, I, 323f.) und Bestimmungen über „Feyertäg" aus der Zeit vom 13. März 1554 bis zum 27. März 1676 für die N. Ö. Länder (*Codex Austriacus*, I, 334f.) weisen ähnliche Tendenzen auf.

[233] *Codex Austriacus*, II, 362.

Ein starker Einschlag ist in dem wissenschaftlichen Werk *Beckmanns*, Idea iuris, 201 f., im Rahmen der Behandlung der „Hurrerey" und des Ehebruches sowie der Behandlung von „stuprum", 461 f., zu sehen.

[234] *Staehlin*, Sittenzucht, 98.

[235] *Codex Austriacus*, II, 361.

[236] *Codex Austriacus*, II, 353. Vgl. *Quanter*, Schand- u. Ehrenstrafen, 191.

[237] *Codex Austriacus*, II, 355.

[238] Der Bedeutungszuwachs des Wertes „Ehre" tritt in zahlreichen Quellen des 17. u. 18. Jhs. in zahlreichen Haarspaltereien über Ehrenfragen in Erscheinung. Dazu *Kramer*, Grundriß, 51.

Die Zunahme der Prangerstrafen, einer besonderen Art der Ehrenstrafen, während des gleichen Zeitraumes, scheint mit dieser Entwicklung in enger Beziehung zu stehen. *Schmidt*, Einführung, 184.

Eine 1680 in Leipzig eingegangene Beschwerde über unanständige Bekleidung verdeutlicht die zunehmende Empfindlichkeit in Ehrenfragen in Zusammenhang mit sittlich-

und 18. Jhs. verglichen mit dem Ehrverständnis des 16. Jhs. eine wachsende Bedeutung zu. Bezogen auf die Verknüpfung von Ehre und Sexualität folgte daraus, daß nichtsanktionierte Geschlechtsbeziehungen einen im Laufe der Zeit immer größer werdenden Ehrverlust bewirkten. Dazu kam — wie oben ausgeführt — daß genealogische Werte von langen Stammreihen, jeweils fortgeführt durch eheliche Geburt, im größeren Umfange zum Inhalt des zeitgenössischen Ehrverständnisses wurden und damit der Verknüpfung von Ehre und Sexualität eine historische und sogar metaphysische Dimension zukam.

Ein weiteres in den Rechtsquellen des 17. Jhs. auftretendes Bewertungskriterium für Unzucht nahm seinen Ausgang in der wachsenden Angst vor schadenstiftenden Mächten, vor Hexen, Zauberern und Teufeln. Alle im Mittelalter ausgebildeten Formen des Hexen- und Teufelsglaubens gelangten auf Grund der Erschütterungen während des 17. Jhs. zur vollen Entfaltung und entluden sich in der Hexenverfolgung, die gegen 1680, zur Zeit der größten Bedrohung durch die Türken, in den altösterreichischen Ländern ihren Höhepunkt erreichte. Zentrale und schon im Hexenhammer hervorstechende Themen der Hexenverfolgung waren die Zuordnung nicht sanktionierter Geschlechtsbeziehungen zur Welt des Bösen und der Glaube an geschlechtliche Beziehungen zwischen Teufel und Hexen. Sichtbaren Ausdruck fanden diese Vorstellungen in der *OT-L 1633*, in der die Bestimmungen über Unzucht unmittelbar hinter jenen über „Zauberey / Wahrsagungen / und an sprechen" eingereiht waren[240]. Ausdrücklich normiert wurde die Verknüpfung zwischen Zauberei und Sexualität in Art. 60 der *LGO 1656*, der unter anderem die fleischliche Vermischung zwischen Zauberern und dem bösen Feind behandelte[241]. Obwohl die Aneinanderreihung der Tatbestände Unzucht und Zauberei in der *OT-L 1633* nur dann als Bewertungskriterium für Unzucht verstanden werden kann, wenn dem Aufbau der Ordnung systematische Bedeutung zukam, und die Bestimmungen des Art. 60 *LGO 1656* ausdrücklich nur Sexualbeziehungen im Rahmen des Hexenkultes behandelten, muß daraus doch der Schluß gezogen werden, daß die Inhalte des Hexenglaubens mit allen nichtsanktionierten Geschlechtsbeziehungen in ein Naheverhältnis gebracht wurden. Es sei

geschlechtlichen Belangen: „ ... die Entblösung der Brüste (gemeint ist der Halsausschnitt bei Frauenkleinder), worüber *Gott und Ehrliebende Menschen* einen Abscheu haben ... ". Zitiert nach *Eisenbart*, Kleiderordnungen, 103.

[239] Grundsätzlich war der Begriff von Ehre nicht an einen bestimmten Stand gebunden, obwohl es eine Art „Rangordnung" der Ehre, abgestuft nach der ständischen Gliederung der Gesellschaft gab. Neben einem übergreifenden Ehrverständnis, das für alle Bevölkerungsschichten Gültigkeit hatte, bestand auch eine Ehre des jeweiligen Standes, deren Grenzen so wie die Standesgrenzen sehr scharf gezogen wurden. *Kramer*, Grundriß, 51.

[240] *Codex Austriacus*, II, 354f.

[241] *Codex Austriacus*, I, 690.

Ähnlich auch Art. 19 § 3 der *Hals=Gerichts=Ordnung* Kaiser Josef I. für Böhmen, Mähren und Schlesien aus dem Jahre 1707 (Seite 74).

diesbezüglich nochmals auf die Vorstellungswelt des Hexenhammers von Incubi, Succubi, Liebeszauber usw. verwiesen, welche die Heranziehung des Hexenglaubens als Bewertungskriterium von Unzucht als gegeben erscheinen lassen.

Einschlägige Bewertungskriterien über Unzuchtsdelikte können außerdem den polizeilichen Normen des Gesundheitswesens entnommen werden. Aus Anlaß verheerender Epidemien während des 17. Jhs. entstanden mehrere „Infektions=Ordnungen“[242], deren Erlaß mit tatsächlichen gesundheitspolizeilichen Notwendigkeiten und mit metaphysischen Argumenten begründet wurde. Bemerkenswert ist, daß die metaphysische Verankerung zweigeteilt in Erscheinung trat: einerseits wurden Seuchen als Folge des schon bekannten Kausalzusammenhanges zwischen menschlichem Verhalten, Gott und dem Wohlergehen der Menschheit angesehen und andererseits als Auswirkung des Zaubers schadenstiftender Hexen und teuflischer Mächte dargestellt[243]. Nichtsanktionierten Geschlechtsbeziehungen kam im Rahmen dieser Begründungen die Stellung zu, sowohl tatsächliche Ursache für den Ausbruch und die Verbreitung der Seuchen als auch wichtiges Element des genannten Kausalzusammenhanges zu sein. Die Unterlassung nichtsanktionierter Geschlechtsbeziehungen bedeutete demgemäß eine unmittelbare, faktische Verbesserung des Gesundheitswesens und gleichzeitig eine Gottes Zorn abwendende Verhaltensweise und damit eine mittelbare Einflußnahme auf die Verhinderung von Seuchen.

3.6. Die Entwicklung des Fornicationsdeliktes zur Zeit des Naturrechtes

In der Zeit vom ausgehenden 17. Jh. bis zum Inkrafttreten des Josephinischen Strafgesetzbuches im Jahre 1787 vollzog sich die Entwicklung des Fornicationsdeliktes auf zwei Ebenen: Auf theoretischer Ebene entwickelten die Vertreter des Naturrechtes bzw. der Aufklärung neue Ideen zum Problem außerehelicher Geschlechtsbeziehungen, während auf der Ebene der Rechtspraxis die der Fornicationsverfolgung zugrunde liegenden Prinzipien, die Ausgestaltung des Deliktes, seine Bewertung und schließlich die organisatorischen Strukturen in oben dargestellter Weise fortgeführt wurden.

Ein Überblick über die theoretischen Aussagen zur Fornication zeigt, daß die Vertreter des Naturrechtes eine im wesentlichen einhellige Stellung gegen außereheliche Beziehungen einnahmen. Zur Begründung der ablehnenden

---

242 Alle in *Codex Austriacus*, I, 519ff.

243 Als Beispiel für den genannten Kausalzusammenhang eine Stelle aus der Einleitung der Ordnung d. J. 1690: „Erstlich/und vor allem hat sich Männiglich mit wahrer Andacht und Buß zu Gott dem Allmächtigen zu bekehren/sich vor allen Lastern/und fürnemblich der Unzucht/derentwegen die Pestilentz ein absonderliche Geisel Gottes ist/zu hüten/und umb Abwendung diser Straff=Ruthen herzlich zubitten“. *Codex Austriacus*, I, 544.

Haltung dienten vor allem folgende Argumente: Die freie Liebe widerspreche der Vernunft und der Sittlichkeit des wirtschaftlichen und politischen Zwecks des Lebens. Sie sei widernatürlich, da sie nicht der Vermehrung und Vervollkommnung des Menschengeschlechtes diene. Wollustbefriedigung nur aus Geschlechtsliebe sei schimpflich und unvereinbar mit der natürlichen Würde. Die Natur lehre, daß die Fortpflanzung außerhalb der Ehe unschicklich sei. Eine Zustimmung des Menschen, den Verkehr nur wegen der Lustbefriedigung auszuüben, greife die menschliche Gesellschaft an, da sexuelle Reize ausnahmslos der Zeugung dienen sollten. Bei Kindern aus derartigen Beziehungen sei außerdem die Vaterschaft ungewiß und zudem erhielten sie eine geringere Pflege und Erziehung als eheliche Kinder[244].

Trotz ihrer grundsätzlichen Ablehnung[245] gelangten die naturrechtlichen Lehren zu einer differenzierten Betrachtung nichtsanktionierter Geschlechtsverbindungen. Eine wichtige Unterscheidung erfolgte nach außerehelichen Geschlechtsbeziehungen mit Prostituierten und solchen mit ehrbaren Frauen. Während erstere durchwegs als bloße Wollustbefriedigung abgetan und verurteilt wurden, hob man bei Geschlechtsbeziehungen mit ehrbaren Frauen zuerst ebenfalls den Aspekt der Wollustbefriedigung hervor, gelangte aber allmählich zu einer milderen Beurteilung. *Christian Thomasius* (1655-1728) beispielsweise, sah in außerehelichen Geschlechtsbeziehungen mit ehrhaften Frauen nur einen Verstoß gegen die Regeln des Schicklichen und Anständigen, hielt sie aber für weniger unehrenhaft als bloße „Hurerei" (= Geschlechtsbeziehungen mit Prostituierten), wenn die Verbindung spontan und im beiderseitigen Einverständnis erfolgte[246].

Eine andere naturrechtliche Unterscheidung nichtsanktionierter Geschlechtsbeziehungen hatte einen geschlechtsspezifischen Hintergrund. Da sich die Frau durch eine außereheliche Beziehung stärker verunreinige als der Mann, galt die Hingabe der Frau als Verstoß gegen das Naturrecht. Ganz im Sinne dieser Vorstellung verglich *Samuel von Pufendorf* (1632-1694) den Verlust der Virginität mit einem beschädigten Gut, das dem zukünftigen Ehemann angeboten würde[247].

Neben diesen direkten, differenziert-ablehnenden Aussagen gewann die naturrechtliche Vorstellung von Moral Einfluß auf die Gestaltung und Bewertung nichtsanktionierter Geschlechtsbeziehungen. Die Vertreter des Naturrechtes waren der Auffassung, daß der Stand der Vernunft direkt den Stand der Moral beeinflusse und zwar dergestalt, daß mit der Zunahme der Vernunft eine Zunahme der Moral und damit eine Zunahme der „Glückseligkeit" der

---

[244] *Erle*, Ehe, 266.

[245] Die Reinerhaltung der Ehe galt weiterhin als oberster Wert. Vgl. *Simon*, Untertanenverhalten, 148ff.

[246] *Erle*, Ehe, 223, 267.

[247] *Erle*, Ehe, 226, 267. Vgl. *Mitterauer*, Mütter, 62.

Menschen verbunden wäre[248]. Gelang es, den Menschen zu vernünftigem Handeln zu erziehen, dann würde er zwangsläufig auch moralisch handeln. Moral war also veränderbar, machbar geworden und konnte durch geeignete Maßnahmen, insbesondere durch die Erziehung zur Vernunft, erzeugt werden[249]. Die Anhebung der Moral im Bereich der Sexualität war für die Vertreter des Naturrechtes ein besonderes Anliegen, weil sie in der vernünftigen Organisation des Geschlechtslebens eine Lösung des Menschen aus dem Tierischen und daraus folgend ein Ansteigen der Welt des Vernünftigen sahen[250]. Unzucht wurde als „tierische" Verhaltensweise des Menschen beurteilt, die ihn hinderte, vernünftiger und damit besser, moralischer, glücklicher usw. zu werden. Aus dieser Moralvorstellung entsprang aber umgekehrt Verständnis für jene Menschen, die mangels vernünftiger Einsicht moralisch nicht richtig handeln konnten und deswegen Unzucht nicht vermieden.

Ein weiterer Aspekt, der Einfluß auf die theoretische Beurteilung außerehelicher Geschlechtsbeziehungen während der Zeit des Naturrechtes gewann, kam aus dem zeitgenössischen Wirtschaftsdenken des Merkantilismus. Die Merkantilisten vertraten die Ansicht, daß die Zahl der wirtschaftlich tätigen Menschen eines Staates in direktem Zusammenhang mit seiner wirtschaftlichen Lage stünde. Die Zunahme der Bevölkerungszahlen müßte demnach eine Erweiterung der Wirtschaft und diese eine Verbesserung der Gesamtlage des Staates zur Folge haben. In verschiedenen europäischen Staaten kam es unter diesem Gesichtspunkt zu entsprechenden sozialpolitischen Maßnahmen, die in erster Linie sanktionierte Geschlechtsbeziehungen förderten, wie z. B. Aufhebung von Ehehindernissen, Einrichtung verschiedener Ehebegünstigungen usw., aber auch eine positivere Einstellung gegenüber Abkömmlingen außerehelicher Geschlechtsbeziehungen aufwiesen[251]. Als Beispiel sei auf die Aufhebung des Fornicationsdeliktes in Preußen unter *König Friedrich dem Großen* im Jahre 1756 verwiesen, die neben anderen Argumenten auch mit merkantilistischen Überlegungen begründet wurde[252]. Verbunden mit der vernunftbedingten Moralvorstellung des Naturrechtes bewirkte das merkantilistische Wirtschaftsdenken sogar die Errichtung verschiedener Institutionen, welche uneheliche Mütter unterstützten und unehelich Geborenen die notwendige Hilfe zukommen ließen. Dieses Entgegenkommen des Staates hatte nach Meinung der Merkantilisten gewisse Grenzen, die vom Staat durch eine auf die vernünftige Gestaltung des Geschlechtslebens seiner Angehörigen zielenden Einflußnahme gewahrt werden sollten, da geschlechtliche Ausschweifungen als Ursache für den wirtschaftlichen Verfall und sogar als Ursache für den Untergang ganzer Kulturen gesehen wurden.

---

248 *von Justi*, Grundsätze, 212.

249 *Simon*, Untertanenverhalten, 86ff., 114, 147.

250 *Hugo*, Lehrbuch, 52ff.: „Der Mensch als Thier".

251 Vgl. dazu *Tremel*, Wirtschaft- und Sozialgeschichte, 230 ff. und die dort angegebene Literatur.

252 *Schmidt*, Einführung, 250. Vgl. *Schmelzligen*, Polizeiordnungen, 28.

Insgesamt betrachtet bezogen Aufklärung, Naturrecht und Merkantilismus eine differenziert-ablehnende Stellung gegenüber nichtsanktionierten Geschlechtsbeziehungen, tolerierten sie aber wegen der erst zu beseitigenden Unvernunft des Menschen und aus wirtschaftlichen Gründen innerhalb gewisser Grenzen. Ziel dieser Strömungen war es, nichtsanktionierte Geschlechtsbeziehungen weitgehend zu verhindern, wozu ihnen als geeignetstes Mittel die erzieherische Heranbildung vernünftiger Menschen erschien. Zur Wahrung bestimmter Grenzen sollte sich der Staat auch polizeilicher Mittel bedienen, die allerdings nur zur Eindämmung krasser Mißstände einzusetzen waren. *Justi*, einer der bedeutendsten Polizeirechtswissenschafter seiner Zeit, ordnete in Konkretisierung dieser Grundsätze der Polizei die Aufgabe zu, „Aufsicht auf die Sitten und Erhaltung guter Zucht und Ordnung" zu üben, da es offensichtlich sei, „daß die einreißenden Laster und Ausschweifungen ein Volk zur Arbeitsamkeit und zu denen Fähigkeiten und Geschicklichkeiten, die zur Beförderung seiner Glückseligkeit nöthig sind, immer ungeschickter machen". Die „hauptsächliche Vorsorge der Policey in Ansehung der Sitten" müsse es sein, „daß das Laster der Hurrerey und Unzucht nicht allzusehr einreiße". Die Polizei dürfe nur Laster bekämpfen und Ausschreitungen verhindern, aber nicht bis zur „äußersten Strenge" gehen, weil „eine solche Strenge allemal viel schädliche Folgen und viel abscheuliche geheime Verbrechen verursachet" habe. Unschuldige und ehrbare Ergötzlichkeiten sollten nicht abgeschafft werden[253].

Anders verlief die Entwicklung in der altösterreichischen Rechtspraxis. Auf dieser Ebene blieb die aus dem 16. und 17. Jh. überbrachte Gesetzeslage erhalten und wurde lediglich durch neue, gleichartige Bestimmungen ergänzt und erweitert. Vereinzelte naturrechtliche Einflüsse kamen erst in der ersten Hälfte des 18. Jhs. zum Tragen[254] änderten aber die Gesamtstrukturen und die Wertvorstellungen nur geringfügig.

Das Weiterleben der bestehenden Rechtslage wird deutlich in der 1717 ergangenen Ordnung, „Erbares Leben, und gute Manns = Zucht betreffend"[255], welche hinsichtlich der Fornication die *OT-L 1633* nahezu gleichlautend fortführte. Eine im selben Jahr erlassene Badeordnung[256], die das Verbot

---

253 *von Justi*, Grundsätze, 214ff.

Die von *Justi* vorgestellten Aufgaben der Polizei im Bereich geschlechtlicher Sittlichkeit spiegeln den Grundgedanken des zeitgenössischen Verständnisses von der Aufgabe der Polizei wieder: Der Polizei kam durch die Erhaltung der guten Sitten und der Ordnung die präventiv wirkende Funktion zu, schwere Verbrechen zu verhindern.

Vgl. dazu auch *Globig* und *Huster*, Abhandlungen, 10, 21, 107, 239ff. Weiters *Wolzendorff*, Polizeigedanke, 54ff. Vgl. *Preu*, Polizeibegriff.

254 Erst 1735 wurde das gesamte Studienwesen von der Regierung übernommen und erst 1753 erfolgte eine Reform der Wiener Juridischen Fakultät. Im Zuge dieser Reformen führte man unter anderem auch eine Lehrkanzel für Naturrecht ein.

Vgl. dazu *Kink*, Geschichte, Band I, Theil I, 463ff. und Theil II, 273 und 301.

255 *Codex Austriacus*, III, 869.

256 *Codex Austriacus*, III, 871ff.

öffentlichen Badens unter anderem mit der Erregung öffentlichen Ärgernisses begründete, unterstreicht die gleichbleibende Tendenz der Rechtsordnung, alle nichtsanktionierten Geschlechtsbeziehungen bereits in den Anfängen abzuwehren. Der unter den gleichen Gesichtspunkten geführte Kampf gegen Prostitution und Kuppelei brachte in der Benennung der 1751 ergangenen Ordnung, „Lüderliche Personen Ausrottung“[257], die ablehnende Haltung des zeitgenössichen Rechtes gegenüber nichtsanktionierten Geschlechtsbeziehungen noch deutlicher zum Ausdruck. Eine weitere, allerdings nur für O. Ö. gültige Ordnung vom Jahre 1753, überschrieben mit „Aergernisabstellung ob der Enns“[258], enthielt nochmals alle Elemente und Strukturen, die im Laufe des 16. und 17. Jhs. zur Bekämpfung von Unzucht ausgebildet worden waren. Zum Erlaß dieser Ordnung sah sich die Landesfürstin veranlaßt, um dem „Laster der Unzucht ... alle nur möglichen Schranken zu setzen“, damit Gottes Zorn abgewendet und die gänzliche Seelenverderbnis der Untertanen verhindert würde. Als Ursache für den Erlaß der Ordnung wurde das „unter den Bauernburschen fast allgemein gewordene Laster der Unzucht“ angegeben. Die Regelung galt grundsätzlich für alle o. ö. Untertanen, stand aber ausdrücklich in Beziehung mit einer bestimmten Bevölkerungsgruppe, worin die unten darzustellende Diskrepanz zwischen den Zielen der Polizeinormen einerseits und den Lebensgewohnheiten der bäuerlichen Bevölkerung andererseits in Erscheinung trat. Die Ordnung verbot Unzucht und enthielt als flankierende Maßnahmen das Verbot nächtlicher Tänze sowie „unehrbare Leibeskleidung“[259], und sanktionierte ihre Übertretung mit höheren als in der *LGO 1656* vorgesehenen Strafen. Die erste Übertretung des Unzuchtsverbotes wurde durch eine Geldstrafe geahndet und die zweite durch öffentliches Aufstellen vor der Kirche verfolgt. Bei nochmaliger Übertretung mußten Frauen mit einer Gefängnisstrafe über Jahr und Tag

---

[257] *Codex Austriacus*, VI, 563.

Die „incorrigiblen lüderlichen Weibspersonen“ vor allem Kuppler und Kupplerinnen mußten nach „Temesmar“ überstellt werden. Erstere wurden außerdem entgültig aus Wien und letztere aus den deutschen Erblanden verwiesen. *Codex Austriacus*, V, 763f.

Durch diese Ordnung vom 26. März 1751 wurde übrigens die mit der Bekämpfung der Prostitution beauftragte Sittenkommission eingerichtet. *Codex Austriacus*, V, 764.

[258] Zum Vorläufer dieses Patents, dem Patent des Oberösterr. Landeshauptmannes *Graf Christoph Wilhelm Thürheim* vom 15. Mai 1726 siehe unten. Zum Entwurf des Patentes 1753 siehe *O. Ö. Landesarchiv, Stadthaltereiakten*, Band 26, Nr. 9.

Weitere Ordnungen: „Aergerniße = Abstellung“ vom 16. Januar 1756 für O. Ö. *Codex Austriacus*, V, 1089ff. „Aergerniße = Abstellungen“ vom 15. Juli 1757 für O. Ö. *Codex Austriacus*, V, 1194f. „Sicherheit = und Policey = Satz = und Ordnungen genaue Befolgung im Lande ob der Enns“ vom 3. April 1759. *Codex Austriacus*, VI, 19ff. „Aergerniße = Abstellung im Lande ob der Enns“ vom 20. Februar 1761. *Codex Austriacus*, VI, 126f.

[259] Unehrbar waren Kleider, welche die Waden nicht bedeckten, sowie bestimmte Mieder. Derartige Trachten durften nach vorliegender Bestimmung in Hinkunft bei Hochzeiten und Prozessionen nicht mehr getragen und auch von keinem Schneider angefertigt werden.

rechnen, Männer, soferne sie für den Militärdienst tauglich waren, mit der Einziehung als Rekruten, andernfalls mit einer entsprechenden Gefängnisstrafe[260].

Ein bedeutender Schritt in der Entwicklung der Rechtspraxis vollzog sich mit dem Erlaß der Constitutio Criminalis Theresiana (= *CCT*) im Jahre 1768, die am 1. Jänner 1770 in Kraft trat[261]. Erstmals versuchte ein Gesetz zur Durchbildung des gesamten Strafrechtes und des gesamten Strafverfahrensrechtes zu gelangen, wobei in Anlehnung an die *LGO 1656* auch das Delikt der Unzucht in die Strafrechtskodifikation einbezogen wurde.

Entstehungsgründe der *CCT* waren die vom Naturrecht ausgehenden Impulse einer Rationalisierung und Systematisierung der verschiedenen Rechtsbereiche, die sich in den altösterreichischen Ländern mit politischen Notwendigkeiten trafen und in die großangelegten Kodifikationen des 18. Jhs. einmündeten. Die besondere politische Situation *Maria Theresias*, ihr Erbe verteidigen zu müssen, machte umfangreiche Reformen notwendig, um ein weitgehend homogenes Staatsgebilde mit einer einheitlichen Rechtsordnung zu schaffen[262]. Dies bedingte, daß das immer noch umstrittene autonome Gesetzgebungsrecht der Stände (z. B. im Rahmen der Weistümer) endgültig verloren ging und auch die auf Landesebene zwischen dem Landesfürsten und den Landständen gemeinschaftlich praktizierte Gesetzgebung auf den Monarchen aller österreichischen Länder übergehen mußte[263]. Sichtbaren Ausdruck fand diese Entwicklung im ausschließlichen Anspruch der *CCT* auf Rechtsverbindlichkeit. Einmal erhob das Gesetz den Anspruch in allen deutschen Erbländern verbindlich zu sein, wodurch erstmals im Rahmen der altösterr. Strafrechts- und — soweit polizeiliche Normen enthalten waren — teilweise im Rahmen der Polizeirechtsgeschichte die örtliche Rechtszersplitterung überwunden und ein einheitliches Recht entstanden war[264]. Zum anderen ging die *CCT* vom überbrachten Rechtsquellenverständnis ab, indem sie die bisher in Geltung stehenden Normen nicht bloß besserte bzw. erneuerte, also grundsätzlich bestehen ließ, sondern außer Kraft setzte, soweit die entsprechenden Belange von der *CCT* behandelt wurden. Rechtsquelle der hier interessierenden Sexualdelikte war mit Inkrafttreten des Gesetzes nur mehr die *CCT*[265].

---

[260] *Codex Austriacus*, VI, 764.

[261] Kundmachungspatent der Constitutio Criminalis Theresiana, Art. IX.

[262] Zur Geschichte und den Motiven der Kodifikation siehe zusammenfassend *Moos*, Verbrechensbegriff, 107 ff.

[263] Zum verfassungsrechtlichen Hintergrund vgl. vor allem *Hellbling*, Verfassungs- und Verwaltungsgeschichte, 287 ff. und 293 sowie *von Voltelini*, Lehren, 90 ff., 96.

[264] Vgl. dazu Kundmachungspatent zur *CCT*, Art. IV.

[265] Laut Kundmachungspatent der *CCT*, Art. IX, sollten „alle vorhero (in) Malefizsachen ergangene Satz- und Ordnungen, Gebräuch, Herkommen, und Gewohnheit, so dieser Unser- allgemeinen Halsgerichtsordnung zuwiderlauffen, allerdings aufgehoben und abgethan" sein. Diese Bestimmung setzte alle der CCT entgegenstehenden Formen

Naturrechtliche Einflüsse machten sich auch insoferne bemerkbar, als der metaphysischen Verankerung, der sich die Gesetzgeber vorangehender Jahrhunderte in umfangreicher Weise bedienten, nunmehr diesseitige Werte zur Seite gestellt wurden. In Art. 55 § 1 *CCT*, der dem II. Teil des Gesetzes, dem Besonderen Teil, als „Voranmerk- und Einleitung" vorangestellt war, führte die Gesetzgeberin aus, daß die folgenden Tatbestände deshalb normiert würden, weil ihre Übertretung der gemeinen Wohlfahrt und „dem Ruhestand des gemeinen Wesens hauptsächlich entgegen" stünden. Darin fand die im Sinne der Aufklärung diesseits orientierte Wohlfahrtsidee ihren Ausdruck. Der Art. 55 § 2 *CCT* folgende Katalog jener Werte, welche durch die Begehung der im Besonderen Teil normierten Delikte verletzt würden, stellte die metaphysischen Werte Gott, die Heiligen, die Religion an die Spitze, denen der Landesfürst, der gesamte Staat, die Ehre und andere diesseitige Werte angereiht waren. Hierin wird der Übergangscharakter des Gesetzes von einem überwiegend metaphysischen zu einem säkularisierten Wertverständnis sichtbar, der sich besonders im Strafrecht nur zögernd vollzog[266].

Die materiell rechtliche Ausgestaltung der *CCT* entsprach jedoch nicht dem großangelegten Kodifikationsansatz und den Erkenntnissen des Naturrechtes. Auf Grund eines Beschlusses des Staatsrates im Jahre 1761 hatten sich die Kodifikatoren der *CCT* an der *LGO 1656* zu orientieren, weshalb naturrechtliches Gedankengut nur vereinzelt Eingang finden konnte. Die Behandlung der verschiedenen Delikte stand vielmehr in der Tradition der *LGO 1656*[267] und ihrer Vorstellungswelt, die besonders am Beispiel der Sittlichkeitsdelikte deutlich in Erscheinung traten.

An Sittlichkeitsdelikten zählte die *CCT* „Unkeuschheit wider die Natur" (Art. 74), „Von der Blutschand" (Art. 75), „Von der Nothzucht" (Art. 76), „Von dem Ehebruch" (Art. 77), „Von zweyfacher Ehe" (Art. 78), „Von

---

außer Kraft; grundsätzlich aber nicht jene, die im Einklang mit der CCT stand.

Aus Art. 104 *CCT*, dem Schlußartikel, geht jedoch hervor, daß das Gesetz ausschließliche Rechtsquelle sein wollte, soweit es nicht ausdrücklich andere neben ihm bestehende Normen weiterhin in Geltung beließ. Zu diesen Ausnahmen zählten nach Art. 73 § 15 *CCT* bestimmte polizeiliche Angelegenheiten, nicht aber Sexualdelikte, die somit ausschließlich in der *CCT* ihre Rechtsquelle hatten. Vgl. dazu *Hoegl*, Geschichte, 65.

Das Weiterwirken der alten Rechtsquellen neben den neuen vor dem Inkrafttreten der *CCT* kommt sehr deutlich in den oben (Anm. 1) zitierten Urteil d. J. 1766 aus dem Markt Engelhartszell zum Ausdruck, wenn es dort heißt, „... und ist deswegen gemess *den* Patent*en* ....." zu bestrafen.

266 Zum Übergangscharakter vgl. *Würtenberger*, System, 135, der von einem „Dualismus des theokratischen Gedankens und der Wohlfahrtsidee"(= naturrechtliche Wohlfahrtsidee) sprach.

Als andersgelagertes Beispiel sei das Recht der Stadt Basel erwähnt, in dem noch am Ende des 18. Jhs. methaphysische Begründungen für den Erlaß polizeilicher, insbesondere sittenpolizeilicher Normen überwog. *Simon*, Untertanenverhalten, 139f.

267 So folgte die CCT beispielsweise in der Systematik ihres Besonderen Teiles weiterhin der Systematik des Dekalogs. *von Weber*, Dekalog, 61.

gewaltthätiger Entführung der weibspersonen“ (Art. 79) und „Kupplerey“ (Art. 80) auf. Als Qualifizierung wurde gewertet, wenn die genannte Delikte, wie auch das in Art. 81 *CCT* geregelte Fornicationsdelikt in „fleischlicher Vermischung mit Ungläubigen“ (Art. 82 *CCT*) begangen wurden.

Art. 81 *CCT* handelte „Von gemeiner Hurerey, und anderen ungeziemlichen Beywohnungen“. § 1 des Art. 81 legte erstmals in der Geschichte des altösterreichischen Polizeirechtes durch eine Legaldefinition fest, „Was unter der gemeinen Hurerey verstanden werde“:

„Die gemeine Hurerey wird begangen, da entweder ernstlich: ledige Personen beyderley Geschlechts sich ein- oder andermal mit einander fleischlich vergehen; oder andertens: zwey ledige Personen in stäter unehrlicher Beywohnung leben; oder Drittens: da eine ledige Weibsperson dem unzüchtigen Leben nachhanget, und Jedermann zu Willen stehet.“

Der Tatbestand des ersten Falles wurde durch die einmalige oder höchstens zweimalige Aufnahme einer Geschlechtsbeziehung erfüllt. Täter konnten nur unverheiratete Männer und unverheiratete Frauen sein.

Der zweite, von der Marginalglosse als „concubinatus“ bezeichnete Fall hatte zur Voraussetzung, daß zwei Unverheiratete „in stäter unehrlicher Beywohnung“ lebten. Wie sich aus dem ersten Fall ergibt, lag eine stetige Beziehung bereits dann vor, wenn die betreffenden Personen mehr als zweimal miteinander geschlechtlich verkehrt hatten. Erfaßt waren ausgehend von dieser Grenze andauernde Geschlechtsbeziehungen Unverheirateter bis hin zu Haus- und Lebensgemeinschaften.

Der dritte Fall betraf das „vitam meretriciam“, wenn eine „ledige Weibsperson … Jedermann zu Willen“ stand. Unter Prostitution verstand das Gesetz die gewerbsmäßige, organisierte („gleichsam ein Handwerk“; Art. 81 § 3 Abs. 3 *CCT*) und entgeltliche Hingabe einer Frau.

„Nothzucht“ (Art. 76 *CCT*) und Fornication unterschieden sich voneinander durch die gewaltsame Aufnahme einer Geschlechtsbeziehung gegen den Willen der Frau bei Notzucht, während Fornication Freiwilligkeit voraussetzte. Notzucht beging nur der, „Wer einer unverleumten Jungfrauen, Wittib, oder Frauen ... ihre weibliche Ehre“ nahm. Welche Frauen als unverleumdet galten und damit unter dem Schutz des Gesetzes standen, ging aus Art. 76 *CCT* nicht hervor. „Verleumdet“ waren vermutlich in diesem Zusammenhang jene Frauen, denen ein geschlechtlich unsittlicher Lebenswandel nachgesagt werden konnte. Dies betraf neben Ehebrecherinnen vermutlich jene Frauen, auf die Art. 81 *CCT* Anwendung finden konnte. Art. 81 *CCT* unterschied zwischen schweren (Prostitution und Fällen mit erschwerenden Umständen) und leichten Fällen (fornicatio simplex, concubinatus und Fälle mit mildernden Umständen), die von der beurteilenden Behörde „so viel möglich, zu verdecken“ waren. Daraus kann geschlossen werden, daß Ehebruchsfälle und schwere Fälle des Art. 81 *CCT* Frauen zu verleumdeten Personen machten. Die Aufspaltung nach

Personen, an denen Notzucht begangen bzw. nicht begangen werden konnte, zeigt in ihrer besonderen Ausgestaltung sehr deutlich das Weiterwirken der überbrachten ablehnenden Haltung gegenüber nichtsanktionierten Geschlechtsbeziehungen in der *CCT* und daß die naturrechtliche Gleichheitsidee noch nicht wirkte.

Anders als vorangehende altösterreichische Strafgesetze bot die *CCT* in ihrem „Allgemeinen Teil" grundsätzliche und bis zu einem gewissen Grad systematisierte und dogmatisch durchdrungene Regelungen darüber an, was als Verbrechen zu gelten hatte, wann eine Tat rechtswidrig war und wie die Schuld eines Täters beschaffen sein mußte, um straffällig zu werden. Nach Art. I § 1 *CCT* war ein Verbrechen eine Handlung, die wissentlich und freiwillig gegen die Gesetze gerichtet war, oder wenn eine im Gesetz gebotene Handlung unterlassen wurde. Nur ein durch eine äußerliche Haltung erkennbares Tun konnte ein Verbrechen sein (vgl. Art. 13 § 1 *CCT*). Wille und Handlung erschienen nicht getrennt. Dementsprechend konnte eine Strafe grundsätzlich nur dann verhängt werden, wenn eine Tat wirklich begangen worden und als solche nachweisbar war. Das Gesetz sah aber bei Vorliegen schwerer Verdachtsmomente die Möglichkeit der Verhängung von Verdachtsstrafen vor (vgl. Art. 7 § 3)[268]. Angewendet auf Art. 81 *CCT* bedeutete dies, daß der Tatbestand der Unzucht durch die wissentliche und freiwillige Aufnahme einer Geschlechtsbeziehung zwischen nichtverheirateten Personen in einer der angeführten Formen erfüllt wurde. Eine Strafe konnte verhängt werden, wenn die Tat beweisbar war, wie beispielsweise bei Schwangerschaft, oder wenn einschlägige Verdachtsmomente vorlagen. Wie zu zeigen sein wird, zählten zu diesen Verdachtsmomenten u.a. Brauchtumsformen, welche auf die Einleitung einer Ehe zielten.

Die der *CCT* zugrunde liegende Ausgestaltung der Rechtswidrigkeit einer Tat kann in formelle und materielle Rechtswidrigkeit geschieden werden. Formell rechtswidrig waren grundsätzlich nur Handlungen, die gegen einen bestehenden Rechtssatz verstießen. Unter naturrechtlichem Einfluß wurde dabei aber zwischen Verbrechen als Verstoß gegen eine bestehende Norm und Sünde als Verstoß gegen ein göttliches Gebot geschieden. Sünden unterlagen jetzt nicht mehr der weltlichen Strafverfolgung, soferne ihre Begehung nicht ausdrücklich unter einer weltlichen Strafdrohung stand. Das hier in Erscheinung tretende Prinzip „nulla poena sine lege" wurde jedoch nicht abschließend verwirklicht, weil beispielsweise auch solche Straftaten verfolgt werden konnten, die zwar nicht namentlich in der *CCT* enthalten waren, aber durch Analogie einem ausdrücklich genannten Tatbestand gleichgestellt werden konnten. Die materielle Rechtswidrigkeit bezog sich auf die Verletzung bestimmter geschützter Rechtsgüter, zu denen im Sinne der aufgeklärt-absolutistischen Staatsauffassung vor allem die Verletzung des Staatswohles gehörte. Das Staatswohl konnte mittelbar durch ein Verbrechen am einzelnen oder unmittelbar durch ein

---

268 *Moos*, Verbrechensbegriff, 112ff.

Verbrechen gegen Gott, den Monarchen oder den öffentlichen Wohlstand verletzt werden[269]. Bezogen auf Art. 81 *CCT* war eine Handlung formal rechtswidrig, wenn sie gegen die in diesem Art. normierten Bestimmungen verstieß, materiell rechtswidrig, weil die Begehung von Unzucht einerseits gegen ein von Gott eingesetztes Gebot verstieß („sündliche(s) Leben", Art. 81 § 2 *CCT*) und damit das Staatswohl gefährdete und andererseits eine Verletzung des Rechtsgutes der guten Sitten („gemeine Aergernis", Art. 81, § 3) darstellte.

Der in der *CCT* entwickelte Schuldgrundsatz (Art. 3 *CCT*) umfaßte folgende Prinzipien, die jedoch nicht im heutigen streng dogmatischen Sinn verstanden werden dürfen: 1. Kein Verbrechen ohne Schuld, 2. Schuld setzte Vernunft- und Willensfähigkeit voraus, 3. Schuld erschien in den Formen des bösen Vorsatzes und der Fahrlässigkeit, worin das Unrechtsbewußtsein eingeschlossen war, 4. Schuld entstand aus dem besserungsfähigen Charakter des Täters, 5. bei geminderter Schuldfähigkeit ermäßigte sich die Strafe, 6. die Strafe bemaß sich nach der Schwere der Schuld[270].

Die Begehung von Unzucht im Sinne des Art. 81 *CCT* setzte somit Schuld und diese Vernunft- und Willensfähigkeit voraus. Jene, denen „es an einem, oder andern ermangelt" sollten eines Verbrechens unfähig sein (Art. 3, § 5, 1. Satz). Die Ursachen, welche es an der Vernunft- oder Willensfähigkeit fehlen ließen, teilte die *CCT* in solche, die ein Verbrechen ausschlossen, und solche, die nur die Strafe minderten (Art. 3, § 5, 2. und 3. Satz). Strafminderungs- und Schuldminderungsgründe waren miteinander verwoben.

Dieser Konzeption folgend waren die Aussagen über die für die Begehung von Art. 81 *CCT* notwendige Schuld in § 3, der „Beschwerende Umstände" behandelte, und § 4, der „Lindernde Umstände" normierte, enthalten. Eine zusammenfassende Betrachtung der §§ 3 und 4 ergibt, daß Unzucht, welche weder unter beschwerenden noch unter lindernden Umständen begangen wurde, grundsätzlich „Bosheit" voraussetzte, worunter ein Sammelbegriff von Vorsatz und Fahrlässigkeit zu verstehen war[271]. An beschwerenden Umständen führte § 3 drei Fälle an, die auf ein jeweils unterschiedliches Schuldausmaß abstellte. Im ersten Fall bedurfte die Begehung der „sündlichen Handlung eine besondere Ausgelassenheit, Bosheit, und gemeine Aergernis". Schuld wurde dabei auch auf die öffentliche Ärgerniserregung bezogen. Der zweite beschwerende Umstand lag vor, wenn „jemand vorsezlich, und gefährlicherweise junge Leute zu solchen Lasterleben verführet hätte". Für den dritten Fall wurde kein Schuldausmaß angegeben, sondern nur bestimmt, daß ein beschwerender Umstand bereits dann vorliege, wenn „hervorkäme, daß eine unzüchtig-unverschämte Fettel das Hurenleben schon geraume Zeit getrieben, und gleichsam ein Handwerk daraus gemacht habe".

---

[269] *Moos*, Verbrechensbegriff, 118ff.

[270] *Moos*, Verbrechensbegriff, 127f.

[271] *Moos*, Verbrechensbegriff, 133.

An lindernden Umständen führte § 4 zwei Fälle an, denen ebenfalls ein unterschiedliches Schuldausmaß zugrunde lag. Der erste Fall betraf Frauen, die „aus jugendlichen Unverstand, Einfalt, oder arglistiger Ueberredung zu Fall gebracht" oder junge Menschen, die „durch eines anderen boshafte Verführung zu einen solchen Fehltritt wäre(n) verleitet" worden. Der zweite Fall ließ als lindernden Umstand gelten, „wenn bey dem fleischlichen Vergehen zwischen ledigen Personen keine besondere Bosheit, und Gefährde unterwaltet".

Zusammenfassend betrachtet zeigt sich, daß in den §§ 3 und 4 des Art. 81 *CCT* einzelne, heute dogmatisch unterschiedene Kategorien, wie Strafmündigkeit, Handlungsfähigkeit, Zurechnungsfähigkeit, Teile der Rechtswidrigkeit, Schuld- und Strafminderungsgründe miteinander verwoben behandelt wurden[272].

Mit der Durchführung des Art. 81 *CCT* waren in leichten Fällen die ordentlichen (Art. 81 § 2) bzw. „Civil-Obrigkeiten" (Art. 81 § 4) und in schweren Fällen die Landgerichte (Art. 81 §§ 2 und 3) betraut. Unter ordentlichen bzw. „Civil-Obrigkeiten" waren im Regelfall die Grundobrigkeiten zu verstehen, denen die Ausübung der Polizeigewalt trotz der ab 1745 einsetzenden Reformen der österreichischen Länder weiterhin verblieb. Die Landgerichtshoheit, welche ursprünglich ebenfalls in den meisten Fällen den Ständen zukam, ging später im Zuge der Reformen allmählich auf landesfürstliche (staatliche) Behörden über[273]. Welches dieser Gerichte im konkreten Fall zuständig war, hing vom Ausmaß der Strafe und diese von der Schwere der Tat ab. Damit blieb formell die dreifache Staffelung der Fornicationsverfolgung erhalten, materiell zeigten sich insoferne naturrechtliche Einflüsse, als die Schwere der Tat mit dem Strafausmaß ausdrücklich in Beziehung gesetzt wurde. Die erstmalige Begehung der fornicationis simplicis und des concubinatus sollte durch die „ordentliche Obrigkeit alles Ernstes abgemahnet" und „bescheidentlich" ohne „öffentliche Beschimpfung" nach „Beschaffenheit der Umstände" entweder mit einem „scharffen Verweis" oder einer dem Vermögen angepaßten „Geldbuß" oder „zeitlichen Arrest" oder mit „sonst einer heimlichen Straffe" verfolgt werden. Bei der Verhängung der Strafe hatte das Gericht „in vernünftiger Rücksicht, und Erwegung ... (des) Standes, Geschlechts, Bedienstung, guten Anverwandtschaft und sonstigen Wohlverhaltens" vorzugehen (Art. 81 § 2, 1. Satz).

Bei Tatwiederholung war ebenfallss die „ordentliche Obrigkeit" zuständig, die nunmehr „mit Verschärffung einer so gestalten Abbüssung" vorzugehen hatte (Art. 81 § 2, Satz 2).

Bei nochmaliger Wiederholung, „wenn solche zweimalige Abwarn- und Züchtigung nichts fruchtete, und die Täther von ihren bösen Lebenswandel nicht abstünden" muße das Landgericht eine angemessene, den Umständen entsprechende öffentliche Leibesstrafe verhängen und die Betroffenen „nach Gestalt der Sachen des Lands, oder respective Landgerichts auf ewig" verweisen

[272] *Moos*, Verbrechensbegriff, 130, 132ff.

[273] *Hellbling*, Verfassungs- u. Verwaltungsgeschichte, 308.

(Art. 81 § 2, 3. Satz). Der dritte in § 1 genannte Fall der Prostitution wurde „allemal Landgerichtlich mit empfindlicher Leibsstraffe, und jeweiliger Lands- oder Landgerichtsverweisung" verfolgt (Art. 81 § 2, 4. Satz).

Lagen „beschwerende Umstände" vor, war das Landgericht „auch in den ersten zwei Fällen gleich das erstemal" zuständig und hatte eine empfindliche Leibesstrafe, gegebenenfalls verbunden mit einer Landes- oder Landgerichtsverweisung, zu verhängen (Art. 81 § 3).

„Lindernde Umstände" waren der „Civil-Obrigkeit" zugeordnet, welche die „Bestraffung etwas mäßiger vorzunehmen, und ... (den) Fehltritt, soviel möglich, zu verdecken" hatte (Art. 81 § 4).

Anders als in vorangehenden Gesetzen wurde der Zweck der Strafe in Art. 4 § 2 der *CCT* detailliert dargestellt. Die Strafe sollte den Täter bessern, dem Staat Genugtuung verschaffen und das Volk der Begehung strafbarer Taten abhalten[274]. Breiter Raum war in Art. 81 der Besserung des Täters gewidmet: § 2 ging grundsätzlich von der Besserungsfähigkeit des Täters aus und verpflichtete, so wie auch § 4, die Gerichte zu diskretem Vorgehen, um dem Ansehen der Täter möglichst geringen Abbruch zu tun.

Die Normierung diesseits bezogener und zum Schutze des Staates ausgerichteter Strafzwecke zeigte auch ein Abrücken des christlich-aristotelischen Hausmodells von seiner im 17. Jh. entwickelten Ausgestaltung an. Das im 17. Jh. als gestaffeltes, obrigkeitliches und metaphysisch verankertes Kontrollinstrument geformte christlich-aristotelische Hausmodell trat in der *CCT* nur noch andeutungsweise in Erscheinung. Die metaphysische Verankerung wurde hier zwar noch nicht aufgegeben, ihr aber säkularisierte Wertverankerungen zur Seite gestellt. Die Landesfürstin fungierte als Landesmutter in landesmütterlicher Fürsorge, sie unterlag aber im Sinne des aufgeklärten Absolutismus einer freiwilligen Selbstbindung zum Wohle des Staates[275]. Das Staatswohl und der abstrakte Staat standen somit im Vordergrund und nicht mehr die als Vater bzw. Mutter handelnde Person des Landesfürsten bzw. der Landesfürstin. Die Reformen des 18. Jhs. wandelten außerdem die Grundobrigkeiten zu staatlich kontrollierten Behörden, welche staatliche Aufgaben zu vollziehen hatten. Auch auf dieser Ebene verlor sich damit zunehmend die personbezogene väterliche bzw. mütterliche Fürsorge der Grundherren und ihrer Untertanen. Pointiert kann diese Entwicklung als Übergangsphase von der Obrigkeit als Vater zum „Vater Staat" umschrieben werden. Dem Schutz des im Vordergrund stehenden Staatszweckes diente in dem von *Justi* dargestellten Sinne auch die Verfolgung von Unzucht, die jetzt immer mehr ihren Charakter als persönlich vor Gott zu verantwortende Aufgabe der Obrigkeiten (Landesfürsten, Grundherren und Hausväter) verlieren mußte.

---

[274] *Moos*, Verbrechensbegriff, 134.

[275] *Donner*, Rechte, 7.

Jene der *CCT* zugrunde liegenden Wertvorstellungen, welche auf die Beurteilung der Unzuchtsdelikte Einfluß nahmen, waren zum Teil durch naturrechtliches Gedankengut geprägt. Sie sollen so wie bei der Behandlung der Rechtsquellen des 16. und 17. Jhs. aus dem dogmatischen Zusammenhang herausgelöst betrachtet werden, um Anknüpfungspunkte zu außerrechtlichen Wertungen aufzeigen zu können. In Art. 55 § 2 *CCT*, der Einleitung des „Besonderen Teiles", der die folgenden Delikte nach „Verschiedenheit des beleidigten Gegenstandes" einteilte, waren als 5. Punkt die „guten Sitten und (die) Ehrbarkeit" angeführt. Sie waren so zu einem selbständig geschützten Rechtsgut geworden und zählten nicht mehr zum ersten Punkt des Kataloges, der Gott, die Heiligen und die Religion als zu beleidigende Güter nannte. Art. 81 *CCT* richtete sich gegen das sündliche Leben (§ 2) und im Rahmen der beschwerenden Umstände gegen die Erregung öffentlichen Ärgernisses (§ 3), womit er beide Rechtsgüter in seinen Schutz einbezog. Metaphysische Werte standen neben säkularisierten. Die allmähliche Loslösung der Fornication aus ihrer jahrhundertealten metaphysischen Verwurzelung und die Hinwendung zu diesseitigen Werten mußten eine Relativierung in der Einschätzung von Unzucht bewirken. Die Entwicklung fand in der durch das Naturrecht geprägten Bestimmung des Art. 81 § 2, 1. Satz, ihren Niederschlag, nach der die Richter „in vernünftiger Rucksicht" und in Erwägung des Standes der Täter, ihres Geschlechts, ihrer Bedienstung, ihrer guten Anverwandtenschaft und ihres sonstigen Wohlverhaltens zu richten hatten. Wie zu zeigen sein wird, entsprach diese relativierte Behandlung von Unzuchtsdelikten weit eher der Rechtswirklichkeit als die idealisierten und absolut verstandenen Vorgaben in den Rechtsnormen der vorangehenden Jahrhunderte. Es zeichnete sich darin der nächste Entwicklungsschritt ab, der das Problem nichtsanktionierter Sexualität in die Sphäre der Betroffenen bzw. seiner religiösen Auffassung verschob und staatliche Reglementierungen nur mehr in Fällen der Beeinträchtigung des Staatswohles, wie beispielsweise bei Erregung öffentlichen Ärgernisses, gestattete.

Vernunftrechtlicher Einfluß machte sich auch im Rechtsverständnis von Ehre geltend und führte zu einer Veränderung der überbrachten Verknüpfung zwischen Ehre und Sexualität. Grundlegender Gedanke war die vernunftrechtliche Vorstellung, daß jeder Mensch als Person zu achten sei und einen Anspruch auf Ehre habe, weshalb die Ehre als eigenständiger Wert zu schützen sei[276]. Art. 10 *CCT*, der „von der Ehrlosigkeit" handelte, normierte die genauen Voraussetzungen, bei deren Vorliegen eine Tat Ehrlosigkeit zur Folge haben sollte, und legte die Rechtsfolgen des Ehrverlustes fest. Ehrverlust trat nur nach Begehung und tatsächlicher Aburteilung wegen einer im Gesetz mit Ehrverlust bedrohten Tat ein (Art. 10 §§ 1 und 2). Dazu zählten insbesondere Taten, die mit einer verschärften Todesstrafe, Todesstrafe oder einer dem „Tod gleich zu achtenden Straff" sanktioniert waren (Art. 10 § 3 und Art. 2 § 4); die „übrigen halsgerichtlichen Verbrechen" aber nur dann, wenn entweder die *CCT* oder ein

[276] Vgl. dazu auch *Simon*, Untertanenverhalten, 139.

anderes Gesetz die Ehrlosigkeit „ausdrücklich verhänget“ (Art. 10 § 4). Nach Art. 10 § 5 war es außerdem „dem vernünftigen Ermessen des Richters überlassen“, ob er eine im Gesetz nicht mit Ehrverlust bedrohte Tat mit dieser Rechtsfolge bestrafe. Jede andere Form des Ehrverlustes wurde ausdrücklich ausgeschlossen, insbesondere jene, „wann auf ein- oder andere Tat durch das Gesetz zwar keine Ehrlosigkeit ausgesetzet ist, jedoch nach Dafürhalten ansehnlich-ehrliche Männer solche Handlung, thun, oder lassen für schlecht und schädlich folgsam derjenige, so selbe begangen, für eine schandhafte Person geachtet werden will“. Diese Wertungen wurden ausgeschlossen, weil sie „auf blos willkürlich- und unsicheren Urtheil, Muthmassung“ beruhten (Art. 10 § 14). Die *CCT* hatte damit erstmals eine klare Grenze zwischen gesetzlich angeordneten Ehrminderungen und außerrechtlichen sozialen Abwertungen gezogen.

Da Art. 81 *CCT* Ehrverlust nicht ausdrücklich als Rechtsfolge normierte, blieb seine Verhängung dem richterlichen Ermessen anheim gestellt. Für die erstmalige Begehung und die Wiederholung der fornicationis simplicis und des concubinatus, wie auch bei Vorliegen von lindernden Umständen sah das Gesetz „heimliche Strafen“ (Art. 81 § 2) vor und trug den Richtern auf, den „Fehltritt, soviel möglich, zu verdecken“ (Art. 81 § 4). Daraus kann geschlossen werden, daß Ehrverlust üblicherweise bei Strafen für Prostitution, zweimaliger Wiederholung und bei Vorliegen von beschwerenden Umständen ausgesprochen wurde. Die Tendenz, gesetzlich normierte Ehrminderungen und außerrechtliche soziale Abwertungen als Folge nichtsanktionierter Geschlechtsbeziehungen möglichst gering zu halten, ging auch aus Art. 10 § 15 *CCT* hervor, der auf Schutzbestimmungen zugunsten Personen von „unächter Geburt“ verwies.

Die im 17. Jh. wichtige Wechselbeziehung zwischen Hexerei und nichtsanktionierten Geschlechtsbeziehungen fiel in der *CCT* endgültig weg. In dem die Zauberei betreffenden Art. 58 wurde das Wirken teuflischer Mächte — wenn auch nur zögernd — anerkannt[277], die Vorstellung von Sexualbeziehungen zwischen Menschen und teuflischen Wesen aber endgültig fallen gelassen. Nichtsanktionierte Geschlechtsbeziehungen erschienen damit auch gegenüber der Welt des Bösen weitgehend säkularisiert.

Am 13. Jänner 1787 erfolgte die Kundmachung des Josephinischen Strafgesetzbuches[278], das die *CCT* aufhob und ablöste. In seinem zweiten Teil „Von den politischen Verbrechen und politischen Strafen“ behandelte das neue Gesetz auch Sexualdelikte und ihre Bestrafung. Enthalten war darin das Delikt des

---

[277] Nach Art. 58 § 4 *CCT* wurde erst dann eine Handlung für wahrhaft „Zauberisch“ erkannt, wenn nicht Zauberkunststücke, die Einbildung geistig Kranker und der bloße Versuch eines Menschen, mit dem Teufel in ein Bündnis zu gelangen, vorlag. Außerdem vermerkte § 7 desselben Artikels, daß während „Unser(er) Regierung bishero kein wahrer Zauberer, Hexenmeister, oder Hexe entdeckt worden“ sei.

[278] *Allgemeines Gesetzbuch über Verbrechen und derselben Bestrafung. Justizgesetzsammlung* 1787, Nr. 611.

Ehebruches, der aber nicht mehr von Amts wegen, sondern nur auf Grund einer Klage des beleidigten Ehegatten verfolgt werden konnte (2. Teil, 4. Kap., §§ 44-46). Weitere Sittlichkeitsdelikte wurden in Kap. 5, „Von den Verbrechen, die zum Verderbnisse der Sitten führen" behandelt: die §§ 67 und 68 sanktionierten die öffentliche Ärgerniserregung, wenn sich jemand an einem öffentlichen Ort „ärgerlich entblößt, oder Unzucht treibt", und die §§ 69 und 70 straften diejenigen, welche eine unbescholtene Frau auf offener Straße ungebührlich behandelten. Daran schlossen in den §§ 71 und 72 die Delikte der Homosexualität und der Sodomie, in den §§ 73 und 74 Kuppelei und schließlich in den §§ 75 und 76 die Prostitution von Männern und Frauen. Keiner dieser Tatbestände stellte außereheliche Geschlechtsbeziehungen Unverheirateter unter Strafe, die nicht der Prostitution oder den §§ 67 und 68 zuzuordnen waren. Prostitution betraf nur gewerbsmäßige Unzucht und die §§ 67 und 68 schützten die guten Sitten in der Öffentlichkeit. Mit Wirksamkeit des Josephinischen Strafgesetzbuches war demnach das Delikt Unzucht nach seiner mehr als 2 Jahrhunderte dauernden Rechtsverbindlichkeit in den deutschen Erbländern abgeschafft worden[279].

---

[279] § 1, Satz 3 des 2. Teiles des *Josephinischen Strafgesetzbuches 1787* ließ bestimmte Verordnungen", die politische Verbrechen sanktionierten weiterhin bestehen, wodurch auch die Bestrafung der Unzucht hätte einfließen können. Dem widerspricht jedoch die Überlegung, daß Art. 104 der CCT den Anspruch auf ausschließliche Geltung in den deutschen Erblanden erhob, womit vorangehende, die Sittlichkeit betreffenden Normen außer Kraft gesetzt worden waren. In den deutschen Erblanden bestanden folglich keine einschlägigen Bestimmungen, die durch das Josephinische Strafgesetzbuch übernommen hätten werden können. Die genannte Norm des Josephinischen Strafgesetzbuches, welche für „alle Länder" gelten sollten, muß daher auf eventuell noch weitergeltende Bestimmungen in den nicht deutschen Ländern bezogen werden.

Eine andere Interpretation würde außerdem den Zielen der Josephinischen Gesetzgebung insgemein widersprechen, von der besonders das Kindschaftsrecht in diesem Zusammenhang deutlich hervorsticht. Im sogenannten „Josephinischen Gesetzbuch" v. J. 1786 (*Justizgesetzsammlung 1786*, Nr. 591) wurden beispielsweise alle Kinder jener Eltern für ehelich erklärt, die zur Zeit der Erzeugung des Kindes heiraten hätten können (4. Hauptstück § 16). Daraus ergibt sich aber eindeutig die Tendenz des Gesetzgebers, die überkommenen Rechtsvorstellungen und Normen hinsichtlich der Ehelichkeit bzw. Unehelichkeit und damit im weiteren Sinne auch über das richtige sittliche Verhalten eines Menschen zu verändern.

In anderen Territorien kam es diesbezüglich zu sehr unterschiedlichen Entwicklungen. In der Reichsstadt Nördlingen wurde noch 1801 eine Frau wegen Unzucht aus der Stadt verwiesen (*Felber*, Unzucht, 131) und aus dem Schweizer Kanton Uri wird für das Jahr 1862 noch ein Fall belegt, bei dem ein leichtfertiges Mädchen an einem Lasterstein aufgestellt wurde (*Hentig*, Strafe, I, 402). In den meisten Bezirken Bayerns wurde das Delikt der Fornication am 8. 9. 1808 abgeschafft, nachdem schon zahlreiche Versuche der Eindämmung von Fornicationsstrafen vorangegangen waren. In manchen, im Zuge der Napoleonischen Kriege zu Bayern gekommenen Gebieten bestand das Delikt hingegen bis zur Mitte des 19. Jhs. (z. B. in Aschaffenburg formell bis 1862) (*Rosenberger*, Sexualstrafrecht, 217ff.).

4. Die Auswirkungen der Unzuchtsgesetzgebung

Wesentliches Kennzeichen der frühneuzeitlichen Sittengesetzgebung war, daß ihre Ziele nicht auf die tatsächlichen Wirkungen abgestimmt, sondern davon losgelöst geschaffen wurden. In diesen Sittennormen gelangte eher das Gewollte sowie ideelle Vorstellungen zur Wirksamkeit, als das tatsächlich Erreichbare[280]. Deutlicher Ausdruck des Auseinanderlaufens der Zielvorgaben der Polizeiordnungen und der tatsächlichen Lebensgewohnheiten war die Notwendigkeit, polizeiliche Rechtsgebote, vor allem Sittengebote, in gewissen Abständen immer wieder zu erlassen, wobei meist die Nichtbeachtung der vorangegangenen Polizeiordnungen beklagt wurde[281]. Die Diskrepanz zwischen Gewolltem und Erreichbarem war hauptsächlich von der Lebensweise innerhalb der verschiedenen Stände abhängig.

Grundsätzlich erhoben die frühneuzeitlichen Polizeiordnungen den Anspruch, für alle Menschen ohne Ansehen der Person rechtsverbindlich zu sein[282]. Dies entsprach dem Ziel des Absolutismus, dem absolut regierenden Landesfürsten ausschließlich von ihm Abhängige, von ihm aber durchwegs differenziert behandelte "Untertanen" gegenüber zu stellen. Darin kann jedoch nur ein Programm des landesfürstlichen Absolutismus gesehen werden, denn dieselben Polizeiordnungen enthielten Durchbrechungen des Grundsatzes. Als Beispiel sei auf unterschiedliche, nach Ständen differenzierte Strafen der Polizeiordnungen verwiesen[283], die einem Teilziel der Polizeiordnungen, nämlich die ständische Gliederung zu erhalten, entsprachen. Bereits daran wird sichtbar, daß die Auswirkungen der zur Anwendung gebrachten Polizeinormen ganz allgemein nach dem jeweiligen Stand des Betroffenen unterschieden werden müssen. Über

---

[280] *Schmidt*, Halsgerichtsordnung, 18.
Wichtigstes Beispiel dafür, daß die Sittengesetzgebung nicht mit den konkreten Auswirkungen in Einklang gebracht wurde, war die problematische Stellung der Kinder von Fornicanten. *Simon*, Untertanenverhalten, 148.

[281] Als Beispiel die *NÖPO 1552*, 3: „So haben wir doch nit mit geringer beschwerung bißheer vermerckht, das solhen vnsern General Gepoten vnd Polliceyordnung von Vnsern Lanndtlewten vnd vnderthanen nit allain wenig gelebt ... ".

[282] So z. B. in der *NÖPO 1552*, 42, deren Bestimmungen „von leichtuertiger Beywohnung" für „Hochs oder Nider Stanndts" gelten sollten.

[283] In der *OT-L 1663* wurden beispielsweise die Strafen für Ehebruch nach ständischen Gesichtspunkten gegliedert. *Codex Austriacus*, II, 355.
Ähnlich auch in der *Bayrischen Landesordnung* des Jahres 1616, 5. Buch, 9. Titel, Art. 19. *Lieberich*, Anfänge, 357, 377 f.
Vgl. auch *Maier*, Staats- u. Verwaltungslehre, 87 ff. *Schmidt*, Einführung, 141. *Brunner*, Studien, 116 ff.

diese in den Polizeiordnungen ausdrücklich normierten Differenzierungen hinaus wirkten auch ständisch unterschiedliche Lebensweisen, Glaubens-, Moral-, Sitten- und Ehrvorstellungen, weiters eine nach ständischen Gesichtspunkten organisierte Gerichtsbarkeit und schließlich die jeweils unterschiedliche wirtschaftliche Lage auf die Anwendung polizeilicher Normen ein. Gerade die Wirkungen der Fornicationsbestimmungen waren — wie zu zeigen sein wird — in hohem Ausmaße von der Zugehörigkeit des Betroffenen zu einem bestimmten Stand abhängig[284].

Neben religiösen und regionalen Voraussetzungen wurden die ständisch bedingten Unterschiede außerdem von Einflüssen überlagert, die zu einer nach Geschlechtern differenzierten Auswirkung polizeilicher Normen führen konnten. Es waren dies vor allem außerhalb des Polizeirechtes liegende Umstände, denn die altösterreichischen Polizeiordnungen sahen ausdrücklich eine geschlechtsneutrale Anwendung des Polizeirechtes vor. Die in manchen Fällen zur Wirksamkeit gelangenden Einflüsse bewirkten jedoch keine generelle Ungleichbehandlung der Geschlechter, sondern lediglich Unterschiede im Einzelfall.

4.1. Unterschiedliche Auswirkungen der Fornicationsnormen innerhalb der verschiedenen Stände

Die Darstellung der Auswirkung von Fornicationsnormen innerhalb der verschiedenen Stände legt als Einteilung den gesellschaftlichen Aufbau in Adel, Bürger und Bauern zugrunde. Andere große Gruppen unterlagen speziellen Sittlichkeitsnormen und Sondergerichtsbarkeiten, weshalb sie von den allgemeinen Polizeinormen nur sekundär betroffen wurden und deshalb in diesem Zusammenhang nicht behandelt werden sollen. Hierher zählen Kleriker, die zu zölibatärem und vorbildhaftem Leben verpflichtet waren und auf Grund der für sie zuständigen kirchlichen Gerichtsbarkeit anderen, wesentlich strengeren Sittlichkeitsanforderungen unterlagen. Hierher zählt auch das Militär, für das zwar spezielle, den allgemeinen Bestimmungen weitgehend entsprechende Unzuchtsnormen galten, die aber anders gehandhabt wurden, wie z.B. die Duldung des Konkubinates bei Militärpersonen zeigt[285].

Nur geringe Wirkungen entfalteten die polizeilichen Sittlichkeitsnormen der frühen Neuzeit für den Adel insgesamt, der nicht als homogene Schicht in Erscheinung trat[286]. Der dynastische Adel, dem in den altösterreichischen

[284] Vgl. *Mitterauer*, Mütter 61.
Noch deutlicher spricht dies die „Peynlich Hals=Gerichts=Ordnung /Ihro Röm. Kayserl. und Königl. Majestät *Josephi I*" in Art. XIX, § 27, der die Unzucht betraf, aus: Unzucht sollte „nach Qualität der Person/gestaffelt" bestraft werden. *Myller*, Jurisprudentia, 315.

[285] Zur Sondergerichtsbarkeit für Militär vgl. *Codex Austriacus*, I, 729, *Codex Austriacus*, IV, 1138, *Codex Austriacus*, V, 183.

[286] *Scheyhing*, Adel, in: *HRG*, I, Sp. 41 ff.

Ländern nur die landesfürstliche Familie angehörte, regulierte auf Grund seiner Familienautonomie sämtliche, ein Familienmitglied betreffenden Fragen innerhalb des Hauses. In den altösterreichischen Polizeiordnungen erschien die landesfürstliche Familie dementsprechend nie als Normadressat. Es hing somit von den Lebensgewohnheiten des jeweiligen Hauses ab, welche Sittlichkeitsnormen in Geltung standen. Dies beruht darauf, welcher Religion das dynastische Haus angehörte, ob es dem Katholizismus oder dem Protestantismus verpflichtet war. Konkubinate galten für Männer und Frauen, welche im dynastischen Adel gleichgestellt waren[287], als übliche Erscheinung, da die Angehörigen dynastischer Häuser oft zu politischen Heiraten verpflichtet waren[288]. Weiters konnte von Einfluß sein, ob sich das dynastische Haus an den Gewohnheiten des französischen Hofes orientierte, wo die Beschränkung geschlechtlicher Beziehungen auf die Ehe als bürgerlich abgetan wurde[289].

Der dem Landesfürsten untergeordnete Landadel[290], der in den altösterreichischen Ländern im wesentlichen in Herren- und Ritterstand zerfiel, war grundsätzlich Normadressat der Polizeiordnungen, konnte sich aber besonders in Familienangelegenheiten von der landesfürstlichen Einflußnahme frei halten. Wurden schon die politischen Funktionen der Landstände durch den landesfürstlichen Absolutismus mehr und mehr beschränkt, so wollten sich die Betroffenen zumindest im innerfamiliären Bereich weitgehende Autonomie bewahren[291]. Dies wurde einerseits durch den Abschluß und die Unterscheidung gegenüber nichtadeligen Ständen und andererseits durch die Erhaltung einer selbständigen, nur von Standesgenossen wahrgenommenen Gerichtsbarkeit über Mitglieder des Adels erreicht[292].

Im Ergebnis bedeutete dies, daß die polizeilichen Sittlichkeitsnormen praktisch nur den Bürger- und Bauernstand erfaßten. Abgesehen vom programmatischen Ansatz der Verbindlichkeit der Polizeinormen für alle, wird dies auch im Gesamtaufbau der Polizeiordnungen und ihres überwiegend auf die Lebensweise des Volkes gerichteten Inhaltes deutlich[293].

---

[287] *Elias*, Prozeß, 252.

[288] *Schwab*, Familie, 265f. *Schubart-Fikentscher*, Unehelichen-Frage, 23. *Friedell*, Kulturgeschichte, 591.
Vgl. *Conrad*, Rechtsgeschichte, II, 209ff.

[289] *Elias*, Prozeß, I, 253f.

[290] Eine Ausnahme stellten die nobilitierten, nicht den Landständen angehörenden Personen dar.
Vgl. „Jurisdiction über die geadelte Bürger". *Codex Austriacus*, V, 760.

[291] *Conrad*, Rechtsgeschichte, II, 209ff. *Friedell*, Kulturgeschichte, 591.

[292] Vgl. dazu die Bestimmungen für N. Ö. aus dem 17. Jh. „Criminal-Privilegium deren Obern zwey Politischen Ständen in Österreich unter der Ennß" und für Oberösterreich aus demselben Jh. „Criminal-Privilegium deren Obern zwey Politischen Ständen in Österreich ob der Ennß". *Codex Austriacus*, I, 254ff.

[293] Über das hier zugrunde liegende Bild, das die Obrigkeit vom Untertanen hatte, vgl. *Simon*, Untertanenverhalten, 79ff.

Auch der Bürgerstand trat nicht als homogene Schicht in Erscheinung, sondern zerfiel in zahlreiche Gruppen, die sich in ihren Lebensweisen deutlich unterschieden und sich voneinander abzugrenzen trachteten. In den altösterreichischen Ländern gab es anders als in den reichsunmittelbaren Reichsstädten kaum ein Großbürgertum[294], das die städtische Kultur zu bestimmen vermochte. Städte und Märkte waren hier meist dem Landesfürsten untergeordnet, manche auch adeligen Grundherren, weshalb sich ein unabhängiges Großbürgertum kaum entwickeln konnte. In den meisten Fällen wurden die Strukturen der Städte und Märkte vom Handwerkertum dominiert, das ein breites Spektrum vom Großbetrieb bis zum Kleinstgewerbe, vom Handelstreibenden bis zum Ackerbürger umfaßte. Dementsprechend müssen die Bedingungen, welche das Handwerk für die Anwendung der Fornicationsnormen lieferte, im Vordergrund der Betrachtung stehen.

Schon im Mittelalter waren auf Grund sozialer und wirtschaftlicher Gegebenheiten innerhalb dieser Bevölkerungsgruppe sehr einschränkende Vorstellungen gegenüber allen außerehelichen Geschlechtsbeziehungen entstanden, die jene der Polizeiordnungen teilweise sogar übertrafen. Der für einen Handwerker übliche Lebensweg als Lehrling, Geselle und Meister und die daran geknüpften Lebensbedingungen bauten auf dieser Vorstellungswelt auf.

Beginnend mit den ersten schriftlichen Handwerksordnungen im 14. Jh. bis hin zum 18. Jh. legten fast alle Zünfte die eheliche, ehrliche und freie Geburt als Voraussetzung für die Aufnahme eines Lehrlings fest. Die Wiener Geldschmiedeordnung vom Jahre 1367 bestimmte dazu in ihrem Art. 15: „Auch wellen wir, das nimant under uns chaines pfaffen sun noch schergen sun noch khainen pankchartten das hantwerich nicht lernen soll“[295]. Zahlreiche Belege aus den folgenden Jahrhunderten zeigen[296], daß auch in allen übrigen Handwerkszweigen die eheliche Geburt Zulassungsvoraussetzung für die Aufnahme eines Lehrlings war[297]. Zur Durchsetzung dieser Normen sahen die Handwerksordnungen hohe Geldstrafen für Meister vor, wenn sie unehelich Geborene als Lehrlinge einstellten. Daraus entsprang für Aufnahmewerber die Pflicht, ihre

---

[294] *Brunner*, Studien, 135, 152. *Brauneder*, Gehalt, 5.

[295] Zitiert nach *Zatschek*, Ordnung, 327.

[296] Handwerksordnung der Zimmerer von Kefermarkt (O. Ö.) aus dem Jahre 1611: „Er sey dann ehlicher Geburt“.

Handwerksordnung der Fleischhacker von Rannariedl (O. Ö.) aus dem Jahre 1655: „wann ein Bueb das fleischhackher handwerch zu lehrnen Willens, muß er erstlichen seinen geburthsbrief erlegen, das er ehelicher leuth kind sey“. Handwerksordnung der Schneider von Leonfelden (O. Ö.) a.d.J. 1687: „welcher sich aufs handtwerck will verdingen lassen, das er nit ain pankhart“. Handwerksordnung der Wagner von Frankenburg (O. Ö.) a.d.J. 1708: „ob er ehelich geboren, und heunt oder morgen seinen ordentlichen geburtsbrief haben khöne“. Zitiert nach *Schwarzlmüller*, Berufslaufbahn, 10.

Vgl. hierzu außerdem *Schwarzlmüller*, Lehrling, 16f.

[297] *Schwarzlmüller*, Berufslaufbahn, 10f. *Schwarzlmüller*, Lehrling, 16f.

eheliche Geburt durch einen Geburtsbrief nachweisen zu müssen[298]. Das im Jahre 1671 ergangene kaiserliche Patent, welches durch Ausstellung eines Legitimationsbriefes auch unehelich Geborenen Zugang zum Handwerk eröffnen wollte, stieß auf massiven Widerstand der Zünfte[299]. Die Handwerksordnung vom Jahre 1732 mußte daher die genannte Bestimmung nochmals ausdrücklich wiederholen und unterstreichen[300]. Erst als *Joseph II.* 1785 die Beibringung von Geburtsbriefen und Taufscheinen für die Aufnahme eines Lehrlings als nicht mehr erforderlich erklärte und die Zünfte bei Nichteinhaltung dieser Vorschrift mit der Auflösung bedrohte[301], fiel die Aufnahmebedingung der Ehelichkeit zumindest formal weg.

Während der abzuleistenden Lehrjahre standen die Lehrlinge meist unter einschränkenden Sittlichkeitsnormen, deren Übertretung unter Umständen mit der Ungültigkeit der schon abgeleisteten Lehrzeit geahndet wurde. Diese Sittlichkeitsnormen hatten so wie die frühneuzeitlichen Polizeinormen die Tendenz, das Sexualverhalten der Lehrlinge immer stärkeren Beschränkungen zu unterwerfen[302]. Es ist allerdings zu beachten, daß auch den Handwerksordnungen der Charakter eines Idealprogrammes anhaftete, weil vor allem in ländlichen Gegenden die tatsächlichen Lebensbedingungen der Lehrlinge vom Programm der Handwerksordnungen weitgehend abweichen konnten. So wurden z. B. in den altösterreichischen Ländern auch Lehrlinge in die Sitte des Kiltganges einbezogen, der normalerweise nur von Gesellen geübt werden

---

298 Vgl. *Schubart-Fikentscher*, Unehelichen-Frage, 102.

299 *Schwarzlmüller*, Berufslaufbahn, 11. *Schubart-Fikentscher*, Unehelichen-Frage, 47.

300 Handwerksordnung vom 19. April 1732. *Codex Austriacus*, IV, 758, 762, 763.
Versuche, die Ehelichkeit als Voraussetzung für die Aufnahme in ein Handwerk durch Umgehungsklauseln aufrecht zu erhalten, wurden in dieser Handwerksordnung ebenfalls zu beseitigen versucht: „Nicht weniger pflegen die Handwerker in den Geburts Briefen und andern Kundschaften sich gewisser Formularien, worinnen theils unvernünftige und überflüßige, theils den rechten und Unsern vorhin ausgegangenen Handwerks= Ordnungen zuwider lauffende Clausulen Einkommen, als in specie, daß desjenigen, welcher sothane Kundschaften vorzuzeigen hat, Eltern bey ihrer Hochzeit öffentlich zur Kirchen und Strassen geführet worden, und was dergleichen mehr ist, zu gebrauchen; jawohl gar in Obrigkeitlichen Geburt= und Los=Briefen erfordert". *Codex Austriacus*, IV, 762.

301 *Schwarzlmüller*, Berufslaufbahn, 11. *Schwarzlmüller*, Lehrling, 19.
Anders in der Rechtsentwicklung der Stadt Basel, wo Uneheliche noch im Jahre 1796 weder Bürger werden noch in eine Zunft eintreten noch erben konnten. *Simon*, Untertanenverhalten, 109.

302 Handwerksordnung der Müller a. d. J. 1572 für O. Ö. und N. Ö.: „und da er sich in solichen seinen lehrjaren ob es auch in den lezten acht tagen beschäch, mit untreu, ehebruch, oder andern unehrlichen stuckhen vergriff, sollen seine lehrjar durchaus nichts sein".
Handwerksordnung der Buchmacher aus Braunau (O. Ö.) v. J. 1731: „Da es sich begäbe, das sich ein lehrjung in seinen lehrjahren wieder das sechste gebott gottes verfahlen, so solle seine lehrzeit null und ungiltig sein." Zitiert nach *Schwarzlmüller*, Berufslaufbahn, 52.

durfte[303]. Während die daraus sichtbar werdende Angleichung der Lebensweisen des Handwerkertums und der bäuerlichen Bevölkerung zu einem faktischen Zurückdrängen der rigorosen Sittlichkeitsnormen führte, kam es in ausschließlich bürgerlich dominierten Gebieten zu einer umgekehrten Entwicklung. So wurden beispielsweise in der Reichsstadt Nördlingen nach den Zunftkämpfen und dem Sieg des Ratbürgertums in der Mitte des 16. Jhs. eine strenge Eheordnung eingeführt und die ersten Fornicationsstrafen verhängt[304]. Die Verschärfung ging hier auf das protestantische Ratsbürgertum mit seinem bürgerlich-pietistischen Denken zurück[305].

Weniger strenge Sittennormen galten in den altösterreichischen Ländern für Gesellen. Die einschlägigen Bestimmungen verfolgten hauptsächlich das Ziel die Arbeitsorganisation zu erhalten, also geschlechtliche Beziehungen zwischen Gesellen und Hausangehörigen zu verhindern, wie die *NÖPO 1527* und ihr folgend die *NÖPO 1552* ausweisen. In der Verfolgung entsprechender Verbotsverletzungen wurde grundsätzlich nicht zwischen dem Personal der Bürger und jenem der Bauern unterschieden. Als Beispiel hierzu sei auf zwei Urteile der Herrschaft Steyr aus dem Jahre 1733 verwiesen: Ein Fall betraf einen ledigen Dienstknecht, der mit der Haustochter ein Verhältnis eingegangen war, ein zweiter, einen Mann, der die Schwester des Hausherren unehelich schwängerte. Beide Männer wurden so wie bäuerliche Fornicanten bestraft[306]. Keine Unterscheidungen wurden weiters hinsichtlich der Strafzumessung zwischen männlichem und weiblichem Personal getroffen: Ein Urteil der selben Herrschaft aus demselben Jahr, das Unzucht zwischen einem Witwer und seiner Magd betraf, bewegte sich im gleichen Ausmaß wie vergleichbare Urteile gegen männliches Personal[307]. Neben dem Ziel der Erhaltung der Arbeitsorganisation strebten manche Handwerksordnungen schon früh generell die Verhinderung außerehelicher Beziehungen von Gesellen an. So verbot beispielsweise die Handwerksordnung der Schneider und Kürschner von Linz aus dem Jahre 1495 den Gesellen, „gemaine Weiber“ in das Haus des Meisters zu führen und dadurch zu verunehren[308]. Die *NÖPOen 1527* und *1552* normierten das Verbot des öffentlichen Umganges mit „gemeinen Fraven“[309], das von späteren Handwerksordnungen rezipiert wurde[310]. In Verbindung mit den allgemeinen

---

303 *Wikman*, Einleitung, 224. *Simon*, Untertanenverhalten, 228.

304 *Felber*, Unzucht, 114.

305 *Felber*, Unzucht, 137.

306 *O. Ö. L. A., Herrschaftsarchiv Steyr*, Schachtel 50, Faszikel 5.

307 *O. Ö. L. A., Herrschaftsarchiv Steyr*, Schachtel 50, Faszikel 5.

308 Zitiert nach *Schwarzlmüller*, Lehrling, 79.

309 *NÖPO 1527*, 39. *NÖPO 1552*, 185.

310 Handwerksordnung der Leinenweber von Neumarkt (O. Ö.) a.d.J. 1630, Handwerksordnung der Maurer von Rannariedl (O. Ö.) a.d.J. 1638, Handwerksordnung der Schneider v. Mauerkirchen (O. Ö.) a.d.J. 1644. Zitiert nach *Schwarzlmüller*, Berufslaufbahn, 130.

Fornicationsnormen und den in den verschiedenen Handwerksordnungen direkt oder indirekt ausgesprochenen Heiratsverboten[311] bedeutete dies für Gesellen ein zölibatäres Leben. Die *NÖPOen 1527* und *1552* versuchten die daraus erwachsenden Probleme dadurch abzubauen, indem sie ausdrücklich die Aufnahme verheirateter Gesellen anordneten[312]. Die diesbezüglich mangelnde Bereitschaft der Zünfte zwang die Gesellen entweder zur Erreichung einer Meisterstelle, um heiraten zu können, oder zu heimlichem Umgang mit Prostituierten. Konkubinate waren in den engen und überschaubaren Bereichen der Städt und Märkte und auf Grund der ablehnenden Haltung im Bürgertum anders als in bäuerlichen Kreisen nur schwer möglich. In Gegenden mit überwiegend ländlichem Charakter gewann jedoch die bäuerliche Vorstellungswelt häufig weitgehenden Einfluß, so daß den Gesellen bestimmte Formen der Eheeinleitung und des Konkubinates zugestanden wurden[313].

War schon bei der Aufnahme von Lehrlingen eine sorgfältige Auswahl getroffen worden, so galt ein noch strengerer Maßstab für die Erlangung der Meisterschaft. Wiederum war die Ehelichkeit und Ehrlichkeit eine derart streng gehandhabte Bedingung, daß in den Polizeiordnungen von 1527 und 1552 entgegen dem Brauch der Zünfte nachdrücklich die Aufnahme Unehelicher gefordert werden mußte[314]. Wie die nachfolgenden Handwerksordnungen zeigen, konnte sich die landesfürstliche Bestimmung jedoch nicht durchsetzen[315]. Die Anforderungen gingen sogar soweit, daß ein unverheirateter Meister, soferne er nicht eine Meisterstochter oder Meisterswitwe heiratete, ausdrücklich nur eine ehrbare und ehelich geborene Frau heiraten durfte[316]. Heiratete ein Meister eine „unehrliche“ Frau, mußte er mit schweren Sanktionen, mit Zunftausschluß und mit dem Ende seiner Erwerbstätigkeit rechnen. Ein Rechtssprichwort bringt dies sehr drastisch zum Ausdruck: „Wer ein Hur heiratet bleibt ein Schelm ewiglich“[317]. Das gleiche galt, wenn ein Meister eine unehelich geborene Frau[318] oder eine Frau mit einem unehelichen Kind[319]

---

311 *Schwarzlmüller*, Berufslaufbahn, 140ff.; dort zahlreiche Quellenbelege.

312 *NÖPO 1527*, 38. *NÖPO 1552*, 185.

313 *Wikman*, Einleitung, 224. *Simon*, Untertanenverhalten, 228.

314 „Wie die meister der handtwerk, aufgenommen sollen werden“ „.. vnangesehen, ob er ... Eelich, oder vneelich sey“. *NÖPO 1527*, 21. *NÖPO 1552*, 174.

315 *Schwarzlmüller*, Berufslaufbahn, 155ff. *Schwarzlmüller*, Lehrling, 97ff.
Die Wirkungslosigkeit dieser Anordnungen zeigt sich noch in der Ordnung *Maria Theresias* vom 1. September 1770: „Handwerksgesellen Unterschieds = zwischen verheuratheten und ledigen Abschaffung“. *Codex Austriacus*, VI, 1370f.

316 *Schwarzlmüller*, Berufslaufbahn, 161f.

317 *Kreittmayr*, Anmerkungen, 1848.
Vgl. *Schubart-Fikentscher*, Unehelichen-Frage, 121.*Suttinger*, Consuetudines 333f., „Handwerker / so ein unehrlich gewestes Weib heurathen“.

318 In Österreich beseitigte erst die Hofresolution vom 8. 11. 1708 die Möglichkeit, daß ein Mann aus dem Handwerk ausgeschlossen werden konnte, weil er mit einer Frau unehelicher Geburt verheiratet war. *Wekebrod*, Sammlung, 110, Nr. 318.

heiratete. Daraus wird ersichtlicht, daß vor allem im Handwerk der Kreis der durch die Sittlichkeitsnormen Mitbetroffenen besonders groß war. Sichtbar wird darin aber auch die nahezu synonyme Verwendung der Begriffe „Ehrlich" und „Ehelich", welche der seit dem Mittelalter erfolgten Verknüpfung von Ehre und Sexualität hierin normative Form verlieh[320].

Von allen Ständen war es das Bürgertum, wobei in altösterreichischen Ländern diesbezüglich die Handwerker hervortraten, das zumindest theoretisch sehr hohe Sittlichkeits- und Moralerwartungen zu erfüllen hatte[321]. Es erhebt sich die Frage, ob daran, Bürger und Bauern — der Vergleich mit dem Adel entfällt aus den genannten Gründen — unterschiedlich treffende Auswirkungen der Polizeinormen, geknüpft waren. Als Beispiel sei auf ein Fornicationsurteil der N. Ö. Herrschaft Sonnberg aus dem Jahre 1732 verwiesen, welches ausdrücklich erwähnt, daß Bürger strenger zu bestrafen seien als einfache Untertanen[322], ohne jedoch die Gründe hierfür näher zu erläutern. Vergleichbare Urteile der Grundherrschaft Steyr aus demselben Jahrhundert gegen bürgerliche Fornicanten lassen derartige Unterscheidungen hingegen nicht erkennen[323]. Es muß allerdings vermerkt werden, daß zusätzliche, nicht in den untersuchten Akten aufscheinende Sanktionen der Zünfte nicht auszuschließen sind.

Zusammenfassend zeigt sich, daß trotz der hohen, im Mittelalter aus sozialen und wirtschaftlichen Gründen ausgebildeten moralischen Erwartungen und der ausgeprägten Sittlichkeitsnormen im Bürgertum, das in den verschiedenen Territorien durch unterschiedliche Schichten dominiert wurde, die Anwendung

---

319 Vgl. *Eisenhart*, Grundsätze, 87f., der zahlreiche Beispiele für die Benachteiligungen anführt, die durch die Heirat mit einer Frau mit unehelichem Kind entstehen konnten.

320 Signifikant dazu die Ordnung „Handwercker Scheltungen = Abstellung" vom 26. 1. 1656 für Ober- und Niederösterreich, in der bestimmt wurde, daß derjenige, der einen Handwerker der Unehelichkeit bezichtigte, den Beweis erbringen mußte. Gelang ihm der Nachweis nicht, verfiel er einer Strafe. Daraus wird ersichtlich, daß der bloß geäußerte Verdacht der unehelichen Geburt einen Makel auf einen Handwerker warf. *Codex Austriacus*, I, 463f.

Vgl. *Schwarzlmüller*, Berufslaufbahn, 11.

321 Vgl. dazu *Dufour*, Geschichte, IV, 65. *Mitterauer*, Mütter, 61, 71, 74.

Vergleicht man die Sittlichkeitsanforderungen des von Bürgern beeinflußten Rechtes der Stadt Basel (*Simon*, Untertanenverhalten; *Staehlin*, Sittenzucht) und Zürich (*Bänninger*, Untersuchungen) mit den altösterr. Polizeinormen, so zeigt sich in den beiden Schweizer Städten eine insgesamt strengere Haltung als in den österr. Gesetzen.

322 *Niederösterreichisches Landesarchiv, Herrschaft Sonnberg*, Band 110, fol. 67. Zitiert nach *Leitich*, Maßnahmen, 122.

323 Ein Urteil vom Jahre 1733 gegen zwei ledige Fornicanten unterscheidet sich beispielsweise nicht von den übrigen Urteilen der Herrschaft. *O.Ö.L.A., Herrschaftsarchiv Steyr*, Amt Forsthaus Au und Ramsau, Faszikel 3.

Auch in einem zweiten Urteil a. d. J. 1758, das einen Fornicationsfall mit Schwängerung behandelt und einen Meister und eine Ledige betraf, scheint kein Unterschied im Ausmaß der Bestrafung auf. *OÖLA, Herrschaftsarchiv Steyr*, Schachtel 50, Faszikel 7.

von Polizeinormen von den konkreten Umständen, vom Einzelfall, abhingen, während allgemeine Vorstellungen und Erwartungen nur tendenzverstärkend wirkten.

In der bäuerlichen Bevölkerung stießen die frühneuzeitlichen Polizeiordnungen auf Strukturen und Verhaltensweisen, die den neuen Polizeinormen oft konträr gegenüberstanden[324]. Grundsätzlich hatten die in ländlichen Gegenden verbindlichen, durch Brauchtum und Sitte genau fixierten Verhaltensnormen[325] das Ziel, Triebe zu regulieren, anstatt sie außerhalb der Ehe gänzlich zu unterbinden[326].

So wie in den anderen Ständen wurde auch im Bauernstand zwischen Geschlechtsreife und Legitimierung zur Zeugung unterschieden, doch war letztere im Bauernstand auch in der Neuzeit nicht an das formale Kriterium einer vom Gesetzgeber vorgeschriebenen Eheschließung gebunden. Vielmehr gab es nach altem Herkommen eine stufenweise Freigabe geschlechtlicher Beziehungen, die durch ein vielfältiges und geradezu gesetzmäßiges Brauchtum genauestens geregelt war. Der Übergang von Stufe zu Stufe war an bestimmte, strikt zu beachtende Formen gebunden und verlief im wesentlichen nach folgendem Schema: Bekanntschaft, Kommnächte, mindestens die Aussicht eines Eheversprechens, Aufnahme geschlechtlicher Beziehungen, Einverständnis der Eltern, Eheversprechen, Hochzeit[327].

Nach einer Phase des Kennenlernens folgten die häufig ohne Beaufsichtigung abgehaltenen Kommnächte, während derer der Mann die Frau zu vertraulichen Gesprächen aufsuchte[328]. Ergaben diese Gespräche eine konkrete Aussicht auf Heirat, beispielsweise durch ein Eheversprechen oder durch konkludente Handlungen und Zeichen (z. B. Geschenke zu bestimmten Terminen), konnten geschlechtliche Beziehungen aufgenommen werden[329]. Bestanden hingegen keine Eheaussichten (z. B. bei Ehebruch), mußten die Betreffenden rechnen, in den Ruf von „leichtfertigen Personen" zu kommen, der die Verehelichung mit einem anderen Partner sehr erschwerte[330]. Diese sogenannten

324 *Mitterauer*, Mütter, 59.

325 *Wikman*, Einleitung, 287. *Simon*, Untertanenverhalten, 227 ff. *Mitterauer*, Mütter, 59, 113.

326 *Simon*, Untertanenverhalten, 250.

327 *Simon*, Untertanenverhalten, 234 ff.

328 Beispiele für gesetzliche Regelungen zur Eindämmung dieser Kommnächte in Anm. 334.

329 Der im bayrisch-österreichischen Raum verbreitete Kiltgang bedeutete in der Wertung der Betroffenen nahezu das formale Eingehen einer Ehe. *Wikman*, Einleitung, 287.

Vgl. außerdem *Marcuse*, Kommnächte, in: *Marcuse*, Handwörterbuch, 282. *Mitterauer*, Mütter, 58, 60. *Simon*, Untertanenverhalten, 243 f. *Kramer*, Grundriß, 59.

330 Vgl. *Simon*, Untertanenverhalten, 232. *Kolb*, Heirat, 106.

„Probenächte"[331], welche in Sachsen während des 13. Jhs. von allen Ständen eingehalten wurden[332], im 14. und 15. Jh. in fürstlichen Kreisen noch üblich waren[333], später aber fast nur mehr im Bauernstand geübt wurden[334], dauerten solange, bis entweder beide Partner den Eheabschluß wünschten oder sich trennten. Die Trennung bedeutete grundsätzlich keinen Schaden im Ansehen der Betroffenen[335], außer es kam mehrere Male zu erfolglosen Probenächten mit verschiedenen Partnern. In diesen Fällen wurden entweder erhebliche physische Mängel oder „Leichtfertigkeit" vermutet[336].

---

[331] Vgl. *Fischer*, Probenächte. *Weinhold*, Frauen, I, 235ff.

[332] Kardinal *Heinrich von Segusio* berichtete von der in Sachsen geübten „garstigen Gewohnheit", daß der Bräutigam bei der Braut eine Nacht bleiben und sich nachher entscheiden möge, ob er die Frau auch wirklich heiraten wolle. *Bauer*, Liebesleben, 183.

[333] 1378 hielt *Graf Johann VI.* von Habsburg ein halbes Jahr Probenächte ab, die jedoch nicht zur Ehe führten, weil die Braut den Grafen wegen angeblichen sexuellen Unvermögens ablehnte. Weitere Beispiele sind die Probenächte *Kaiser Friedrichs III.* mit *Leonore* von Portugal, *Herzog Albrechts IV.* von Bayern mit der deutschen *Kaisertochter Kunigunde* und *Herzog Ludwigs I.* von Bayern mit *Gräfin Ludmilla* von Böhmen. *Marcuse*, Kommnächte, in: *Marcuse*, Handwörterbuch, 382.

Vgl. außerdem *Quanter*, Sittlichkeit, 97.

[334] Im geschriebenen Recht fand diese Sitte meist in Form von Verboten ihren Niederschlag wie folgende Beispiele zeigen: Nach dem Ehaft-Vogttaiding des Kloster Kremsmünster aus d.J. 1587 durfte ein Mädchen anläßlich des Heiratsaufgebotes nicht mehr als Jungfrau verkündet werden, wenn sie „mit pueben, so nächtlicher weil an die fenster laufen" Umgang gepflegt hatte. *O. Ö. Weistümer*, III, 129, Zl. 20ff. Nahezu gleichlautend die Polizeiordnung der Herrschaft Scharnstein a.d.J. 1587. *O. Ö. Weistümer*, II, 393, Zl. 27f. Nach dem Ehaft-Taiding der Herrschaft Vichtenstein aus dem Jahre 1688 sollte ein Bauer bestraft werden, der „hinfüro das fensterln bei seinem haus wissentlich verstattet". *O. Ö. Weistümer*, I, 90, Zl. 4f.

Das Weistum des Stiftes Wilhering aus dem 18. Jh. sah Strafen für Bauern vor, die Knechte zu nächtlicher Zeit ausgehen ließen oder deren Mägde „buem einliesen". *O. Ö. Weistümer*, III, 234, Zl. 41ff.

Am 15. Mai 1726 erließ der O. Ö. Landeshauptmann *Graf Christoph Wilhelm von Thürheim* eine Ordnung zur „Einschränkung der Gelegenheiten", die das ganze Problem nochmals zur Gänze umschreibt: „ ... Nicht weniger das zu lauter Unzucht reitzende nächtliche also genannte Fensterln von den ungezäumten jungen Bauern = Purschen frey und ungescheuet getrieben werde. Wie zumalen aber bey so ruchloser und Schand = voller Lebens = Art die Christliche Zucht und Ehrbarkeit ausgetilget, Gottes Ehr und Gebott zusammen gleichsam mit Füßen getreten, ..." müsse dieses Übel abgeschafft werden, „.... damit die vor aller ehrbaren Welt unverantwortliche Verstattung derer sündigen Gelegenheiten und daraus erwachsenden lasterhaften Werken der Finsternis der gerechte Zorn des Allmächtigen Gottes zur Verhängnis schwerer Lands = Plagen und Straffen nicht erweckt, und über das liebe Vaterland gezogen werde... ". *Codex Austriacus*, IV, 389 (zur Person des Landeshauptmannes *Graf Thürheim* vgl. *Hoheneck*, Herren = Stände, II, 639ff.). An diese Ordnung schloß die o.g. landesfürstliche Ordnung zur „Ärgernisabstellung ob der Enns" v.J. 1753 an.

Vgl. außerdem *Marcuse*, Kommnächte, in: *Marcuse*, Handwörterbuch, 381. *Weinhold*, Frauen, I, 235ff.

[335] *Simon*, Untertanenverhalten, 230f.

[336] *Marcuse*, Kommnächte, in: *Marcuse*, Handwörterbuch, 382. Vgl. dazu *Simon*, Untertanenverhalten, 232.

Dauerten die Probenächte über einen längeren Zeitraum an, konnten sie kaum von der Probeehe unterschieden werden. Bereits das Konzil von Trebur (auch Tribur, Hessen) des Jahres 895[337] verbot Probeehen, doch waren sie noch im Hochmittelalter weitgehend gebräuchlich[338] und wurden von den frühneuzeitlichen Polizeiordnungen unter dem Begriff der "Vn Ee" bekämpft. Fließend war der Übergang von einer Probeehe als Einrichtung des Kennenlernens zum Konkubinat als eine auf Dauer angelegte Gemeinschaft[339], die im altösterr. Polizeirecht ebenfalls unter „Vn Ee" eingeordnet wurde[340]. Derartige Langzeitverbindungen waren in ländlichen Gegenden häufige Erscheinungen, da die ländliche Bevölkerung zum Abschluß einer Formalehe in vielen Fällen die Heiratsbewilligung der Grundobrigkeit einholen mußte, welche oft von der Ansässigkeit und der Möglichkeit zur Versorgung abhängig gemacht wurde, um das Überhandnehmen verarmter Menschen zu verhindern[341]. Die Kinder von Bauern konnten daher vor der Hofübergabe zumeist nur in einem Konkubinat leben und ebenso auch das bäuerliche Personal, das jedoch nur geringe Aussichten auf den Abschluß einer Formalehe hatte[342]. Wie eine Ordnung zur „Einschränkung der Gelegenheiten" für das Erzherzogtum Österreich ob der Enns aus dem Jahre 1726 zeigt, waren derart organisierte Lebensgemeinschaften

---

[337] Zitiert nach *Quanter*, Sittlichkeit, 895.

[338] *Neidhart v. Reuenthal* (um 1180-um 1237; lebte im bayrisch-österr. Raum) beschrieb die Vereinbarung eines Probeverhältnisses auf ein halbes Jahr („des wil ich disen sumer lanc sin slafgeselle sin"), das durch die Übergabe eines Ringes auch zur Treue verpflichtete. Zitiert nach *Reitzenstein*, Liebe.

Die Probeehe war auch in Sachsen um 1290 eine übliche Erscheinung. *Quanter*, Sittlichkeit, 96.

[339] Vgl. dazu *Mitterauer*, Mütter, 55ff. *Marcuse*, Kommnächte, in: *Marcuse*, Handwörterbuch, 381ff.

[340] Vgl. *Adelung*, Wörterbuch, IV, Sp. 842.

[341] Ordnung zur „Einschränkung der Gelegenheiten" v. 15. Mai 1726: „.... wo die Ansessigkeit oder Nahrungs = Mittel zu Erwirkung des Heyraths = Consenses ermangeln, durch unverschämt = fleischliche Vermischungen das Land mit noch mehr nachwachsenden Bettlern erfüllet, mithin das zu allgemeiner Lands = Wohlfahrt ausgegangene Verbott (der Unzucht) freymüthig gebrochen wird ... ". *Codex Austriacus*, IV, 389.

Dazu auch: „Passau = Fürsten und Bischofs Gravamina" vom 4. Juli 1765. *Codex Austriacus*, VI, 737. „Heurathen = Erleichterung der Unterthanen" vom 11. Juli 1765. *Codex Austriacus*, VI, 739. „Erläuterung der Hof Resulution, wegen Aufhebung der Heurathsconsense der Unterthanen". *Codex Austriacus*, VI, 781. „Unterhalts = Assecurationen = Aufhebung bey der Unterthanen heurathen im Lande ob der Enns". *Codex Austriacus*, VI, 859.

Zur entsprechenden Entwicklung im Recht der Stadt Zürich vgl. auch *Bänninger*, Untersuchungen, 42ff., „Maßnahmen gegen die Gefahr einer allgemeinen Verarmung".

[342] Zum Problem des Konkubinates zu Zeiten wirtschaftlicher Krisen, die den Abschluß einer Formalehe unmöglich machten, und als Form der Lebensgemeinschaft in unteren sozialen Schichten siehe auch *Mitterauer*, Mütter 14ff.

Wirtschaftliche Probleme gab es während der frühen Neuzeit vor allem in O. Ö., weshalb gerade hier von den Grundherrschaften zahlreiche Heiratsbeschränkungen erlassen wurden. Dazu vgl. *Leitich*, Maßnahmen, 129f.

üblich und verbreitet und zudem oftmals Anlaß obrigkeitlichen Einschreitens[343].

Spätestens für die folgende Stufe, das Eheversprechen, war das ausdrückliche Einverständnis der Eltern und nicht bloß deren stillschweigende Duldung, wie bei den Kommnächten, erforderlich. Lehnten die Eltern eine Verheiratung ab, wurde — außer bei Schwängerung — die weitere Entwicklung unterbrochen[344]; stimmten sie zu, folgte das meist öffentlich abgehaltene Eheversprechen.

Das Eheversprechen war eine Verlobung mit nahezu eheähnlichen Wirkungen, auf die schon die Bezeichnung als „Heirats Taiding", „Heiratstagsatzung" (Tirol 16. Jh.), „Heiratskontrakt" (Tirol 17. Jh.), „Handschlag" (Tirol 18., 19. Jh.) usw. hinweist[345]. In der Meinung der ländlichen Bevölkerung berechtigte bereits die konkrete Aussicht auf ein Eheversprechen, spätestens aber das tatsächlich gegebene Eheversprechen zur Aufnahme geschlechtlicher Beziehungen und nicht erst die kirchliche Einsegnung, die lediglich als feierlicher Abschluß einer schon gültigen Verpflichtung bzw. als nachträgliche Legitimation einer bestehenden Verbindung verstanden wurde[346]. Hier lebte eine aus der Zeit der Übernahme des kanonischen Rechtes stammende Tradition weiter, nach der die Vemählung und das Beilager vor der kirchlichen Hochzeit

[343] In der „hierländischen Bauernschaft" habe sich der „gottlose Mißbrauch eingeschlichen, daß dem Dienst = Gesind beederley Geschlechts die Liegerstätt in einer Kammer, Keller oder Tillen, auch wo sie sich selbst einsperren können, bey und nebeneinander verstattet, volgbar die sündliche Gelegenheit zu immerwährenden Luder an der Hand gelassen...". Der Landeshauptmann beauftragte daher die Grundherrschaften mit der Visitation der Bauernhöfe und der Beseitigung derartiger Schlafstätten. Bauern und Bäuerinnen, die dererlei zuließen und damit „gleichsam kupplerische Anleitung zur Hurerey" leisteten, sollten scharf verwiesen und bei Wiederholungsfällen scharf bestraft werden. *Codex Austriacus*, IV, 389.

Andere Beispiele von Strafen für schlechte Unterbringung, die zur Unzucht führten, vgl. bei *Moser*, Jungfernkranz, 150.

[344] *Simon*, Untertanenverhalten, 235.

[345] *Kolb*, Heirat, 109.

Der Handschlag erfolgte meist im Gasthaus und wurde manchmal mit sehr großem Aufwand gefeiert, sodaß es zu wirtschaftlichen Schwierigkeiten kommen konnte. In der *TLO 1573*, XVI. Blatt, „von Haltung der Versprechen" wurde daher der allzu große Aufwand anläßlich eines Eheversprechens beschränkt. Ähnlich schon die *NÖPO 1542*, 43ff.

Vgl. auch das Recht der Reichsstadt Nördlingen, in dem in der Eheordnung aus dem Jahre 1554 zwischen „verglubtnus und ehe" nur unklar unterschieden wurde. *Felber*, Unzucht, 42, 63.

[346] *Wikman*, Einleitung, 290. *Weinhold*, Frauen, II, 315. *Simon*, Untertanenverhalten, 124. *Kolb*, Heirat, 108, 117.

Das in der bäuerlichen Bevölkerung bestehende Verständnis von Verlobung mag sicherlich ein Grund für die Aufnahme der Anordnung, Eheverlöbnisse „Sollen nach Ordnung und Gehaiß des Tridentinischen Concilii gehalten werden", in *Suttingers* Consuetudines gewesen sein, wobei *Suttinger* auch auf das Stichwort „Eheliche Beywohnungen" verwies. *Suttinger*, Consuetudines, 152.

Vgl. *Mitterauer*, Mütter, 60.

abgehalten wurden. Kanon 13 der Salzburger Synode vom Jahre 1420 legte ausdrücklich die umgekehrte Vorgangsweise auch für die altösterreichischen Länder fest[347], der heimische Brauch behielt aber weiterhin seine Verbindlichkeit: Lag ein beweisbares Eheversprechen vor, konnte es Rechtsgrundlage für eine Klage auf den Abschluß einer Formalehe sein[348]. Wie Vergleichsbeispiele aus der Reichsstadt Nördlingen zeigen, wurden zur Durchsetzung des Klagebegehrens sogar obrigkeitliche Zwangsmittel eingesetzt, die aber wegen des bestehenden Konsensprinzips zum Abschluß einer Ehe letztlich keine allzugroße Wirksamkeit entfalten konnten. War ein Eheversprechen gegeben worden und kam es trotz obrigkeitlichen Drucks nicht zum Eheabschluß, mußten die betroffenen Nördlinger Bürger mit einer meist höheren Fornicationsstrafe und einer Strafe für die Nichteinhaltung des Eheversprechens rechnen; bei Abschluß einer Formalehe wurde nur eine vergleichsweise glimpfliche Fornicationsstrafe verhängt[349].

Der eheähnliche Charakter des Eheversprechens zeigte sich weiters daran, daß es selten zur Auflösung solcher Verbindungen kam. Auflösungen erfolgten regelmäßig nur wegen schwerer Verfehlungen oder nach einvernehmlicher Absprache und wurden zumeist durch verschiedene Bräuche seitens der Gemeinschaft verfolgt[350]. Nach dem Eheversprechen folgten Hochzeitsvorbereitungen und Hochzeit, welche die stufenweise Entwicklung zum Abschluß brachten. Die eher freizügige Haltung gegenüber geschlechtlichen Beziehungen galt nunmehr in eingeschränkterem Maß, da die monogame Ehe[351] grundsätzlich anerkannt wurde. In der Ehe bestand Geschlechtsgemeinschaft und gegenseitige Beiwohnungspflicht, deren Verweigerung unter Umständen straf-

---

347 Zitiert nach *Scheuer*, Brautnacht, in: *Marcuse*, Handwörterbuch, 73.

348 In einem entschiedenen Rechtsfall a.d.J. 1598 klagte ein Vormund in Stellvertretung seines Mündels einen Bauernknecht auf Eheabschluß, weil dieser das Mädchen in „Verhaissung der Ehe geschwenngert" hatte. Das Gericht kam aber zur Erkenntnis, daß kein „Handstreich" gegeben worden, die Verlobung ohne Wissen der Eltern und Gerhaben erfolgt sei und der Mann auch keine Verlobung eingestehe, weshalb eine Heirat von der Herrschaft nicht erzwungen werden könne. *O. Ö. L. A.*, *Stadtarchiv Freistadt*, Schachtel 366, Aboo II 2.

349 *Felber*, Unzucht, 61.

350 Zur historischen Entwicklung eines Eheverlöbnisses nach heimischen Recht und zur Möglichkeit seiner Auflösung vgl. *Knecht*, Handbuch, 600f.

Zur Entwicklung in Tirol vgl. *Kolb*, Heirat, 108.

Eine Ausnahme stellte es wohl dar, daß ein Eheversprechen unter Umständen auch dann gelöst werden konnte, wenn das Vermögen des anderen Verlöbnispartners nicht die gewünschte Höhe hatte. *Simon*, Untertanenverhalten, 239.

351 Die Monogamie scheint besonders im 16. Jh. unter Hinweis auf die Polygamie der alttestamentarischen Patriarchen umstritten gewesen zu sein. In der kaiserlichen „Erklärung, wie es der Religion halber .... gehalten werde", Art. XXI, „Vom Sacrament der Ehe", mußte daher die Polygamie ausdrücklich als Erscheinung des alten Testamentes gekennzeichnet (§ 2) und unter Berufung auf Christus die monogame Ehe als einzig zulässiges Institut erklärt werden (§§ 3 und 4). *Reichs*=Abschiede, II, 563f.

rechtliche Konsequenzen zur Folge haben konnte[352]. Ehebruch hielt man für keine allzugroße Schuld und verfolgte ihn eher mit Spott als mit Ausschluß aus der Gemeinschaft oder Anzeige bei der Obrigkeit[353].

Wegen der Transparenz bäuerlicher Gemeinschaften waren das Eheleben, besonders aber die verschiedenen Stadien der Eheeinleitung nur durch die Duldung seitens der Gemeinschaft möglich, der damit Aufsichts- und bei Übertretung geltender Verhaltensweisen Sanktionsfunktionen zukamen[354]. Überwachung und Sanktionierung oblag jedoch nicht der Gemeinschaft als Gesamtheit, sondern üblicherweise den bäuerlichen Burschenschaften[355], die sich diesbezüglich zahlreicher Brauchtumsformen bedienten. Zum Anlaß von Sanktionen wurden besonders jene Beziehungen, die nicht in eine Ehe münden konnten, wie Ehebruch oder die gleichzeitige Aufnahme mehrerer geschlechtlicher Verbindungen. Ein derartiges Verhalten konnte dem Ansehen des Betroffenen gefährlich werden und wurde mit Rügebräuchen geahndet. Sanktioniert wurde die Auflösung eines „Verhältnisses", wobei im Falle einer einvernehmlichen Beendigung die Betroffenen nur mit Spottbräuchen zu rechnen hatten, während sich bei einseitiger Auflösung gegen die oder den Verlassene(n) Spott — und gegen den oder die Treuebrecher(in) Rügebräuche richteten[356].

Die stufenweise Eheeinleitung diente jedoch nicht allein dem gegenseitigen Kennenlernen, sondern verfolgte auch das Ziel der Sicherung von Nachkom-

---

[352] Tiroler Quellen des 17. Jhs. belegen lediglich die Bestrafung von Frauen, die sich ihren Männern verweigerten. So wurde 1618 eine Frau ins Gefängnis gelegt, die ihrem Mann die „eheliche Beiwohnung nicht geleistet" hatte. Einer anderen Frau wurde 1604 das Gefängnis in Aussicht gestellt, wenn sie sich nicht innerhalb einer bestimmten Frist zu ihrem Mann zurückkehrte. Zitiert nach *Kolb*, Heirat, 126.

Vgl. auch Anmerkung 353.

[353] *Simon*, Untertanenverhalten, 248.

Anders *Kolb*, Heirat, 127ff., der ein „starkes Gefühl für diese Untreue" in der Öffentlichkeit annimmt und die „scharfe Verurteilung solcher Fehltritte durch das Volksbewußtsein" erkennen will. Dem ist jedoch entgegenzuhalten, daß alle Belegbeispiele auf der Grundlage der neuzeitlichen Polizeiordnungen bzw. vergleichbarer Bestimmungen entschieden wurden, worin jedoch nicht die „öffentliche Meinung" zum Ausdruck gelangte, sondern vielmehr die Ziele der Polizeigesetzgebung.

Umgekehrt sei in diesem Zusammenhang auch auf das bei *Grimm* erwähnte Recht der Frau auf Stellvertretung bei geschlechtlichem Unvermögen des Mannes verwiesen: „Frage: wann ein ehemann seiner frauen ihre hege und pflege nicht thun könnte, da sie nit zufrieden wäre, wie ers anfangen sollte, daß sie ihre gebührliche pflege haben möchte? antwort der soll seine frau auf den rücken nehmen und über einen neunahrigen zaun tragen und so er sie nicht darüber kriegt, soll er der frau an einen schaffen, der ihr ihre pflege thun kann, da sie nit zufrieden ist. Wendhager, bauernrecht peter. 203". *Grimm*, Rechtsaltertümer, I, 613ff (Nr. 444f.).

[354] *Wikman*, Einleitung, 288. *Simon*, Untertanenverhalten, 227, 238.

[355] *Wikman*, Einleitung, 287ff. *Simon*, Untertanenverhalten, 114, 227ff. *Kramer*, Grundriß, 79ff.

[356] Zu den zahlreichen Spott- und Rügebräuchen, die das Verhältnis der Geschlechter zueinander regelten, sowie deren Abstufung in der Auswirkung auf die Betroffenen vgl. besonders *Lutz*, Sitte, 180ff. *Kramer*, Grundriß, 70ff., „Rüge". *Scharfe*, Kontrolle, 892ff.

menschaft. Gerade in wirtschaftlich schwierigen Gebietenn war es notwendig zu wissen, ob aus einer Verbindung Kinder hervorgehen konnten, da nur die Zahl der Nachkommenschaft den Bestand des Hofes und Absicherung für Krankheit und Alter gerantierte. Wie zahleiche Quellen belegen, war daher die voreheliche Schwangerschaft der Braut oder die Geburt eines Kindes geradezu ein Heiratserfordernis[357]. Im Hintergrund stand dieses Ziel selbst in jenen Fällen, bei denen die Eheeinleitung hauptsächlich dem Kennenlernen dienen sollte und somit keine konkrete Eheabsicht vorlag. Die Schwangerschaft oder die Geburt eines Kindes führte auch hier regelmäßig zur Hochzeit, wollten die werdenden Eltern nicht Einbußen ihres sozialen Ansehens hinnehmen. Betroffen waren weniger die werdenden Mütter als vielmehr die Kindesväter, die schon für den Fall, daß sie die Hochzeit verzögerten, mit Sanktionen rechnen mußten, die sich verstärkten, wenn es zu keinem Eheabschluß kam[358].

Insgesamt betrachtet unterlag im Bauernstand niemand den Anforderungen von Askese und Virginität, wenn auch die Aufnahme geschlechtlicher Beziehungen regelmäßig als Einleitung zur Ehe gewertet wurden. Gerade diese, den geschlechtlichen Belangen offene Haltung war eine wesentliche Ursache für die obrigkeitliche Kritik an den Bauern, die als gefühllos, roh und unter dem Einfluß der Aufklärung auch als unvernünftig galten[359]. Umgekehrt wurden die idealistischen Polizeinormen in ihrer Unkenntnis oder Ignoranz der in bäuerlichen Kreisen verbindlichen Sittlichkeits- und Moralvorstellungen von den Betroffenen fremd, nicht nachvollziehbar oder als Unterdrückung empfunden[360]. Als Folge kam es zu einem bedeutsamen Auseinanderklaffen zwischen Polizeirecht einerseits und der Rechtswirklichkeit andererseits.

Große Probleme ergaben sich daraus für die Durchsetzbarkeit der Fornicationsnormen[361]. Die Polizeiordnungen sahen als Grundsatz das amtswegige Einschreiten der Obrigkeiten gegen außereheliche Beziehungen vor, wozu die Kenntnis vom Vorliegen eines Unzuchtsfalles notwendig war. Standen den

---

[357] Im Thüringerwald war es noch 1843 üblich, sich erst dann zu verloben, wenn die Braut schwanger war. *Moser*, Jungfernkranz, 159.

[358] *Wikman*, Einleitung, 230, 289. *Marcuse*, Kommnächte, in: *Marcuse*, Handwörterbuch, 382. *Simon*, Untertanenverhalten, 231.

Der verbindliche Charakter derartiger Bräuche blieb beispielsweise in den Niederlanden bis in die Mitte dieses Jahrhunderts erhalten. 1941 wurde ein Mann, der die von ihm geschwängerte Frau nicht heiraten wollte, im Zuge eines „Volksgerichtes" zu einem verbindlichen Vorvertrag auf Abschluß einer Ehe mit der geschwängerten Frau gezwungen. *Ter Laan*, woordenboek, 439ff.

Noch 1928 gab es in den Niederlanden den Brauch des „knie zetting", bei dem der uneheliche Vater durch Kniesetzung des Kindes gezwungen wurde, sein Kind anzuerkennen. Ein über diesen Brauch eingeholtes Rechtsgutachten bestätigte seine Rechtsverbindlichkeit. *Ter Laan*, woordenboek, 198.

[359] *Simon*, Untertanenverhalten, 79ff.

[360] *Simon*, Untertanenverhalten, 102.

[361] Zur Nichtdurchsetzbarkeit landesfürstlicher Polizeiordnungen im allgemeinen vgl. auch *Feigl*, Rechtsentwicklung, 132.

Obrigkeiten keine Gerichtsdiener zur Verfügung[362], waren sie von der Information durch die Rechtsunterworfenen abhängig. Zur Anzeige scheint es aber nur gekommen zu sein, wenn die Selbstregulierung der bäuerlichen Gemeinschaft im Rahmen der oben genannten Grenzen nicht funktionierten, wenn es zu Überschreitungen der geltenden sozialen Normen kam oder wenn mißgünstige Rechtsgenossen eine Verfolgung wünschten. In den untersuchten Quellen, die häufig berichten, daß ein Mann im Bett einer Frau vorgefunden worden war, ohne jedoch zu erwähnen, wer die Fornicanten betreten hatte, scheint vor allem der letztgenannte Fall Ursache für die Erstattung einer Mitteilung an die Obrigkeit gewesen zu sein[363]. Amtswegiges Vorgehen mußte demnach vorrangig jene Beziehungen treffen, die zu einer vorehelichen Schwängerung führten, da nur daran der Verstoß gegen die polizeilichen Sittlichkeitsnormen unabhängig vom Informationsfluß erkennbar war. Einschränkend muß jedoch festgestellt werden, daß es von den Organisationsstrukturen der jeweiligen Herrschaften und den Anzeigen der Rechtsgenossen abhängig war, ob überwiegend Fornicationsfälle mit Schwängerung oder bloße Fornicationsfälle zur Aburteilung gelangten. Während beispielsweise aus den Quartalsberichten der Herrschaft Mattighofen (damals bayrisch; heute O. Ö.) an die Regierung in Landshut wegen Leichtfertigkeit, Tanzen, Spielen, Ehebruch etc. aus der Zeit zwischen 1630 und 1694[364] hervorgeht, daß die meisten Unzuchtsfälle gleichzeitig Schwängerungsfälle waren, konnte diese Übereinstimmung in altösterr. Herrschaften generell nicht festgestellt werden.

Nachdem die Schwangerschaft als Hauptindiz für das Vorliegen einer außerehelichen Beziehung anerkannt worden war, entstanden daran anknüpfend verschiedene Normen über die sogenannte „unzeitige Geburt". Diesen zufolge durfte ein Kind frühestens im 7. Monat nach der Hochzeit der Eltern geboren werden, sollte es nicht als „unzeitiges Kind" gelten, das in manchen Rechtsordnungen mit Nachteilen belegt wurde[365]. Verheiratete Eltern, deren

---

[362] Das Urteil berichtet, daß Gerichtsdiener einen Mann beim „Fensterln" erwischt hätten. *O. Ö. L. A., Herrschaftsarchiv Steyr*, Schachtel 50, Faszikel 3.

[363] *O. Ö. L. A., Herrschaftsarchiv Steyr*, Schachtel 50, Faszikel 5.

[364] *O. Ö. L. A., Stiftsarchiv Mattighofen*, Band 10, Nr. 61.

[365] Einen anderen Ansatzpunkt lieferte das spätrömische Recht, wie eine Ordnung *Kaiser Justinians* vom 18. März 530 ausweist: „Ferner bestimmen Wir allgemein und fassen die über solche Fälle obwaltenden verschiedenen Ansichten in die feste Bestimmung zusammen, daß immer bei solchen Fragen, in welchen wegen des Rechtszustandes Zweifel obwaltet, nicht auf den Zeitpunkt der Empfängnis, sondern der Geburt gesehen werden soll. Und dies tun Wir zum Besten der Kinder, daß Wir bestimmen, es solle auf den Zeitpunkt der Geburt gesehen werden; mit Ausnahme der Fälle, wo der Nutzen der Kinder es erfordert, daß mehr die Empfängnis berücksichtigt werde." Codex 5, 27, 11.

Die hochmittelalterlichen Glossatoren und Kommentatoren gelangten dennoch zur Ansicht, daß die Ehelichkeit eines Kindes nur dann gegeben sein sollte, wenn das Kind innerhalb einer rechtmäßigen Ehe gezeugt worden war. *Leineweber*, Beziehungen, 140, 156ff., 172.*Schubart-Fikentscher*, Unehelichen-Frage, 50ff.

Vor allem im Handwerk war die Unterscheidung zwischen unzeitigen und rechtzeitigen

Kind vor dem 7. Monat zur Welt kam, wurden in verschiedenen Rechtsordnungen sogar mit zwei Strafen belegt: Mit einer Fornicationsstrafe und mit einer Strafe für das Vortäuschen der Jungfräulichkeit, wenn sich eine schon schwangere Braut als Jungfrau verkünden hatte lassen und mit den Zeichen einer Jungfrau (z.B. Jungfernkranz) geheiratet hatte[366]. Zur Umgehung beider Strafen wurden zahlreiche Ausflüchte geltend gemacht, die eine Frühgeburt rechtfertigen sollten[367]. Auch aus den altösterr. Ländern sind Fornicationsstrafen für bereits verheiratete Paare bekannt[368], eine Unterscheidung zwischen vorehelichem Geschlechtsverkehr einerseits und Vortäuschen der Jungfräulichkeit andererseits erfolge jedoch nur ansatzweise[369].

Kindern von Bedeutung wie die Handwerksordnung vom 19. April 1732 für die österr. Länder ausweist: „Demnach auch öfters vorkommen, das bey den Handwerken .... zwischen den ..... vor= oder nach der priesterlichen Copulation gebohrnen Kindern ein Unterschied gemacht" werde. *Codex Austriacus*, IV, 763.

Dem entsprach, daß Beschimpfungen wie „Frühauf"(= ein zu früh nach dem Eheabschluß geborener Mensch) im Handwerk als besonders grobe Ehrverletzung galten. *Kramer*, Bamberg, 237.

366 In der Reichsstadt Nördlingen wurde beispielsweise seit dem Ende des 16. Jhs. bei „unehrlichem Kirchgang" die doppelte Strafe verhängt als bei einfacher Unzucht. *Felber*, Unzucht, 65.

367 *Simon*, Untertanenverhalten, 245, mit einschlägigen Beispielen.

368 Durch ein Urteil der Herrschaft Steyr aus dem Jahre 1718 wurde ein verheiratetes Paar wegen vorehelicher Schwangerschaft bestraft. *O.Ö.L.A., Herrschaftsarchiv Steyr*, Schachtel 50, Faszikel 3.

Zwei weitere Urteile derselben Herrschaft aus dem Jahre 1758 behandeln gleichartige Fälle. *O.Ö.L.A., Herrschaftsarchiv Steyr*, Schachtel 50, Faszikel 7.

Ein weiteres Urteil aus dem Jahre 1736 derselben Herrschaft bestrafte zwei Verheiratete, wobei jedoch die voreheliche Beziehung nicht durch eine Schwangerschaft offenbar wurde. *O.Ö.L.A., Herrschaftsarchiv Steyr*, Schachtel 50, Faszikel 4.

369 Lag eine voreheliche Schwängerung vor und kam es zur Heirat der Eltern, sahen die Rechtsquellen grundsätzlich zwei Sanktionsmöglichkeiten vor: Heiratete das Paar und wurde ihr Kind vor dem siebten Monat geboren, wurde eine Fornicationsstrafe und unter Umständen eine Strafefür die Verheimlichung der Schwangerschaft verhängt. War die Braut vor der Hochzeit schwanger und gestand das Paar die Schwangerschaft ein, wurden die Hochzeitsfeierlichkeiten in einer bestimmten Weise gestaltet, die das „Vergehen" der Brautleute zum Ausdruck brachten. Bei diesen sogenannten „Strohkranzhochzeiten" durfte beispielsweise die Braut nicht mit einem Jungfernkranz geschmückt heiraten, sondern mußte einen Strohkranz tragen, der je nach sozialer Zugehörigkeit eine zumindest teilweise entehrende Wirkung für das Paar enthalten konnte.

Ein frühes Beispiel einer Strohkranzstrafe stellt eine Bestimmung im Ehaft- und Vogttaiding des Klosters Kremsmünster v.J. 1587 dar: „und nachdem iezt laider vor augen, das wenige ledige personen mit eeren zusamben komen, sondern aines dem andern in der leichtfertigkeit zuvor gemainiclich beigewont, wie dann der merer tail zuvor geschwengert wirt, solche personen aber nit weniger für junkfrauen angeben und verkündt werden, welches dem eestand ain sondere schmach und vor ainer ganzen gemain gar ergerlich also ist bay allen des gotshauß pfarren und zuekirchen allen pfarrern und briestern verpoten, hinfüron kain ledige dirn für ain junkfrau zu verkinden, sie seie dann aines erbaren und züchtigen lebens wolbekand, zu den gemainen tänzen nit gelassen und mit pueben, so nächtlicher weil an die fenster laufen, nit umbgangen gewest." *O. Ö.*

Schlechter gestellt waren jene Paare, deren Kind vor der Hochzeit zur Welt kam, wobei eine weitere Differenzierung nach dem Vorliegen eines Eheversprechens erfolgte[370]. Dies bedeutete ein Entgegenkommen gegenüber dem aus dem Mittelalter nachwirkenden Rechtsverständnis[371], das ab dem Eheversprechen bzw. der konkreten Aussicht auf ein Eheversprechen die Aufnahme geschlechtlicher Beziehungen zuließ. Lag ein Eheversprechen oder wenigstens eine konkrete Aussicht darauf vor, so fielen die Unzuchtsstrafen regelmäßig milder aus[372] und die „Brautkinder" genossen eine günstigere Rechtsstellung als andere Uneheliche[373]. In der Praxis führten die zahlreichen Formen, welche in der Meinung des Volkes als Eheversprechen oder als konkrete Aussicht darauf gewertet wurden (z. B. bestimmte Geschenke, Besuche und Geschenke an bestimmten Terminen usw.[374]) wegen großer Abgrenzungs- und Beweisprobleme häufig zu gerichtlichen Auseinandersetzungen[375]. Entscheidungen über strittige Eheversprechen hätten auf Grund des Anspruches der Kirche auf das gesamte Ehewesen nach

---

Weistümer, II, 129, Zl. 13ff. Nahezu gleichlautend die Polizeiordnung der Herrschaft Scharnsein a.d.J. 1587. *O. Ö. Weistümer*, II, 393, Zl. 19ff.

Zum Thema Strohkranzstrafe im allgemeinen siehe *Kramer*, Grundriß, 59f. *Kramer*, Braut, in: *HRG*, I, Sp. 514ff. *Kramer*, Bamberg, 232. *Kuenßberg*, Volkskunde, 175. *Moser*, Jungfernkranz, mit zahlreichen Belegbeispielen. *Simon*, Untertanenverhalten, 125.

370 *Simon*, Untertanenverhalten, 142.

371 Unter diesen Vorzeichen werden die Vorschriften verständlich, die anordneten, daß Brautleute nur einen kurzen Zeitraum im Stande der Verlobung leben sollten. *Simon*, Untertanenverhalten, 126. Vgl. *Bänninger*, Untersuchungen, 23ff.

372 Einem sächsischen Patent v. 9. 8. 1644 zur Folge wurde die Fornication mit einer willkürlichen Geldbuße oder Gefängnis bestraft. Die Strafe konnte unterbleiben, wenn die Betroffenen heirateten, die Braut mußte allerdings mit verdecktem Haupt zur Hochzeit erscheinen. *Waechtershausen*, Verbrechen, 132. In der kurfürstlich sächsischen Landesordnung v. 1. 9. 1666 wurde diese Milderung wiederum beseitigt. *Waechtershausen*, Verbrechen, 155.

Zur vergleichbaren Entwicklung in der Reichsstadt Nördlingen siehe *Felber*, Unzucht, 54.

373 *Leineweber*, Beziehungen, 177ff. *Schubart-Fikentscher*, Unehelichen-Frage, 61ff. *Wesener*, Rechtsstellung, 500ff.

Eine sehr deutliche Unterscheidung zwischen Ehebruchs- und Blutschandekinder einerseits und Brautkindern andererseits wurde im Erbrecht getroffen. Während erstere regelmäßig nicht einmal ein Erbrecht gegenüber ihrer Mutter hatten, konnten Brautkinder zumindest nach der Mutter das Erbe antreten. *Codex Austriacus*, IV, 555.

374 Derartige Gaben dürfen nicht als individuelle Geschenke verstanden werden, sondern vielmehr als verbindliche Symbole mit rechtlichem Charakter. Geschenke wurden daher als beweiskräftig angesehen. *Wikman*, Einleitung, 289.

Tiroler Quellen des 16. Jhs. weisen darüber hinaus aus, daß Geschenke sogar ein bestimmtes Naheverhältnis voraussetzten, da sie andernfalls unüblich waren und sogar beleidigen konnten. Ihr verbindlicher Charaker wurde weiters daran ersichtlich, daß bestimmte Zuwendungen zurückgefordert werden konnten und auch vom Gericht zugesprochen wurden, wenn die Ehe nicht zustande kam. *Kolb*, Heirat, 105.

375 *Simon*, Untertanenverhalten, 239ff.

kanonischem Recht und durch kirchliche Organe getroffen werden müssen[376], es zeigen aber zahlreiche Belege, daß in vielen Fällen auch weltliche Gerichte damit befaßt waren[377].

Obwohl in der Anwendung der Polizeinormen bei der Frage nach dem Vorliegen eines Eheversprechens zumindest eine punktuelle Annäherung an die in bäuerlichen Kreisen herrschenden Rechtsgepflogenheiten vorlag, blieb der grundsätzliche Gegensatz zwischen den Sittlichkeitsnormen der Polizeiordnungen einerseits und der Rechtswirklichkeit anderseits weitgehend bestehen[378]. Die schon erwähnte Notwendigkeit, einschlägige Polizeinormen wieder und wieder erneuern und ergänzen zu müssen, wie auch die Auffassung mancher Obrigkeiten, Unzucht als bloße Verdienstmöglichkeit und damit die aus den gelebten Sozialnormen erwachsenden Konflikte mit dem Polizeirecht als bloße Kavaliersdelikte zu betrachten, unterstreichen den Charakter der Unüberbrückbarkeit. Unter diesem Vorzeichen mußte der Einsatz obrigkeitlicher Zwangsmittel zur Durchsetzung der polizeilichen Sittlichkeitsnormen gerade von der bäuerlichen Bevölkerung immer mehr als Ausdruck obrigkeitslicher Unterdrückung empfunden werden[379].

Als Tendenzmesser dieses Gegensatzes kann die Anwendung von Ehrenstrafen gewertet werden, die seit dem 17. Jh. verstärkt zur Verfolgung von Unzuchtsdelikten eingesetzt wurden[380]. War sie noch im Mittelalter überwiegend ein Instrument Gleichrangiger gegen Gleichrangige, diente sie seit der Neuzeit als obrigkeitliches Zwangsmittel, das als Folge der allgemeinen Verrohung nach dem 30jährigen Krieg mit immer größerer Rücksichtslosigkeit Anwendung fand[381]. Die Verknüpfung von Ehre und Sexualität, welche in bäuerlichen Kreisen aus den geschilderten Lebensgewohnheiten nicht nachvollziehbar sein konnte, mußten die bestehende Kluft umso mehr erweitern[382].

---

[376] *Mikat*, Ehe, in: *HRG*, I, Sp. 809ff. *Merzbacher*, Ehe, kirchenrechtlich, in: *HRG*, I. Sp. 833ff.

[377] Ein Fall aus Freistadt (O. Ö.) v.J. 1598, der ein strittiges Eheversprechen betraf, wurde von der weltlichen Obrigkeit abgeurteilt. Es erging lediglich ein Schreiben in Form eines Berichtes an den zuständigen Pfarrer, dessen Kompetenz aus dem vorhandenen Aktenmaterial jedoch nicht eindeutig ersichtlich ist. *O.Ö.L.A., Stadtarchiv Freistadt*, Schachtel, 366, Aboo II 2.

Einschlägige Tiroler Quellen des 16. Jhs. bei *Kolb*, Heirat, 106.

[378] Zum Gegensatz zwischen Polizeirecht einerseits und Rechtswirklichkeit andererseits vgl. allgemein *Feigl*, Rechtsentwicklung, 128. *Mitterauer*, Mütter, 59ff.

[379] *Moser*, Jungfernkranz, 142. *Simon*, Untertanenverhalten, 295.

[380] Vor dem 17. Jh. waren Ehrenstrafen für Fornicationsdelikte selten. Ein frühes Beispiel erwähnt die Marktordnung für Aschach a.d.J. 1587. Unzucht und Ehebruch sollten durch Aufstellung in der „prechl" bestraft werden. *O. Ö. Weistümer*, I, 307, Zl. 19ff. Ähnlich auch das Weistum vonHelmonsödt a.d.J. 1594. *O. Ö. Weistümer*. I, 255, Zl. 4ff.

[381] *Kramer*, Bamberg, 231f., 241. *Kramer*, Grundriß, 60. *Felber*, Unzucht, 56.

[382] *Kramer*, Grundriß, 57. Vgl. *Brückner*, Ehrenstrafen, in: *HRG*, I, Sp. 851ff.

Unmuts- bzw. Teilnahmebezeugungen bei der Durchführung von Unzuchtsstrafen, besonders bei Ehrenstrafen, durch andere Rechtsgenossen sind hierfür ein deutlicher Hinweis[383]. Generell war die Meinung verbreitet, daß die Verurteilung auf Grund eines Urteilvorschlages durch die Schöffen unter Zustimmung der Gemeinde dem Ansehen der Betroffenen schade, während eine Verurteilung infolge einer obrigkeitlichen Vorschrift der Ehre keinen Abbruch täte[384].

Zusammenfassend betrachtet bewirkten die obrigkeitlichen Sexualvorschriften innerhalb des Bauernstandes keine Verinnerlichung der angestrebten, sehr idealistischen Moralinhalte, sondern nur eine, drohende Strafen verhindernde Verhaltensweise gegenüber der Obrigkeit. Eine breite Palette von Abwehrverhalten, wie die Verhinderung der Kenntnisnahme durch die Obrigkeit, Ausflüchte und sogar Auflehnung kennzeichnen die Kluft zwischen Polizeinormen und Rechtswirklichkeit. Grundsätzlich blieben also die in den jeweiligen Gemeinschaften geltenden Sozialnormen trotz des Einflusses der Polizeiordnungen weiterhin verbindlich[385].

4.2. Die Auswirkungen der Fornicationsnormen auf die Stellung unehelicher Mütter

Das altösterreichische Polizeirecht des 16. bis 18. Jhs. enthielt — von wenigen Ausnahmen abgesehen — keine die Stellung unehelicher Eltern direkt betreffenden Normen, übte aber indirekt bedeutenden Einfluß aus. Im Vordergrund standen dabei die Fornicationsnormen, waren doch uneheliche Geburten regelmäßig mit Fornicationsstrafen verknüpft. Es erhebt sich nun die Frage, ob über die ständisch, religiös und regional bedingten Unterschiede in der Auswirkung der Fornicationsgesetzgebung hinaus Fornicanten auch auf Grund ihres Geschlechtes unterschiedlich betroffen waren. Die folgende Erläuterung dieser Frage soll auf den Bürger- und Bauernstand beschränkt bleiben, da die Angehörigen des Adels — wie oben gezeigt — eigenen Gesetzmäßigkeiten und Regulierungsmechanismen unterlagen.

Ein Überblick über das altösterreichische Polizeirecht ergibt, daß dieses grundsätzlich nicht nach Geschlechtern differenzierte, sondern vielmehr ausdrücklich die Gleichbehandlung von Mann und Frau in zahlreichen Bestimmungen anordnete[386]. Daß es dennoch zu unterschiedlichen Auswirkungen der

---

383 Manchmal bewirkte die obrigkeitliche Bestrafung geradezu das Gegenteil des Strafzieles, nämlich die Achtung des Betroffenen als „Märtyrer". Sehr häufig konnte dies bei den sogenannten Strohkranzhochzeiten festgestellt werden, bei denen es zu keiner Abwertung seitens der übrigen Rechtsgenossen kam. *Kramer*, Grundriß, 59f. *Moser*, Jungfernkranz, 156.

384 *Feigl*, Rechtsentwicklung, 128f.

385 Zum Problem des Festhaltens am alten Herkommen in bürgerlichen und bäuerlichen Kreisen im allgemeinen vgl. auch *Andreas*, Deutschland, 29.

386 Beispiele siehe in Anm. 111.

Fornicationsnormen auf uneheliche Mütter und uneheliche Väter kommen konnte, beruhte demnach auf verschiedenen, im wesentlichen außerhalb des Polizeirechts liegenden Umständen. Zu nennen ist hier die besondere Ausgestaltung des christlich-aristotelischen Hausmodells und das Naheverhältnis zwischen unehelicher Mutter und ihrem Kind. Letzteres war, wenn die Verbindung nicht in eine Ehe oder eheähnliche Gemeinschaft mündete, ein engeres als das zwischen unehelichem Vater und unehelichem Kind, weil die Obsorge für das Kind im Regelfall der unehelichen Mutter zukam.

Das christlich-aristotelische Hausmodell in seiner frühneuzeitlichen Ausformung sah eine ständische Gliederung und als Bezugsinstitutionen den Landesfürsten als Landesvater, den Grundherren und schließlich den Hausvater vor. Angewendet auf die verschiedenen Bereiche des Rechtslebens konnten daraus unterschiedliche Folgen erwachsen. In der Entwicklung des Privatrechtes vollzog sich vor diesem Hintergrund zwischen dem Hochmittelalter und der frühen Neuzeit ein nur schwer faßbarer und nur in Umrissen erkennbarer Wandel in der Rechtsposition von Mann und Frau, der das eher genossenschaftliche Verhältnis zwischen den Ehegatten im Hochmittelalter allmählich zu einer punktuellen Überordnung des Mannes werden ließ[387]. Obwohl das am Beginn der Neuzeit ausgebildete Polizeirecht ebenfalls auf der Grundstruktur des christlich-aristotelischen Hausmodelles fußte, sah es eine geschlechtsspezifische Differenzierung — wie zahlreiche Normen beweisen — grundsätzlich nicht vor. Erklärtes Ziel der Polizeiordnungen war der „Allgemeine Nutzen", also der Aufbau einer noch fehlenden staatlichen Infrastruktur, wozu Mann und Frau in gleichem Maße beitragen sollten und deshalb eben nicht unterschiedlich behandelt werden konnten. Dem Ziel des Aufbaues einer staatlichen Struktur entsprach es vielmehr, den Hausvater gegenüber Gott und der weltlichen Obrigkeit für seine Hausangehörigen verantwortlich zu machen, seinen erweiterten Leitungsrechten somit erhöhte Pflichten gegenüber zu stellen, da es bei Fehlen einer staatlichen Struktur nur so möglich war, auf alle Untertanen tatsächlich durchzugreifen. Die Zugrundelegung des christlich-aristotelischen Hausmodells im frühneuzeitlichen Polizeirecht führte demnach vor allem zur Verfestigung des Leitungsrechtes des Mannes, besonders in organisatorischer Hinsicht, nicht aber notwendigerweise zu geschlechtsunterschiedlichen Auswirkungen bei der Anwendung polizeilicher Normen im allgemeinen.

Auf die Anwendung bestimmter Polizeinormen wirkten jedoch nicht bloß die Grundstrukturen des Hausmodells, sondern zusätzliche Strömungen und Wertungen. Im Bereich der Fornicationsnormen muß vor allem auf die Theorie

---

[387] Vgl. dazu *Schmelzeisen*, Rechtsstellung. *Schwab*, Gleichberechtigung (der Geschlechter), in: *HRG*, I., Sp. 1696ff. *Fehr*, Rechtsstellung. *Chorinsky*, Vormundschaftsrecht. *Ogris*, Geschäftsfähigkeit, in: *HRG*, I, Sp. 1594ff. *Ogris*, Muntwalt, in: *HRG*, III, Sp. 750ff. *Wesener*, Rechtsstellung, 453ff.

Zu den diesbezüglichen Unterschieden innerhalb der Stände vgl.auch *Koebner*, Eheauffassung, 16ff.

der dreifachen Minderwertigkeit der Frau verwiesen werden, welche unter anderem auch zur theoretischen Fundierung des christlich-aristotelischen Hausmodelles diente. Ausgehend von den naturwissenschaftlchen Kenntnissen der Zeit entstand daraus im Zusammenspiel mit verschiedenen oben genannten Strömungen die Vorstellung, daß die Frau wegen ihrer geringen Geisteskraft der Begierlichkeit weniger widerstehen könne, sinnlicher veranlagt sei als der Mann und deshalb eher zur Unzucht neige als dieser. Ihren Niederschlag fand diese Bewertung des weiblichen Geschlechtsverhaltens unter anderem in der Minneliteratur des ausgehenden Hochmittelalters[388] und in einer geradezu als „Typus der asketisch-antifeministischen Schmährede" zu bezeichnenden Literaturgattung des Spätmittelalters[389]. Strafrechtliche Relevanz erreicht sie im Bereich des Hexenglaubens und der Hexenverfolgung, worauf zahlreiche Aussagen des Hexenhammers hinweisen[390].

In Verbindung mit dem sich seit dem Hochmittelalter verfestigenden Verbot geschlechtlicher Beziehungen außerhalb der Ehe konnten aus dieser Bewertung zwei grundsätzliche Positionen abgeleitet werden: War der Mann befähigter als die Frau und waren ihm ihre Schwächen bekannt, dann mußte er für die Verhinderung außerehelicher Beziehungen vorrangig verantwortlich sein. Umgekehrt konnte auch gefolgert werden, daß die Frau für ihre stärkere Neigung zur Unzucht selbst einzutreten hatte.

Je nachdem, welche Auffassung vertreten wurde, mußten die Rechtsfolgen für die Aufnahme außerehelicher Beziehungen andere sein. In der Zeit vom ausgehenden Hochmittelalter bis zum Beginn der Neuzeit vollzog sich diesbezüglich ein Wandel, der im zunehmenden Maße die Frau für nichteheliche Kontakte verantwortlich machte. Während des Hochmittelalters nahmen jene Bestimmungen einen breiten Raum ein, die der Frau Entschädigung gewährten, wenn sie mit einem Mann außerehelichen Umgang pflegte, dann aber nicht von ihm geheiratet wurde. Grundsätzlich galt der Mann als Verführer. Im weiteren historischen Verlauf kam es zu einer Vermehrung der Sittennormen im

---

[388] Daß schon zur Zeit der hochmittelalterlichen Minne Strömungen mit frauenverachtendem Charakter bestanden, kommt in einer Aussage der Christin *Pisan* zum Ausdruck: „Auf all diese Schmähungen antworte ich nur, nicht die Frauen sind es, die diese Bücher gemacht haben" (bezogen auf die Minnedichtung). Zitiert nach *Huizinga*, Herbst,188f.

[389] *Koebner*, Eheauffassung, 16ff.

[390] *Hexenhammer*, I, 106f: „Alles geschieht aus fleischlicher Begierde,die bei ihnen (= den Frauen) unersättlich ist. Sprüche am vorletzten: „dreierlei ist unersättlich (etc.) und das vierte, das niemals spricht: Es ist genug, nämlich die Öffnung der Gebärmutter". Darum haben sie auch mit den Dämonen zu schaffen, um ihre Begierde zu stillen."

„... aber den Verständigen ist hinreichende Klarheit geworden, daß es kein Wunder, wenn von der Ketzerei der Hexen mehr Weiber als Männer besudelt gefunden werden. Daher ist auch folgerichtig die Ketzerei nicht zu nennen die der Hexer, sondern der Hexen, damit sie den Namen bekomme a potiori; und gepriesen sei der Höchste, der das männliche Geschlecht vor solcher Schändlichkeit bis heute sowohl bewahrte: da er in demselben für uns geboren werden und leiden wollte, hat er es deshalb auch so bevorzugt."

Vgl. dazu auch *Englisch*, Geschichte, 101ff.

allgemeinen, die derartige Schutzvorschriften zugunsten der Frau allmählich in den Hintergrund drängten. Ausgehend vom Kindschaftsrecht wurden zur selben Zeit geschlechtliche Verbindungen differenziert und je nach der Schwere des geschlechtlichen Vergehens mit dem Entschädigungsanspruch der Frau in Beziehung gesetzt. Entsprechend der Art der Verbindung und dem Anteil, den die Frau an der Aufnahme der Verbindung hatte, wurde ihr kein oder ein abgestufter Entschädigungsanspruch zuerkannt. Pointiert kann dies als Wechsel von der Position der Verführten zur Position der Verführerin dargestellt werden[391].

Von hier aus bedeutete es nur mehr einen kleinen Schritt zur Vorstellung, daß es keine illegitime Sexualität gäbe, wenn sich vor allem die Frauen entsprechend zurückhaltend verhielten[392]. Wäre dieser Ansatz auch bei der Anwendung von Fornicationsnormen wirksam geworden, so hätte dies eine unterschiedliche Bestrafung von männlichen und weiblichen Fornicanten zur Folge gehabt haben müssen. Auf Grund der Durchsicht von etwa 500 abgeurteilten Fornicationsfällen aus O. Ö. und der Beiziehung publizierter deutscher und schweizer Quellen kann diese Frage jedoch nicht pauschal beantwortet werden. In nahezu allen Fällen wurden die gleichen Strafen für Mann und Frau verhängt, unterschiedliche meist nur dann, wenn einer der Betroffenen Wiederholungstäter war[393]. Das Nördlinger Recht des 16. und 17. Jhs. sah für Frauen sowohl bei Gefängnisstrafen als auch bei Geldstrafen gegenüber dem Mann eine deutliche Besserstellung vor[394] und in den genannten o. ö. Quellen wird ein Strafnachlaß für unbemittelte Frauen wesentlich öfter erwähnt als für unbemittelte Män-

---

[391] Zwei Beispiele aus der Kulturgeschichte können die beiden Positionen klar verdeutlichen:

Berthold von Regensburg (um 1210-1272; volkstümlicher Prediger), glaubte, daß die Frauen deshalb vom Teufel besonders oft versucht würden, weil sie außerordentlich keusch seien. Zitiert nach *Eisenbarth*, Kleiderordnungen, 90.

Demgegenüber wird in „Les très riches heures du Duc de Berry" (das sehr reiche Stundenbuch des Herzogs von Berry), fol. 25^{v} (Chantilly, Musée Condé), die Schlange in der Darstellung des Sündenfalls mit nacktem weiblichen Oberkörper gezeigt.

[392] *Simon*, Untertanenverhalten, 104.

[393] Als Beispiel ungleicher Behandlung auf Grund einer Wiederholung sei nur auf die bei der Herrschaft Steyr, Amt Forst und Ramsau behandelten Fälle aus d. J. 1718 verwiesen. In 34 angegebenen Fornicationsfällen wurde fünfmal wegen Wiederholung eine unterschiedliche Strafe ausgesprochen, wobei jedoch keine geschlechtsspezifische Unterscheidung feststellbar ist. *O. Ö. L. A., Herrschaftsarchiv Steyr*, Schachtel 50, Faszikel 3.

[394] Die Eheordnung der Reichsstadt Nördlingen v. J. 1578 sah für den Fall eines Unzuchtsdeliktes, bei dem ein umstrittenes Eheversprechen vorlag, das vom Gericht aber nicht anerkannt wurde, eine vierwöchige Gefängnisstrafe für den Mann und eine zweiwöchige für die Frau vor. Eine vierzehntägige Gefängnisstrafe für den Mann und achttägige für die Frau, wenn ein Eheversprechen weder dargetan noch bewiesen werden konnte. Achttägige Gefängnisstrafe für den Mann und viertägige für die Frau, wenn das strittige Verlöbnis als gültig anerkannt wurde oder unbestritten gültig war, die Brautleute aber vor der Hochzeit einander beigewohnt hatten. *Felber*, Unzucht, 54.

ner[395]. Ungleiche Strafen, die nicht auf einem Wiederholungsfall beruhten, beschränkten sich zumeist auf jene Fälle, bei denen beide Betroffene unbemittelt waren. In den o. ö. Urteilen mußte der unbemittelte Mann entweder eine geringere Geldstrafe zahlen oder eine öffentliche Arbeit leisten, während die Frau bei Mittellosigkeit mit einer Ehrenstrafe belegt wurde[396]. Sehr schwer ist zu beurteilen, ob dies nur eine formelle Ungleichbehandlung bedeutete oder ob sich daran wichtige unterschiedliche soziale Konsequenzen knüpften.

In einem von *Demelius* erwähnten Urteil wurde lediglich die Frau mit einer Geldstrafe belastet, da durch die Heirat ohnehin Gütergemeinschaft entstehe[397]. Dieses Urteil durchbrach die geltenden Rechtsvorstellungen der Zeit, nach denen der Mann auf Grund seines Leitungsrechtes für unrechtmäßiges Verhalten einer Hausangehörigen einstehen mußte. Diesem eher als Ausnahme zu betrachtenden Fall stehen umgekehrt zahlreiche Fälle gegenüber, bei denen der vermögende Teil — meist der Mann — die Strafe zu erlegen hatte[398].

---

[395] Urteile aus der Herrschaft Steyr, Amt Moln aus d. J. 1736: Ein Paar bekam zum zweitenmal unehelich ein Kind. Ausdrücklich vermerkte das Urteil, daß die Frau wegen ihrer Mittellosigkeit milder bestraft werde.

Zwei weitere Urteile: Da in beiden Fällen der Mann die Strafe allein übernehmen wollte, wurde die Strafe insgesamt gesenkt. *O. Ö. L. A., Herrschaftsarchiv Steyr*, Schachtel 50, Faszikel 4.

Urteile aus der Herrschaft Steyr, Amt Moln, aus d. J. 1733: In einem Urteil gegen zwei ledige Fornicanten wurde die Frau ohne Angaben von Gründen geringer bestraft. *O. Ö. L. A., Herrschaftsarchiv Steyr*, Schachtel 50, Faszikel 5.

Ein Urteil aus der Herrschaft Steyr,Amt Moln, aus d. J. 1758: Trotz gleicher Zugehörigkeit zur Grundherrschaft wurde eine Strafe der Frau nicht erwähnt. *O. Ö. L. A., Herrschaftsarchiv Steyr*, Schachtel 50, Faszikel 7.

[396] Beispiele von Urteilen aus der Herrschaft Steyr, Amt Forst und Ramsau v. J. 1718: Zwei Ledige wurden bestraft, weil sie ein drittes uneheliches Kind bekamen. Wegen der Mittellosigkeit mußte der Mann eine vergleichsweise geringere Geldstrafe bezahlen, während das „Mensch mit der Fidl und 2er Kirchfahrth nach Adelwang (O. Ö.)" gestraft wurde.

In einem vergleichbaren Fall mit einer Schwängerung wurde die Frau nur mit der Fidl bestraft.

Ein anderes Urteil in einem unehelichen Schwängerungsfalle belegte die Frau mit einer Gefängnisstrafe und einer „Kirchfahrt zum Frauenberg" (bei Klaus in O. Ö.).

Die Verhängung eines Kirchesbesuches kann wohl als Nachklang der ehemals von der Kirche verhängten Kirchenbuße gesehen werden.

Wegen ihrer Armut mußte wegen eines weiteren Unzuchtsfalles ohne Schwängerung die Frau eine Gefängnisstrafe abbüßen, der Mann aber eine vergleichsweise geringere Geldstrafe bezahlen. *O. Ö. L. A., Herrschaftsarchiv Steyr*, Schachtel 50, Faszikel 3.

In einem Fornicationsfall der Herrschaft Steyr v. J. 1758 mit Schwängerung wurde die Frau mit einer Geldstrafe belegt und „Der complex ist zu einen recrouten genommen worden". *O. Ö. L. A., Herrschaftsarchiv Steyr*, Schachtel 50, Faszikel 7.

Ein weiteres Urteil aus d. J. 1733 belegte den Mann armutshalber mit „Schloss=Arbeit", die Frau mit der Strafe der „Fidl". *O. Ö. L. A., Herrschaftsarchiv Steyr*, Schachtel 50, Faszikel 5.

Siehe auch *Demelius*, Dorfversammlung, 66.

[397] *Demelius*, Dorfversammlung, 65.

[398] Beispiele aus der N. Ö. Herrschaft Sonnberg bei *Leitich*, Maßnahmen, 132.

Den Eindruck einer gänzlich ungleichen Strafzumessung erwecken Urteile, welche entweder nur die Bestrafung der Frau oder die des Mannes aussprechen, ohne den zweiten Betroffenen auch nur zu erwähnen[399]. Hierbei handelte es sich jedoch regelmäßig um Probleme der Zuständigkeit, vor allem um die Frage, ob Personalitäts- oder Territorialitätsprinzip zur Anwendung gelangte, und nicht um die ungleiche Behandlung von Männern und Frauen[400].

Zusammenfassend kann bei der Bestrafung von Unzuchtstätern nicht von einer pauschal gehandhabten geschlechtsspezifischen Ungleichbehandlung gesprochen werden, sondern lediglich von Unterschieden im Einzelfall[401]. Wie weit hier der Bogen reichte, verdeutlichen zwei Urteile aus O. Ö. In einem Urteil aus Freistadt vom Jahre 1598, das den Fall einer unehelichen Schwängerung betraf, wurde nur ein Entscheid über die Gültigkeit eines Eheversprechens und über den Unterhalt des Kindes getroffen, aber keine Strafe ausgesprochen[402]. Anders ein Urteil der Herrschaft Steyr aus dem Jahre 1753, durch das die geschwängerte Frau bestraft wurde, nach dem sie wegen der zu erwartenden Fornicationsstrafe in die Steiermark geflohen war, dort den Kindesvater geheiratet hatte und schließlich zurückgekehrt war. Der Mann konnte nicht bestraft werden, weil er weiterhin flüchtig blieb[403] (Bei einem Vergleich dieser Urteile muß jedoch auch der Fortschritt der Entwicklung zwischen 1598 und 1733 beachtet werden).

Daß das Schwergewicht gerade bei Unzuchtsstrafen im Einzelfall lag, wird auch bei einer Betrachtung der Gerichtsorganisation deutlich. Die tatsächlich mit der Durchführung der Polizeiordnungen betrauten Organe standen regelmäßig als Pfleger im Dienst der Herrschaft und wurden von dieser entlohnt[404].

---

399 Bereits publizierte Beispiele bei *Leitich*, Maßnahmen 124f.

Weiters siehe das Eingangs angeführte Fornicationsurteil (Anmerkung 1).

Vgl. auch *Moser*, Jungfernkranz, 153f., der einen ähnlichen Fall aus Simbach bei Landau an der Isar v. J. 1725 berichtet.

400 Deutlich wird dies in einem Fornicationsurteil der Herrschaft Steyr, Amt Moln, aus d. J. 1733: Nur die Frau wurde armutshalber mit einer geringen Geldstrafe belegt, während „des bueben straff kommet im Ambt Grüenburg ein“. *O. Ö. L. A., Herrschaftsarchiv Steyr*, Schachtel 50. Faszikel 5.

401 Es war ein allgemeines Kennzeichen der zeitgenössischen Rechtswissenschaft und Rechtspraxis, Einzelprobleme in den Vordergrund zu stellen und auf den praktischen Alltag abzustimmen. Dazu *Wieacker*, Privatrechtsgeschichte, 205. *Stintzing-Landsberg*, Geschichte, I, 654. Daraus ergibt sich auch für das vorliegende Thema die Notwendigkeit der Betrachtung der Einzelerscheinungen größere Bedeutung beizumessen und generelle Aussagen nur durch die Angabe von Tendenzen zu finden.

Das Übergewicht des Einzelfalles kann auch in der Rechtspraxis der Reichsstadt Nördlingen nachgewiesen werden, wo lokale Verhältnisse, politische Gegebenheiten usw. einen bedeutenden Einfluß auf die jeweilige Beurteilung eines bestimmten Falles im Rahmen des Polizeirechtes gewannen. Vgl. dazu *Felber*, Unzucht, 133ff.

402 *O. Ö. L. A., Stadtarchiv Freistadt*, Schachtel 366, Aboo II 2.

403 *O. Ö. L. A., Herrschaftsarchiv Steyr*, Schachtel 50, Faszikel 5.

404 Zur wirtschaftlichen Bedeutung der Pflegschaft einer Herrschaft siehe auch *Brunner*, Studien, 142ff.

Die Entlohnung bestand häufig in einem quotenmäßigen Anteil der aus den Polizeistrafen eingegangenen Mittel[405], weshalb der Pfleger schon aus persönlichen und wirtschaftlichen Gründen an den Geldern interessiert sein mußte. Unterstellt man, daß die wirtschaftliche Überlegung in vielen Fällen wichtiges Antriebsmoment bei der Durchführung der Polizeiordnungen war, so mußte dem jeweils Betrauten die Anzahl der Fälle wichtig sein, unwichtig hingegen eine geschlechtsspezifische Scheidung der Delinquenten. Daß in den untersuchten Fällen nur Geldstrafen verhängt wurden, Ehrenstrafen und öffentliche Arbeiten aber nur bei Mittellosigkeit — obwohl die altösterreichischen Polizeiordnungen ausdrücklich Leibesstrafen und Gefängnisstrafen an Stelle von Geldstrafen verlangten — unterstreicht die Bedeutung der wirtschaftlichen Komponente.

Der wichtigste Ansatzpunkt für eine mögliche ungleiche Behandlung unehelicher Mütter und unehelicher Väter lag demnach im tatsächlichen Naheverhältnis zwischen den unehelichen Eltern und ihrem Kind. Hierbei muß zwischen solchen unehelichen Eltern unterschieden werden, deren Verbindung in eine Ehe oder eheähnliche Gemeinschaft mündete und jenen, die keine dauernde Verbindung eingingen.

Die erste Gruppe vorehelicher und eheähnlicher Gemeinschaften, welche grundsätzlich auf den Abschluß einer Formalehe zielten, begegneten häufig in bäuerlichen und unterbäuerlichen Bevölkerungsschichten, weniger in Schichten des Bürgertums. Die Aufnahme geschlechtlicher Beziehungen erfolgte meist im Rahmen der Einleitung der Ehe oder eines daraus entspringenden Konkubinates. Konkubinate waren häufige Erscheinungen, da der Abschluß einer Formalehe oft nicht möglich war. Unabhängig von „Schuldanteil" des Mannes oder der Frau am Entstehen solcher Verbindungen, verfolgte das Polizeirecht das Ziel, sämtliche außerehelichen Geschlechtsbeziehungen zu unterbinden oder den Abschluß einer Formalehe zu erzwingen. Im Falle einer Schwängerung versuchten daher vor allem die Angehörigen des Bürgertums durch eine vorgezogene Heirat der drohenden Fornicationsstrafe zu entgehen. Die Festlegung der Siebenmonatefrist und die daran knüpfenden „Strohkranzhochzeiten" sollten eine Umgehung der Fornicationsstrafen verhindern. In bäuerlichen und unterbäuerlichen Schichten nahmen uneheliche Eltern Fornicationsstrafen manchmal in Kauf, beendeten ihre eheähnliche Gemeinschaft deswegen aber nicht. Dem traten die Polizeiordnungen durch die Androhung von erhöhten Strafen in Wiederholungsfällen entgegen. Manche Grundherrschaften gingen noch weiter und verhängten sogar Herrschaftsverweisung, wenn es zu einer unehelichen Schwängerung gekommen war: Die Untertanen sollten weder eine „schwangere dirn in iren diensten behalten oder in iren Heusern niderzuligen gestatten", noch jene Knechte, „davon sie geschwängert, zu diensten" behalten,

[405] In einem Fornicationsurteil der Herrschaft Steyr v.J. 1758 wurde die Beteiligung ausdrücklich angesprochen: „Die molnnische Straffen tragen über Abzug des hf.(=hochfürstlichen) Verwalters Sechstel lauth Spezification aus ...". *O. Ö. L. A., Herrschaftsarchiv Steyr*, Schachtel 50, Faszikel 7.

sondern die Fornicanten zur Anzeige bringen[406]. Hausväter, die der Anzeigepflicht nicht nachkamen oder gar versuchten, „dergleichen persohnen noch darzue heimblich" durchzuhelfen, wurden beispielsweise im Weistum der Herrschaft Viechtenstein (damals zu Passau gehörig, heute O. Ö.) aus dem Jahre 1688 mit Strafe bedroht[407].Daraus geht einerseits hervor, daß eheähnliche Gemeinschaften durchwegs üblich waren, und daß andererseits uneheliche Eltern, die in einer derartigen Verbindung lebten, grundsätzlich gleich von den Auswirkungen der Fornicationsnormen bzw. der diese absichernden Normen betroffen waren. Wichtige privatrechtliche Fragen, ob bei Vorliegen einer eheähnlichen Gemeinschaft der unehelichen Mutter Ersatzansprüche und ein Kindbettgeld zustanden, wer für die persönliche und materielle Obsorge für das Kind aufzukommen hatte usw. gehen aus den Quellen nicht hervor.

Anders mußte die Anwendung von Fornicationsnormen dann wirken, wenn uneheliche Eltern nicht in einer eheähnlichen Gemeinschaft bzw. in einer Ehe, sondern getrennt lebten.

Da auch in diesen Fällen oft erst durch die Schwangerschaft das Vorliegen eines Unzuchtsfalles offenbar wurde, stand zuerst die Frau im Mittelpunkt des Fornicationsverfahrens. War die Person des unehelichen Vaters bekannt, wurde über beide Elternteile eine Fornicationsstrafe verhängt. Andernfalls mußte erst die Identität des Vaters in Erfahrung gebracht werden, wozu in Rechtsquellen anderer Territorien sogar Druckmittel vorgesehen waren, wollte die uneheliche Mutter den Namen des Kindesvaters nicht bekannt geben[408]. Die Polizeiordnungen der altösterreichischen Länder enthielten diesbezüglich keine Normen.

War die Person des Vaters bekannt, konnte es bei Bestreitung der Aufnahme eines unehelichen Geschlechtsverkehrs durch den Mann zu einem Vaterschaftsprozess und daran anknüpfend zu Streitigkeiten über Entschädigungsansprüche wegen der geminderten Heiratsaussichten der Frau, über Aufwendungen bei der Geburt, über den Unterhalt des Kindes und über die Erziehungsberechtigung kommen. Diese Fragen zählen zwar zum Problemkreis des Privatrechtes, sollen aber zur Abrundung des Gesamtbildes kurz skizziert werden.

Die Frage nach einer Entschädigungsleistung für den Verlust der weiblichen Ehre bzw. für dadurch geminderte Heiratsaussicht der Frau wurde bereits im Spätmittelalter zunehmend davon abhängig gemacht, inwieweit die Frau den

[406] Ehaftstifttaiding der Pfarre Vöklabruck aus der zweiten Hälfte des 16. Jhs. *O. Ö. Weistümer*, III, 466, Zl. 1ff.
Ähnlich das Banntaiding des Stiftes St. Florian für das Amt Wimberg (oberes Mühlviertel) aus der Mitte des 17. Jhs. *O. Ö. Weistümer*, I, 364, Zl. 23ff. und nochmals aus der ersten Hälfte des 18. Jhs. *O. Ö. Weistümer*, I,368, Zl. 20ff. Weiters das Banntaiding des Stiftes St. Florian für die Riedmark (O. Ö.) aus dem Jahre 1700. *O. Ö. Weistümer*, I, 378, Zl. 3ff.

[407] Ehafttaiding der Herrschaft Vichtenstein aus d.J. 1688. *O. Ö. Weistümer*, I, 90, Zl. 10ff.

[408] *Simon*, Untertanenverhalten, 104ff. mit einschlägigen Beispielen.

Mann zur Aufnahme der unehelichen Beziehung „angereizt" hatte. Daraus konnte sogar die Verpflichtung der Frau erwachsen, zu beweisen, daß sie keine leichtfertige Person sei und den Mann nicht zur Unzucht „angereizt" hatte. Als Mindestanforderung wurde diesbezüglich vermutlich erwartet, daß noch keine Verurteilung wegen Unzucht vorlag[409], bester Beweis war aber in der Regel das Vorliegen eines gültigen und nachweisbaren Eheversprechens[410].

Als weiteres bedeutendes Problem erhob sich die Frage, ob da uneheliche Kind von seinem Vater oder seiner Mutter aufgezogen werden sollte. Dazu trafen die verschiedenen Rechtsquellen unterschiedliche Anordnungen. Eine Memminger Ordnung aus dem Jahre 1531 verpflichtete den unehelichen Vater, sein uneheliches Kind in seinem Haushalt aufzuziehen, wenn er verheiratet war und einen Hausstand hatte, in den das Kind eintreten konnte[411]. Eine Scheuenburger Polizeiordnung aus dem Jahre 1615 überließ der unehelichen Mutter die Entscheidung,ob sie das Kind selbst aufziehen oder dem unehelichen Vater übergeben wollte[412]. Ein 1598 in einer o. ö. Herrschaft ergangenes Urteil trug der unehelichen Mutter auf, das Kind ein Viertel Jahr zu behalten, dann aber dem Vater zur weiteren Sorge und Erziehung zu übergeben[413]. Eine Vielzahl an Belegen zeigt jedoch, daß die uneheliche Mutter im Regelfall selbst ihr Kind aufzog, während der uneheliche Vater Unterhalt zu leisten hatte[414].

Der Anspruch eines unehelichen Kindes auf Unterhalt fand erst im Zuge der Rezeption des römisch-gemeinen Rechtes Eingang in das heimische Recht[415]. Obwohl der Unterhaltsanspruch immer als Anspruch des Kindes gegen seinen unehelichen Vater galt[416], wurde er manchmal mit dem Anspruch der Mutter auf die bei der Geburt anfallenden Aufwendungen und dem Anspruch der Mutter auf Ersetzung der verminderten Heiratsaussichten verquickt. Ansatz-

---

[409] Vgl. dazu die Ausgestaltung der mildernden Umstände bei Fornicationsfällen in Art. 81, § 4 *CCT*.

[410] *Simon*, Untertanenverhalten, 104ff.

Für die österr. Rechtsentwicklung fehlen hier einschlägige Untersuchungen.

[411] Zitiert nach *Schmelzeisen*, Polizeiordnungen, 81.

[412] Zitiert nach *Leineweber*, Beziehungen, 130.

[413] *O. Ö. L. A., Stadtarchiv Freistadt*, Schachtel 366, Aboo II 2.

[414] *Leineweber, Beziehungen*, 193.

Die Vertreter des Naturrechtes sahen es als natürliches Recht an, daß die uneheliche Mutter ihr Kind selbst aufziehe, denn diese „Vorschrift fordern die natürlichen Verhältnisse". *Zeiller*, Commentar, I, 452.

[415] Rechtsaufzeichnungen aus der Zeit vor der Rezeption enthalten keine Aussagen über den Anspruch eines unehelichen Kindes gegen seinen Vater. Erst im Laufe des 15. Jhs. kam es zu einer Übernahme des römisch-gemeinen Rechtes, das in diesem Fall auf der Grundlage des kanonischen Rechtes stand. *Leineweber*, Beziehungen, 129f.

Vgl. dazu auch *Conrad*, Rechtsgeschichte, II, 348. *Huber*, Geschichte, IV, 534. *Heierle*, Geschichte, 1ff.

Vgl. außerdem *Demelius*, Dorfversammlung,58.

[416] *Leineweber*, Beziehungen, 129ff., 145ff., 185ff.

punkt für diese Vermischung war eine von den Glossatoren im Hochmittelalter aus dem Zusammenwirken spätrömischer und kanonischer Rechtssätze entwickelte Einteilung der Kinder. Diese Einteilung sah eine Scheidung in eheliche und uneheliche Kinder vor, die der heimischen Rechtstradition entgegen stand und daher erst nach Überwindung verschiedener Hindernisse in das heimische Recht Eingang fand. Die Gruppe der unehelichen Kinder wurde nochmals nach dem Grad der Verwerflichkeit einer unehelichen Beziehung geschieden: in Kinder, deren Eltern eine Ehe hätten eingehen können und in Kinder aus verbotenen Geschlechtsverbindungen (z. B. Ehebruch, Blutschande, Priesterkinder usw.). In das heimische Recht fand diese von den Glossatoren nicht einheitlich ausgestaltete Unterscheidung nur sehr vereinzelt Aufnahme[417].

---

[417] Seit der fränkischen Zeit bestimmte die Kirche zunehmend das Eherecht, wendete also wegen des Sakramentscharakters der Ehe kanonische Vorschriften über Entstehen, Ausgestaltung und eventuelle Beendigung einer Ehe mit dem Anspruch auf „zivile Rechtsverbindlichkeit" für alle Gläubigen an. In der heimischen Rechtstradition war es jedoch zumindest dem Mann erlaubt, neben einer Muntehe als Hauptehe auch Friedelehen mit freien und Kebsehen mit unfreien Frauen einzugehen. (*Mikat*, Ehe, in: *HRG*, I, Sp. 809 ff.; *Marzbacher*, Ehe, kirchenrechtlich, in: *HRG*, I, Sp. 833 ff.).

Die Rechtsstellung der Kinder bestimmte sich nach dem Stand der Eltern als Freie oder Unfreie und durch die Zugehörigkeit zu einer Sippe. Waren beide Eltern frei — so im Falle von Munt- und Fridelehen — galt auch das Kind als frei. Kinder von mindestens einem unfreien Elternteil waren nach dem Prinzip „Kinder folgen der ärgeren Hand" (*Ogris*, Ärgere Hand, in: *HRG*, I, 218 ff.), das bis in die Neuzeit zumindest im Hochadel in abgewandelter Form galt, grundsätzlich unfrei. Die Zugehörigkeit des Kindes zu einer Sippe, die allein die Teilnahme am sozialen und rechtlichen Leben ermöglichte, wurde durch förmliche, meist sakral gestaltete Akte begründet (*Schwab*, Kind, in: *HRG*, II, Sp. 717 ff.). Mit dem Vordringen des kanonischen Eherechtes vollzog sich auch für die Rechtsstellung der Kinder ein bedeutsamer Wandel (*Schwab*, Grundlagen, 28, Anmerkung 60). Auf Grund des Postulates der monogamen Ehe konnten nur Kinder einer kanonisch rechtmäßig verheirateten Ehefrau die bestmögliche Rechtsposition erhalten, während Kinder einer Fridelehe als unehelich galten. In späterer Zeit mußten auch vor der Ehe erzeugte Kinder, sogenannte „unzeitige Kinder" eine Beschränkung ihrer Rechtsstellung hinnehmen. An Stelle der Aufnahme in die Sippe, die durchaus flexibel gehandhabt werden konnte, war das Kind nunmehr vom starr festgelegten Rechtsband zwischen den Eltern abhängig. Seit dem 10. Jh. wurden die im Inzest erzeugten Kinder von kirchlichen Ämtern ausgeschlossen und später, nachdem der Zölibat gefestigt worden war, die Kinder Geistlicher. Ab dem 12. Jh. erfaßte das Verbot schlechthin alle Unehelichen (*Richter*, Lehrbuch 373 f. mit zahlreichen Quellenangaben).

Damit gab es 2 Gruppen von Kindern, eheliche und uneheliche, die seit dem Spätmittelalter nochmals unterteilt und mit unterschiedlichen Rechtsfolgen ausgestattet wurden. Besser gestellt waren uneheliche Kinder, deren Eltern in einem bestimmten Zeitraum heiraten hätten können, schlechter jene, die einer „verwerflichen Geschlechtsverbindung" entstammten. Zu letzteren zählten Blutschandekinder (allgemein „incestuosi" genannt; Kinder von Aszententen und Deszententen, „nepharii" genannt), Ehebruchskinder(„adulterini" genannt), Kinder Geistlicher („sacrilegii" genannt) und Kinder aus einer vorübergehenden Geschlechtsbeziehung („spurii, Winkelkinder, Hurenkinder oder Bastarde" genannt) (*Schmalzgrueber*, Jus, VII, 315 ff. *Schubart-Fikentscher*, Unehelichen-Frage, 35 ff.). Während jene, die incestuosi, adulterini und sacrilegii betreffenden Bestimmungen überwiegend als Schutz bestimmter Rechtsgüter verstanden werden können, erweist sich die Benachteiligung von spurii bereits deutlich als Rechtsfolge

Zusammengefaßt bedeutete dies, daß eine uneheliche Mutter nur dann Entschädigung und „Kindbettgeld" und auch das Kind seinen Unterhalt nur bekam, wenn der uneheliche Vater eindeutig feststand, der Frau kein Vorwurf der Leichtfertigkeit gemacht werden konnte[418] und das Kind keiner verbotenen Beziehung entstammte[419]. Selbst manche Naturrechtslehrer vertraten teilweise noch diesen Standpunkt, wie beispielsweise eine Aussage *Justis* zeigt, der unehelichen Müttern überhaupt keinen Unterhalt zuerkennen wollte, damit sich die Frauen den Männern eher versagten[420].

---

der Abwertung menschlicher Sexualität außerhalb der streng gezogenen Grenzen für alle Betroffenen.

Zum Problem der Einteilung unehelicher Kinder und der daraus entspringenden Rechtsfolgen in der deutschen Rechtsentwicklung vgl. *Leineweber*, Beziehungen, 46. *Schmelzeisen*, Polizeiordnungen, 81 f.

Zur Entwicklung in Österreich vgl. *Wesener*, Rechtsstellung des unehelichen Kindes, 498.

Als interessantes Beispiel für das Eindringen der römisch-gemeinen Unterscheidung nichtehelicher Kinder in O. Ö. sei auf das „Tractat vom Erbrecht" des Oberösterreichers Veith *Stahel* verwiesen. In diesem Tractat wird unter der Überschrift „Von den Kindern, wieviellerley deren sein" fünf Gruppen von Kindern dargestellt und ihr unterschiedliches Erbrecht erläutert:

„Weiter ist zu merckhen daz fünferley Kinder sein
die ersten haißen liberi naturales et legitimi
recht natürliche eheleibliche eheliche Kinder,
die andern heißen legitimi liberi tantum.
Geehelichte oder geebigte Kinder, oder die man
legitimiert, die dritten heissen liberi natura=
les tantum, natur Kinder, die der Vatter
ausser der ehe erzeuget, bey einer, die er
woll möcht zu der Ehe nemen, haissen auch
Bastardi, die viertten haissen spuri vel vulgo
concepti, daz sein huren kinder, schlaffkinder
so die Muetter ausser der ehe erobert hat,
vnd waiß nit wer der Vatter ist, die fünfften
heisen incestuosi, Kinder die auß verbot=
tenem beyschlaff oder vermischung, alß ehe=
bruch, auch auß den gefreundten, Schwager=
schafft vnd Geistlichen Persohnen gebohren
weren, vnd diese Kinder haben vnterschiedliche
namen. Nephari sein Kinder auß den
gesibbten Bluetsfreundten, in auf vnd abstei=
genter Lini. Atulterim Kinder die der vatter in
stehenter ehe auß dem Ehebruch erobert, Nothi
Kinder, welche die Muetter in stehenter ehe auß
dem ehebruch erobert?"

O. Ö. L. A., Herrschaftsarchiv Eferding, Starhemberger Handschrift 86, fol. 243-417, besonders fol. 272v-273v. Zu diesem Traktat siehe *Ellrichshausen*, Legitimatio.

418 *Simon*, Untertanenverhalten, 108.

419 *Leineweber*, Beziehungen, besonders 48 ff., 60 ff., 109 ff., 121 ff., 164 ff., 172 ff.

420 *Schmelzeisen*, Rechtsfrage, 621.

Während die Qualität unehelicher Beziehungen in der Rechtspraxis das Bestehen eines Unterhaltsanspruches gegen den unehelichen Vater nur sehr unwesentlich betraf[421], war seine Höhe und die damit verquickten Ansprüche der Mutter oft vom Vorwurf der Leichtfertigkeit der Frau abhängig. In einem niederösterr. Urteil aus dem 17. Jh. wurde beispielsweise der uneheliche Vater mit einer Geldstrafe belegt, die uneheliche Mutter aber wegen ihrer Leichtfertigkeit des Landes verwiesen. Sie erhielt kein Kindbettgeld, sondern nur einen geringen Unterhalt für das Kind[422]. Zahlreiche vergleichbare Beispiele belegen ähnliche Gepflogenheiten in der Rechtspraxis der Stadt Basel[423].

In vielen Fällen hatte somit die uneheliche Mutter für die Erziehung und Versorgung des Kindes unmittelbar aufzukommen, wobei ihre wirtschaftliche und soziale Stellung vom Vorwurf der Leichtfertigkeit und ihrer Zugehörigkeit zu bürgerlichen oder bäuerlichen Kreisen mehr oder minder beeinträchtigt war. Soferne die uneheliche Mutter keinen eigenen Haushalt führte, wurde damit das Problem der Versorgung eines unehelichen Kindes zum Problem jenes Haushaltes bzw. jener Obrigkeit, denen die uneheliche Mutter angehörte. Dieses Versorgungsargument sowie die Angst vor der Zunahme einer mittellosen Unterschicht war nicht nur eine wesentliche Ursache für die Eingriffe frühneuzeitlicher Obrigkeiten in das Leben der Untertanen[424], sondern auch ein handfester wirtschaftlicher Angriffspunkt für die soziale Abwertung unehelicher Eltern oder unehelicher Mütter[425]. Es hing weitgehend von der Versorgungsmöglichkeit und der Versorgungsbereitschaft des jeweiligen Haushaltes ab, wieweit man unehelichen Eltern und ihren Kindern entgegenkam. In bäuerlichen Kreisen bestand wegen der dort verbindlichen Sozialnormen grundsätzlich die Bereitschaft, uneheliche Mütter und ihre Kinder zu akzeptieren, denn die Versorgungsmöglichkeit durch „zusätzliche" Kinder wurde in den meisten Fällen nur unwesentlich beeinträchtigt. Ein uneheliches Kind bedeutete auf lange Sicht vielmehr den Zugewinn einer weiteren Arbeitskraft für den Hof, weil für uneheliche Kinder nur sehr beschränkte Berufsaussichten bestanden[426]. Die oben erwähnten Gegenmaßnahmen gegen diese vor allem von der bäuerlichen Bevölkerung vertretenen Haltung, nämlich Wiederholungsstrafen, Herrschaftsverweisung, Anzeigepflichten der Hausväter und so weiter, mußte die Unterstützungsbereitschaft bäuerlicher Kreise schwer belasten. Die Entlassung des Personals und sogar die Verstoßung von Verwandten konnte die Folge sein. Für die Betroffenen bedeutete die Ausweisung aber mehr als eine

---

[421] *Leineweber*, Beziehungen, 146.

[422] *Demelius*, Dorfversammlung, 58 f.

[423] *Simon*, Untertanenverhalten, 242 f.

[424] *Simon*, Untertanenverhalten, 139.

[425] *Mitterauer*, Mütter, 67, weist darauf hin, daß eine monokausale Erklärung der sexuellen Freiheit vor der Ehe allein aus ökonomischen Wurzeln nicht haltbar sei, obwohl bedeutende Zusammenhänge bestünden.

[426] *Mitterauer*, Mütter, 71, 75.

momentane Schwierigkeit Unterhalt und Wohnung zu finden, da im Falle einer Ausweisung kein Dienstzeugnis gegeben werden durfte. Ohne Zeugnis war aber die Aufnahme in einen neuen Dienst wegen des Bestehens entsprechender Verbote nicht mehr möglich[427]. Erst unter dem Einfluß des Naturrechtes wurden derartige rigorose Maßnahmen aufgegeben: Eine „Schwangere dirn durfte ohne vorwüssen und anzaig der obrigkeit“ nicht mehr „beurlaubt oder auß dem dienst“ entlassen werden[428].

Anders war der Blickwinkel des Bürgertums und das nicht nur wegen seiner Moralvorstellungen. Die engräumigen wirtschaftlichen Verhältnisse, welche besonders den Handwerkern in vielen Fällen nur auf Grund zünftischer Regelungen ein Minimum an Absatz und damit Verdienst ermöglichte, erlaubte keine „unkontrollierte“ Vermehrung der Hausangehörigen[429]. Die uneheliche Mutter mußte daher schon wegen der oft herrschenden Versorgungsschwierigkeiten mit Sanktionen rechnen; besonders Hausangestellte, denen im Regelfall Entlassung drohte[430]. Hier waren es grundsätzlich standesinterne Normen, welche sich gegen uneheliche Beziehungen richteten und ebenfalls wegen des Nahverhältnisses zwischen alleinstehender unehelicher Mutter und Kind wohl vorwiegend die Frau betrafen[431].

Die entlassene, mittellose, uneheliche Mutter war in weiterer Folge auf die jeweils zuständige Obrigkeit angewiesen, deren Hilfsbereitschaft wiederum vom Stand — also Stadtobrigkeit oder Grundherrschaft — und vom Entgegenkommen der jeweiligen Herrschaftsträger abhängig war. Die in vielen Fällen fehlende Unterstützungsbereitschaft der jeweiligen Obrigkeiten[432] wurde erst

---

427 So bestimmte beispielsweise die „Dienstbotten = Ordnung“ v. 15. Juli 1688, daß keine Dienstboten aufgenommen werden dürften, „die da nicht mit ihren ordentlichen Abschied versehen / oder andere glaubwürdige Zeugnuß ihres Wohlverhaltens vorzeigen“ können. *Codex Austriacus*, I, 279. O. Ö. Landtafel, 3. Buch, 6. Titel, § 9, in: Sammlung Chorinsky, Band 23, 72f.

Vgl. auch *Leitich*, Maßnahmen, 131.

428 Zusätzliche Verordnung für die Untertanen im Garsten- und Stodertal v. 7. Juni 1701 der Herrschaft Stift Spital am Phyrn. *O. Ö. Weistümer*, II, 246, Zl. 19ff.

Weitere ähnliche Beispiele im summarischen Extrakt des Stift- und Bannteiding des Klosters Wilhering v. J. 1754. *O. Ö. Weistümer*, III, 234, Zl. 40, und ähnlich im Stift- und Bannteiding des Klosters Wilhering aus der Mitte des 18. Jhs. *O. Ö. Weistümer*, III, 239, Zl. 36ff.

429 *Mitterauer*, Mütter, 71, 75.

430 *Hartl*, Kriminalgericht, 297, mit Belegen vom Ende des 18. und Beginn d. 19. Jhs.

431 *Mitterauer*, Mütter, 61, 71f.

432 Alte, aus dem Mittelalter übernommene Versorgungsrechte einer schwangeren Frau hatten diesbezüglich nur geringe Wirkung. Dazu zählte in manchen Herrschaften z. B. das Recht, für schwangere Frauen Fische zu besorgen (so im Forstrecht der Herrschaft Seisenburg aus der Zeit zwischen 1586 und 1604; *O. Ö. Weistümer*, II, 195, Zl. 10ff.; Forstrecht derselben Herrschaft v. J. 1605, *O. Ö. Weistümer*, III, 200, Zl. 32ff.; und nochmals v. J. 1623, *O. Ö. Weistümer*, II, 207, Zl. 45ff.). Obwohl dabei nicht zwischen verheirateten und unverheirateten Frauen unterschieden wurde — die Problemstellung wurde erst in der Neuzeit relevant — ist anzunehmen, daß derartige Vorschriften wohl

spät unter dem Einfluß des Naturrechtes durch verschiedene Anordnungen *Maria Theresias* geregelt. Eine Ordnung vom Jahre 1746 bekrittelte beispielsweise, daß arme Frauen, welche kurz vor der Geburt stünden, nirgendwo Aufnahme fänden, weil die jeweiligen Herrschaften fürchteten, Verpflichtungen übernehmen zu müssen. Die Landesfürstin ordnete daher an, daß die Grundherrschaften in solchen Fällen die Landeshauptmannschaft zu benachrichtigen hätten, welche die notwendigen Vorsehungen treffen müsse. Die Landeshauptmannschaft sollte jedoch Mutter und Kind nicht allein deshalb in die Verpflegung einer Herrschaft übergeben, weil das Kind in dieser Herrschaft geboren worden war[433]. In einer Ordnung vom Jahre 1755 wurde die für die Mutter zuständige Obrigkeit auch als zuständig für die Fürsorge von Mutter und Kind erklärt und hatte die Verpflegung entweder selbst zu übernehmen oder einen „Azungsbeitrag" zu leisten[434]. Die beiden Ordnungen bringen deutlich die schwierige wirtschaftliche Lage unehelicher Mütter zum Ausdruck, zeigen aber auch, daß die Sorgepflicht für das Kind in der Mitte des 18. Jhs. überwiegend bei der unehelichen Mutter gelegen haben muß[435].

Das Nahverhältnis zwischen unehelichen Eltern und unehelichem Kind war jedoch nicht allein ausschlaggebend für die wirtschaftliche Stellung der Betroffenen, sondern auch für das Problem der Ehre unehelicher Eltern. Meist war es ja erst eine Schwangerschaft oder Geburt, an die eine Unzuchtsstrafe geknüpft werden konnte. Unterstellt man, daß in vielen Fällen die Mutter das Kind in Pflege und Obsorge hatte, so konnte das Kind vor diesem Hintergrund lebendes und die uneheliche Mutter stets begleitendes Zeugnis ihres „Fehlverhaltens" werden. Dadurch konnte ihre soziale Wertung stärker betroffen sein, als die des unehelichen Vaters, dessen „Fehlverhalten" wegen des fehlenden Nahverhältnisses nach gewisser Zeit leichter in Vergessenheit geriet. Zu den hier einsetzenden Wertungen des jeweiligen bürgerlichen oder bäuerlichen Umfeldes trat seit der *NÖPO 1552* die Bestimmung, wonach Ehebrecher und diejenigen, welche Unzucht begingen, „für Infames und vntüchtig" gehalten werden sollten[436]. Die Frage der Infamie gewann aber erst dann entscheidende Bedeutung, als Ende des 16. Jhs. die Geldstrafen für Unzucht zunehmend durch Körperstrafen

---

vorrangig für die Ehefrauen der Untertanen gedacht waren. Eine Vorschrift in der Ehaft des Marktes Lambach v.J. 1735 macht dies deutlich: Darin wurde angeordnet, daß bei einem Hausverkauf der Käufer für die schwangere Frau (gemeint ist die Hausfrau) einen gewissen Geldbetrag zu geben hatte. (*O. Ö. Weistümer*, I, 158, Zl. 12ff.; vgl. dazu auch *O. Ö. Weistümer*, II, 271, Zl. 25ff.).

433 „Armen schwangern Weibspersonen Unterstandsverschafffung" v. 4. 8.1746. *Codex Austriacus*, V, 232.

434 „Kinder lediger Weibspersonen Verpflegung" v. 15. Mai 1755. *Codex Austriacus*, V, 999f.

Die Angst der Obrigkeit vor der Übernahme von Verpflegungskosten war z. B. in der Stadt Basel eine wichtige Ursache für den Eingriff in das sittliche Verhalten der Untertanen. *Simon*, Untertanenverhalten, 139f.

435 Vgl. zur Sorgepflicht auch *Schubart-Fikentscher*, Unehelichen-Frage, 76ff.

436 *NÖPO 1552*, 43.

ersetzt werden sollten und sich die Obrigkeiten seit dem Ende des 30jährigen Krieges verstärkt für die Sittlichkeit der Untertanen zu interessieren begannen[437]. Ehrenstrafen wurden bis zu dieser Zeit meist von Gleichrangigen gegen Gleichrangige im Sinne einer sozialen Selbstregulierung gehandhabt, bekamen jetzt aber mehr und mehr den Charakter eines obrigkeitlichen Instrumentariums zur unbedingten Durchsetzung bestimmter Ziele[438]. Unter Zugrundelegung der Idee, daß die Frau eine höhere Verpflichtung zur Vermeidung außerehelicher Beziehungen treffe, konnte die nunmehr überwiegend obrigkeitlich eingesetzte Ehrenstrafe die uneheliche Mutter unter Umständen stärker treffen als vergleichsweise den unehelichen Vater. Im Bereich der Rechtswissenschaft kam die genannte Tendenz z. B. in einem Gutachten der sächsischen Universität Halle zum Ausdruck: Auf eine Anfrage, wer die tatsächliche Last des Ehrenmakels zu tragen habe, entschied die dortige Juristenfakultät, daß die uneheliche Mutter allein vom Ehrenmakel betroffen sein sollte, weil sich eine Frau durch außereheliche Beziehungen stärker verunreinige als der Mann[439]. Anders in den altösterr. Polizeiordnungen, welche keine geschlechtsspezifischen Unterscheidungen hinsichtlich des Ehrenmakels trafen. In der Rechtspraxis kam es jedoch zu unterschiedlichen Folgen. So wurden beispielsweise in der Reichsstadt Nördlingen vergleichsweise mehr Ehrenstrafen verhängt als etwa durch die untersuchten o. ö. Herrschaftsgerichte[440], was vermutlich auf die bürgerlichen bzw. bäuerlichen Lebensverhältnisse zurückgeführt werden kann. 1732 erging in Nördlingen eine nur Fornicantinnen betreffende Verordnung, nach der unvermögende Mädchen mit einer Ehrenstrafe belegt wurden, wenn sie eine bestimmte Geldstrafe nicht aufzubringen vermochten[441]. In den altösterreichischen Ländern gab es keine vergleichbaren Regelungen, es kam aber auch hier zu unterschiedlichen Strafen, wenn die Fornicanten mittellos waren. Wie die untersuchten o. ö. Fornicationsurteile ausweisen, konnten meist Frauen die geforderte Geldstrafe nicht erlegen, weshalb in den untersuchten Fällen mehr Frauen als Männer eine ersatzweise Ehrenstrafe abzubüßen hatten. War auch der Mann mittellos, so wurde über ihn häufig eine öffentliche Strafe verhängt, manchmal auch eine Ehrenstrafe. Zwei Urteile aus der Herrschaft Steyr zeigen, daß man hier in vergleichbaren Fällen jedoch keinen Unterschied in der Bestrafung machte. Ein Urteil betraf einen Schwängerungsfall, bei dem der

---

[437] Die Tendenz zu strengeren Strafen während des 17. Jhs. kommt beispielsweise in dem Ehaft- und Vogtteiding des Klosters Kremsmünster v. J. 1699 zum Ausdruck: Dort heißt es, daß bei Ehebruch und Unzucht hinkünftig „nit mit so leicht und geringer Straff, wie bishero, belegt, sondern hinfieran an leib und guet ohne alle gnad und verschonung aufs schärffiste gestrafft werden" solle. *O. Ö. Weistümer*, II, 151, Zl. 44ff.

Für Basel vgl. *Staehlin*, Sittenzucht, 90. Für die Reichsstadt Nördlingen *Felber*, Unzucht, 56.

[438] *Kramer*, Grundriß, 59f.

Vgl. auch *Schmidt*, Einführung, 184f.

[439] *Schubart-Fikentscher*, Unehelichen-Frage, 73.

[440] Vgl. dazu *Felber*, Unzucht, 102ff.

[441] *Felber*, Unzucht, 57.

Mann Wiederholungstäter war. Als Strafen wurde über die Frau an Stelle einer Geldstrafe eine Ehrenstrafe verhängt und der Mann mußte vierzehn Tage öffentliche Arbeit in Eisen leisten und wurde außerdem mit einer umgehängten „Tafel worauf Hurer gestanden" auf einer Standbühne aufgestellt. Das zweite ebenfalls einen Schwängerungsfall betreffende Urteil sah für den erstmals betroffenen Mann eine Geldstrafe vor, während die schon zum drittenmal abzustrafende Frau wesentlich höher beschwert wurde: Sie mußte sich mit einer umgehängten Tafel, worauf „Hur" geschrieben stand, in einer Hand eine Rute und in der anderen eine „schwarze Körznn" haltend auf der Schandbühne aufstellen und wurde außerdem der Herrschaft verwiesen[442].

Schwer zu entscheiden ist die Frage, ob die Verhängung einer Geldstrafe andere Auswirkungen erzielte als die Verhängung einer Ehrenstrafe als Ersatz für eine uneinbringbare Geldstrafe, wobei in erster Linie auf ständisch unterschiedliche Ehrenvorstellungen verwiesen werden muß. Obwohl Ehrenstrafen durchwegs geeignet waren Mitleid zu erzeugen[443], waren sie doch sichtbare und deshalb vermutlich auch verletzendere Strafen als die Bezahlung einer Geldstrafe. Eine Ordnung *Maria Theresias* aus dem Jahre 1743 zeigte nicht nur die Gewichtigkeit des Ehrverlustes, sondern auch die diesbezüglich schlechteren Bedingungen für uneheliche Mütter. In dieser Ordnung hieß es, daß die Herrscherin nicht ungeneigt sei, „den geschwängerten Weibspersonen, welche von ihren Buhlen durch Ehelichung nicht wieder zu Ehren gebracht worden, sonst aber sich ehrlich verhalten, nebst ihrem Kinde durch Erteilung eines Diplomatis wiederum den Stand der Ehre" zuzuerkennen[444].

Überblickt man zusammenfassend die Lage unehelicher Eltern, vor allem unehelicher Mütter, und zieht man dazu die Aussichten eines unehelich Geborenen in Betracht, so verwundert es nicht, wenn die Quellen der frühen Neuzeit von zahlreichen Abtreibungen, Kindesweglegungen[445], Kindesmor-

---

[442] *O. Ö. L. A., Herrschaftsarchiv Steyr*, Schachtel 50, Faszikel 7.

[443] *Kramer*, Grundriß, 59f. *Moser*, Jungfernkranz, 156.

[444] „Kindermordsstrafe = Verschärfung" v. 18. Oktober 1743. *Codex Austriacus*, V, 141.

In dieser Bestimmung bleibt unklar, ob mit dem „Stand der Ehre" eine Ehrlichmachung oder eine Ehelichmachung gemeint war. Beide Werte — Ehre und Ehelichkeit — waren somit auch noch unter dem Einfluß des Naturrechtes nahezu untrennbar miteinander verwoben.

Vgl. auch „Ehren = Legitimations = Ertheilung" vom 26. Mai 1753. *Codes Austriacus*, V, 766f.

[445] Das Problem der Kindesweglegung im Zusammenhang mit den Fornicationsstrafen kann sehr deutlich an Hand der Geschichte der Findelhäuser dargestellt werden. Dieser Zusammenhang geht beispielsweise aus den Aufzeichnungen des Wiener Findelhauses aus der Zeit von der Mitte des 13. Jhs. bis zum Ende des 15. Jhs. hervor, da immer wieder beklagt wird, daß für uneheliche Mütter nur schwer Unterkünfte besorgt werden könnten und daß es schwierig sei, uneheliche Mütter mit Arbeitsplätzen zu versorgen. *Hügel*, Findelhäuser, 181.

Zur Entwicklung der Findelhäuser in Österreich vgl. insbesondere *Hügel*, Findelhäuser, 201ff. und *Melzer*, Geschichte.

den[446] und deren ständiger Zunahme berichteten. Das Ansteigen dieser Delikte im Laufe des 16. Jhs., vor allem aber im 17. und etwas geringer im 18. Jh.[447], war eine direkte Folge der harten Strafen für Unzuchtsdelikte und der zunehmenden Verschlechterung der Lage unehelicher Kinder[448]. Welche Bedeutung der Ehelichkeit bzw. Unehelichkeit im Zusammenhang mit Kindesmord zukam, beweist eine Ordnung des Jahres 1706, welche ausdrücklich bestimmte, daß der Mord an unehelichen Kindern gleich einem Mord an einem ehelichen Kind zu behandeln sei[449].

Der Zusammenhang zwischen Kindesmord, Unehelichkeit und Unzuchtsgesetzgebung war in der Zeit zwischen der Mitte des 16. Jhs. und dem beginnenden 18. Jh. zwar bekannt[450], doch wurden daraus keine für die in der Rechtspraxis notwendigen Schlüsse gezogen[451]. Erst unter dem allmählichen Einfluß des Naturrechtes, das die Bekämpfung des Kindesmordes in den weiten polizeilichen Aufgabenbereich einbezog[452], wurde durch verschiedene Maßnahmen eine

---

[446] Zur Geschichte des Deliktes des Kindesmordes siehe *Leitich*, Maßnahmen, 154ff. und *Waechtershaeuser*, Verbrechen.

[447] *Waechtershaeuser*, Verbrechen, 110ff.

Für die Entwicklung in der Reichsstadt Nördlingen wurde festgestellt, daß Abtreibung und Kindesmord im 15. Jh. fast unbekannt waren im 16. Jh. häufiger verübt wurden, am Beginn des 17. Jhs. geradezu seuchenartig auftraten und schließlich im 18. Jh. wieder zurückgingen. *Felber*, Unzucht, 94ff.

[448] *Waechtershaeuser*, Verbrechen, 125ff. *Schubart-Fikentscher*, Straßburger-Thesen, 123ff., „Goethes These Nr. 55".

[449] „Wie es mit der Bestrafung des Kinder = Mords zu halten" v. 22. März 1706, gültig für N. Ö. *Codex Austriacus*, III, 511f.

Für die Entwicklung der Anzeigepflicht bei unehelicher Schwängerung bzw. zu dem Verbot der Verheimlichung einer Schwangerschaft im Recht der Reichsstadt Nördlingen vgl. *Felber*, Unzucht, 62f.

[450] So sind beispielsweise die Bestimmungen „von dem Kinder-Verthuen (bedeutet Kindesmord durch die Mutter im zeitlichen Nahverhältnis zur Geburt; Art. 66), „Von denen / so ihre Leibs = Frucht mit Fleiß abtreiben" (Art. 67) und „Von Hinweglegung der Kinder" (Art. 68) der *LGO 1656* (*Codex Austriacus*, I, 696ff.) durchwegs auf uneheliche Mütter zugeschnitten.

Vgl. auch die Bestimmung über „Schwangere Weiber", wonach schwangere Selbstmörderinnen aufgeschnitten werden sollten, damit das Kind noch errettet werde (*Codex Austriacus*, II, 294).

Ähnlich auch Art. 69 § 11 *LGO.1656*. *Codex Austriacus*, I, 702.

[451] *Waechtershaeuser*, Verbrechen, 125.

[452] Joseph *von Sonnenfels*: „Jedes Mitglied der bürgerlichen Gesellschaft empfängt in dem ersten Augenblick seines Daseyns ein Recht auf den Schutz des Staates. Die Polizei ist daher verpflichtet, das Leben der Kinder in Sicherheit zu sezen, mithin den Kindermorden zu wehren." *Sonnenfels*, Grundsätze, I, 209.

Sonnenfels setzte übrigens Kindesmord und Kindesweglegung gleich: „Kindermorde werden unmittelbar durch Ertötung oder mittelbar durch Hinweglegung des Kindes verübet". *Sonnenfels*, Grundsätze, I, 210.

Abtreibung sollte seiner Meinung nach ebenfalls als Kindesmord behandelt werden: „Der Wirkung nach ist es einerley, ob das Kind erst dann, wann es wirklich das Tageslicht

Abhilfe zu erreichen gesucht. Ein Beispiel hierzu war die Anzeigepflicht Betroffener im Falle einer Schwängerung an die Grundherrschaft[453], welche nunmehr — wie gezeigt — zur Hilfestellung verpflichtet worden war. Die Ordnung zur „Kindermordsstrafe = Verschärfung" vom Jahre 1743 stellte fest, „daß von den zum Falle gebrachten ledigen Weibspersonen, das an ihrer eigenen Leibesfrucht so leichtsinnig verübende grausame Laster des Kindesmordes, und darauf folgende heimliche Verthuung" häufig verübt werde und daß deshalb die uneheliche Mutter ihre Schwangerschaft anzeigen und die Geburt vorbereiten müsse. Außerdem wurde den Eltern, besonders den Müttern der Schwangeren, den „Buhlern und Kindesvätern", den Hausleuten und schließlich den Obrigkeiten die Pflicht zur Obacht auferlegt, damit der Kindesmord verhindert werde[454].

Während die Gesetzgebung noch immer eine der wichtigsten Ursachen des Kindesmordes nicht beseitigte, bezog die Wissenschaft hierzu klare Stellung und prangerte die Fornicationsbestimmungen sowie den Ehrverlust als Folge der Unzuchtsbestimmungen und die Armut betroffener unehelicher Eltern als Auslöser an[455]. Kirchenbußen, entehrende Strafen und Anzeigepflicht wurden als Bekämpfungsmaßnahmen abgelehnt[456] und die Errichtung von Kliniken, „worinnen solche unglückliche Personen, ohne Furcht verrathen zu werden", ihre Kinder zur Welt bringen könnten sowie die Errichtung von Waisenhäusern[457] anempfohlen. Mit diesen Empfehlungen trug die Wissenschaft der

---

erblicket, oder noch im Mutterleibe durch Arzneymittel oder Gewalthaten getödtet, oder abgetrieben werde. Wenn die Gesetze zwischen einer belebten und unbelebten Frucht einen Unterschied festsetzen, und bey der Abtreibung der letzteren gelindert sind, so scheint die Gesetzgebung unvollkommen". *Sonnenfels*, Grundsätze, I, 210.

453 Vgl. dazu die obige Anmerkung 344 sowie weitere Beispiele in den *O. Ö. Weistümern*: Vorhalt für die Urbaramtuntertanen in den Märkten Weyer und Gaflenz aus den Jahren 1730-1747 der Herrschaft Kloster Garsten. *O. Ö. Weistümer*, II, 19, Zl. 11ff. Zusätzliche Verordnungen für die Untertanen im Garsten — und Stodertal v. 7. Juni 1701 der Herrschaft Stift Spital am Phyrn. *O. Ö. Weistümer*, II, 246, Zl. 13ff. Summarischer Extrakt des Stift- und Bannteidings der Herrschaft Kloster Wilhering v. J. 1754. *O. Ö. Weistümer*, III, 234, Zl. 40. Stift- und Bannteiding der Herrschaft Kloster Wilhering aus der Mitte des 18. Jhs. *O. Ö. Weistümer*, II, 239, Zl. 35ff.

454 Kindermordsstrafe = Verschärfung v. 18. Oktober 1743. *Codex Austriacus*, V, 140f.

455 „Wenn man die Quellen untersuchet, aus denen die Kindermorde entspringen, so sind es hauptsächlich, die Schande gefallener Mädchen, und die Armuth. Die Polizey soll diesem unmenschlichem Verbrechen (= Kindesmord) bei den Quellen selbst zu vorkommen". *Sonnenfels*, Grundsätze, I, 213.

456 Zum Verlust der Ehre führt *Sonnenfels* aus: Der Zustand der Schwangeren „ist der gewaltsamste, sie hat zwischen sich und dem Kinde zu wählen, zwischen der Schande, und dem Laster. Die Eigenliebe wird ihrer Wahl das Uebergewicht geben: sie wird, um den Gesetzen nicht zu gehorchen, die Stimme der Natur nicht hören; sie wird sich verhindern, Mutter zu werden, um keine auf ewig entehrte Person zu sein". *Sonnenfels*, Grundsätze, I, 215f.

Vgl. auch *Sonnenfels*, Grundsätze, I, 213.

457 *Sonnenfels*, Grundsätze, I, 213f., 216f.

Tatsache Rechnung, daß auch nach der erwünschten Beseitigung der Unzuchtsnormen die Armut und die jahrhundertealte Verknüpfung zwischen Ehre und Ehelichkeit Ursache für Kindesmord bleiben sollten.

5. Zusammenfassung

Obwohl die uneheliche Mutterschaft nie Anknüpfungspunkt für Normen des frühneuzeitlichen Polizeirechtes war, gab es doch verschiedene polizeirechtliche Bestimmungen, die Einfluß auf die Stellung unehelicher Mütter haben konnten, von denen Ehebruchs- und Fornicationsnormen den bedeutendsten Einfluß ausübten. Da der Ehebruch nach geltender rechtshistorischer Methode im Rahmen der Geschichte des Strafrechtes behandelt wird, beschränkte sich die vorliegende Untersuchung auf das dem Polizeirecht zugezählte Delikt der Fornication und dessen Auswirkungen auf die Stellung unehelicher Mütter.

In der ersten Hälfte des 16. Jhs. entstanden im Rahmen des sich zu dieser Zeit entwickelten Polizeirechtes Normen, die den Zweck verfolgten, „Unzucht", das heißt Geschlechtsbeziehungen außerhalb der Ehe, zu verhindern. Die Wurzeln, die zum Entstehen derartiger Normen führten, reichen weit in das Mittelalter zurück und lagen vor allem in christlichen und außerchristlichen Glaubensinhalten sowie in sozialen und arbeitsorganisatorischen Gegebenheiten.

Religiöse Vorstellungen konnten deshalb zum Tragen kommen, weil Sexualität in historischen Kulturen meist in einem übernatürlichen Licht erschien und so positiven oder negativen überirdischen Mächten zugeordnet werden konnte. Die christliche Tradition basierte diesbezüglich auf dem Alten Testament, das Unzucht negativ bewertete, ohne genau festzulegen, was unter Unzucht zu verstehen war. Im Neuen Testament wurde Sexualität grundsätzlich nicht abgewertet, da sie nur dann Sünde war, wenn sie einem bösen Willen entsprang, bekam aber einen bestimmten Platz in der göttlichen Ordnung zugewiesen. Die Eingliederung erfolgte auf Grund des zentralen Postulates der monogamen Ehe und des Verbotes von Unzucht, die einem bösen Willen entsprang. Da das Neue Testament nicht abgrenzte, was als böswillige Unzucht zu verstehen war, blieb ein weiter Raum der Interpretation, der im Laufe der Entwicklung unterschiedliche Strömungen zur Wirksamkeit gelangen ließ. Während in den ersten nachchristlichen Jahrhunderten eine offene, außereheliche Beziehungen gestattende Haltung vertreten wurde, setzte sich in der weiteren Entwicklung das Ideal der Askese durch, das eine Abwertung des Leiblichen und eine Hervorhebung des Geistigen im Christentum bewirkte. Im Zuge der Christianisierung der germanischen Völkerschaften verstärkte sich das asketische Ideal im wesentlichen aus zwei Gründen. Zum einen erforderte die Durchsetzung des kirchlichen Ehemodells den Schutz der Einehe, die den Gepflogenheiten der germanischen Völker entgegen stand, denen zufolge es zumindest dem Manne höherer Schichten erlaubt war, mehrere Ehen einzugehen. Zum anderen verursachte die Christianisierung eine Abwertung außerchristlicher Glaubensinhalte mit ihrer offenen Haltung gegenüber geschlechtlicher Belange, wodurch in einem weiteren Entwicklungsschritt Sexualität in die Nähe des Hexen- und Teufelsglaubens rückte. Dies hatte wiederum zur Folge, daß bald sehr scharf zwischen legitimer, gottgefälliger Sexualität innerhalb der Ehe und illegitimer, der Welt des Bösen zugezählten Geschlechtsbeziehungen unterschieden wurde.

Andere Einschätzungen der menschlichen Sexualität ergaben außerchristliche Glaubensinhalte. In einer Gemeinschaft, die vom Gedeihen der Pflanzen und Tiere abhängig war, mußte die Fruchtbarkeit als zentraler und positiver Wert betrachtet werden. Dem Verständnis der Zeit entsprechend, konnte dieser Wert nicht nur durch medizinische Eingriffe, sondern auch durch kultische Handlungen geschützt und ausgebaut werden. Das Bestehen zahlreicher, bis in die Neuzeit nachwirkender Fruchtbarkeitskulte gibt Zeugnis von dieser Vorstellungswelt. Einfluß auf die Bewertung menschlicher Sexualität konnte zudem von der Verehrung der Ahnen ausgehen. In Zentraleuropa kam der Ahnenverehrung jedoch nur tendenzverstärkende Bedeutung zu, während sie in Südeuropa nachhaltige Wirkungen hatte.

Die verschiedenen im Mittelalter wirksamen Bewertungen menschlicher Sexualität schlugen sich erst sehr spät in der Rechtsordnung nieder. Das vorwiegend auf Rechtssicherung, Friedenssicherung, den Schutz vor Übergriffen und nicht auf die aktive Gestaltung des sozialen Gefüges gerichtete mittelalterliche Recht enthielt anfänglich keine Regelungen über Fragen der Moral und der Sittlichkeit, zu denen auch die Gestaltung des Geschlechtslebens zählte. Derartige Regelungen wurden ursprünglich durch heimische Gepflogenheiten und im Laufe der Entwicklung immer mehr durch kirchliche Normen geregelt. Das mittelalterliche Recht beschränkte sich auf die Abwehr von Verbrechen, wie z. B. Frauenraub und Notzucht, und auf den Schutz der Sippe vor Eingriffen in ihre Sphäre. Die dem Schutz der Sippe dienenden Normen verfolgten zwar vorrangig ständische und wirtschaftliche Zwecke, erzielten aber mittelbar eine Regelung des Sexualverhaltens. Wegen der herrschenden Arbeitsorganisation, welche auf den Dienst in fremdem Haus aufbaute, waren Normen erforderlich, die Geschlechtsbeziehungen zwischen Sippenangehörigen einerseits und fremden Arbeitskräften andererseits verhinderten. Überlagert wurden diese Bestimmungen von Regelungen, die im Frühmittelalter die Scheidung in Freie und Unfreie und in späterer Zeit die ständische Gliederung erhalten sollten. Zu diesen, das Geschlechtsleben indirekt betreffende Normen traten seit dem Hochmittelalter vor allem in den Städten weltliche, die Sittlichkeit direkt regelnde Bestimmungen. Sie entstanden als Folge der sich allmählich verbreitenden Prostitution, die zuerst erlaubt war, seit dem Spätmittelalter aber wegen verheerender Seuchen rigoros unterbunden wurde. Aus dem Zusammenwirken des kanonischen Prinzips der Einehe und der Summe der weltlichen Normen entstand spätestens gegen Ende des Mittelalters eine auch im weltlichen Recht wirksam werdende grundsätzliche Scheidung in legitime, ausschließlich auf die Ehe beschränkte Sexualität und illegetime Sexualität, wozu bald sämtliche außerehelichen Geschlechtsbeziehungen zählten. Noch im Laufe des Mittelalters wurden an diese Unterscheidung vereinzelte, auf die Beseitigung illegitimer Sexualität zielende Rechtsfolgen geknüpft, es bedurfte aber der Ausbildung der „Guten Polizey“ am Beginn der Neuzeit, um Normen für die gänzliche Verhinderung außerehelicher Geschlechtsbeziehungen schaffen zu können.

Anlaß für das Entstehen der „Guten Polizey“ war der Zerfall der kirchlichen und weltlichen Universalgewalt am Ende des Mittelalters und die dadurch bewirkte Machtverschiebung zugunsten der Landesfürsten. Anknüpfend an ihre schon im Mittelalter ausgeübten Aufgabe der Friedenssicherung in ihren Gebieten nutzten sie den Machtzuwachs zum Ausbau ihrer Länder, der auf der Ebene des Rechtes u.a. mit Hilfe der „Guten Polizey“ vollzogen wurde. Im Verständnis der Zeit bedeutete „Gute Polizey“ den Zustand guter Ordnung bzw. die Summe von Rechtsätzen, welche den Zustand guter Ordnung schaffen und erhalten sollten. Rechtstechnisch stellte die „Gute Polizey“ eine bedeutende Neuerung dar, in dem anders als in der vorangehenden Zeit, Recht nicht auf Grund von Gewohnheitsbildung oder auf Grund von Vereinbarungen entstand, sondern in Form eines Rechtsgebotes, als einseitige obrigkeitliche Willensäußerung bestimmter Hoheitsträger. Das Entstehen der „Guten Polizey“ war dementsprechend von zahlreichen Problemen begleitet, von denen der Streit um die Zuständigkeit für den Erlaß polizeilicher Normen zwischen Landesfürst und der zweiten bedeutenden politischen Kraft, den Landständen, hervorstach. Der Streit stellte eine Komponente des Ringens um die Verwirklichung des landesfürstlichen Absolutismus dar, das in den altösterreichischen Ländern am Beginn des 30jährigen Krieges zugunsten des Landesfürsten entschieden wurde. Bis zum Sieg des Landesfürsten und später aus formalen Gründen mußte der Erlaß von Polizeiordnungen sehr eingehend begründet werden. Wichtigstes Begründungselement war der Schutz des „Gemeinen Nutzens“, der „necessitas“, der im wesentlichen aus der mittelalterlichen Friedenssicherung hervorgewachsen war und deshalb nach Ansicht des Landesfürsten in seine Kompetenz fiel. Wie schon der neue Name „Gute Polizey“ zum Ausdruck brachte, waren die neuzeitlichen Aufgaben des Landesfürsten jedoch wesentlich umfangreicher als die aus der Friedenssicherung entstehenden Pflichten. Zu den neuen Aufgaben zählten wegen der Reformbedürftigkeit der Kirche bald auch geistliche Angelegenheiten, woraus sich mehrere bedeutsame Folgen ergaben. War der Landesfürst aufgerufen, kirchliche Belange zu ordnen, dann konnte im Sinne des entstehenden Absolutismus der Anspruch der Kirche, alleinige und rechtmäßige Vertreterin des Heilsweges zu sein, zumindest ansatzweise auf den Landesfürsten übergehen. Zu diesem Ansatz kam die aus dem Mittelalter weiterwirkende Vorstellung der „unitas mundi“, derzufolge diesseitige und jenseitige Welt ineinander verwoben waren, sodaß eine Störung des Gefüges der Welt gleichzeitig eine Störung der göttlichen Sphäre bedeutete. Störungen der Gesamtheit hatten nach mittelalterlicher Vorstellung immer Strafe und Vergeltung zur Folge, welche die Ordnungsbrecher und jene Gemeinschaft, die derartiges zuließ, in gleichem Maße trafen. Während im Mittelalter vorrangig die Gemeinschaft als Ganzes für einen störungsfreien Ablauf allen Lebens zu sorgen hatte, nahm sich am Beginn der Neuzeit der Landesfürst im Sinne der erweiterten Friedenssicherung dieser Aufgabe an. Die vom Landesfürsten wahrgenommenen Rechte und Pflichten galten damit als von Gott übertragen und waren Gott gegenüber zu verantworten, wodurch die Stellung des Landesfürsten eine starke metaphysische Verankerung erhielt (Gottesgnadentum). In Hinblick auf das vorliegende Thema bedeutete dies außerdem, daß die bisher in die Zuständigkeit der Kirche fallenden Fragen der Moral und der Sittlichkeit nunmehr auch der Regelung durch den Landesfürsten unterlagen und so Eingang in die frühneuzeitlichen Polizeiordnungen fanden.

Um derart weitreichende, sogar das Intimleben der Menschen regelnde Normen verwirklichen zu können, war ein bestimmtes Verständnis vom Aufbau des Gemeinwesens und der Familie notwendig. Theoretische Fundierung hierzu lieferte das von der mittelalterlichen Wissenschaft aufgegriffene und vor allem durch *Thomas von Aquino* in Ausrichtung auf die christliche Lehre weiter entwickelte Hausmodell des *Aristoteles*. Das so entstandene christlich-aristotelische Hausmodell sah einen vom Mann dominierten hierarchischen Aufbau des Hauses vor, der im wesentlichen aus dem Verhältnis zwischen Mann und Frau, Vater und Kindern sowie Herr und Personal bestand. Das Haus bildete einen für alle Bedürfnisse zuständige Mikrokosmos, der gesellschaftliche, obrigkeitliche und religiöse Aufgaben wahrnahm und seinem Zwecke nach auf das Gemeinwesen ausgerichtet war. Aufgabe des Hauses und des im ähnlich strukturierten Gemeinwesens, das seinen Bezugspunkt im Landesfürsten hatte, war die Verwirklichung der christlichen Heilslehre. Die Erfüllung dieser Aufgabe hatten — dem Gottesgnadentum und dem hierarchischen Aufbau des Hausmodells entsprechend — der Landesfürst, dann die jeweiligen Grundobrigkeiten bzw. Stadtobrigkeiten und schließlich der Hausvater im Sinne eines wechselseitigen Vater-Kind-Verhältnisses durch väterliche Fürsorge zu garantieren. Hieraus konnte ein sehr weitreichendes Eingriffsrecht bis hin in die Intimsphäre des Einzelnen abgeleitet werden.

Der tatsächliche Eingriff in die hier vor allem interessierenden Belange der Sittlichkeit, Moral und die Gestaltung der Ehe setzte aber zudem inhaltlich ausgebildete Modelle voraus, die in rechtliche Formen gegossen werden konnten. Wegen des Fehlens einschlägiger weltlicher Normen knüpfte das frühneuzeitliche Polizeirecht diesbezüglich an bereits entwickelte kirchliche Modelle an. Während in reformierten Territorien dabei protestantische Einflüsse zum Tragen kamen, wurde für die Entwicklung des Polizeirechtes der altösterreichischen Länder das katholische Modell in der durch das Konzil von Trient gestalteten Ausformung zum Vorbild. In dessen Mittelpunkt stand die Gestaltung und der Schutz der monogamen Ehe, begleitet von Bestimmungen zum Schutz bestimmter Moral- und Sittennormen. Die dazu wichtigsten kirchlichen Vorschriften wurden bereits im Mittelalter in sogenannten Lasterkatalogen zusammengefaßt, die in ihrem Aufbau, ihrem Umfang und in ihrer inhaltlichen Gestaltung konkretes Vorbild der frühneuzeitlichen Polizeiordnungen werden sollten.

Unter Zugrundelegung aller bisher genannten Voraussetzungen entstanden seit der ersten Hälfte des 16. Jhs. auf der Ebene des Heiligen Römischen Reiches Deutscher Nation, auf territorialer Ebene und auf den den Territorien untergeordneten Ebenen, wie Grundherrschaften und Stadtherrschaften, zahlreiche Polizeiordnungen. Davon waren die auf der Ebene der Territorien ergangenen Polizeiordnungen die bedeutendsten Rechtsquellen, weil den Reichspolizeiordnungen für die Rechtsentwicklung in den altösterreichischen Ländern im wesentlichen nur Vorbildcharakter zukam. Bis zum Sieg des Landesfürsten über die Landstände am Beginn des 30jährigen Krieges, der den landesfürstlichen Absolutismus in den altösterreichischen Ländern begründete, entstanden auch grundherrschaftliche, stadtherrschaftliche usw. Polizeinormen, an denen das Ringen zwischen Landesfürst und Landständen um die Vormacht deutlich wurde. Inhaltlich glichen sie sich meist an die Polizeiordnungen der Länder an, ihre Rechtsverbindlichkeit wurde aber bis zum Sieg des landesfürstlichen Absolutismus von einem eigenständigen und originären Gesetzgebungsrecht der Landstände abgeleitet.

Zum Inhalt der territorialen und grundherrschaftlichen Polizeiordnungen zählten — anders als bei den Reichspolizeiordnungen — auch Bestimmungen zum Schutz der monogamen und formal abgeschlossenen Ehe sowie Bestimmungen zum Schutz der Sitten und der Moral, von denen die sogenannten Unzuchts- bzw. Fornicationsnormen besonders interessieren. Derartige Normen standen in den altösterreichischen Ländern von der ersten Hälfte des 16. Jhs. bis zur zweiten Hälfte des 18. Jhs. in Geltung, wobei durch den 30jährigen Krieg und den Einfluß des Naturrechtes seit dem frühen 18. Jh. Zäsuren entstanden, die drei Stufen der Entwicklung bedingten.

Am Beginn seiner Entwicklung war das Delikt der Fornication noch wenig durchgebildet, wie zahlreiche unscharfe und mehrdeutige Termini ausweisen. Nur schwer zu bestimmen ist, was inhaltlich unter Fornication verstanden wurde, da den Rechtsquellen kaum Abgrenzungskriterien zwischen Fornication, Konkubinat, clandestine Ehe, Prostitution u.a.m. entnommen werden können. Erst bei zweckorientierter Auslegung der Polizeinormen wird klar, daß Fornication im engeren Sinn alle Geschlechtsbeziehungen Nichtverheirateter erfaßte, soferne sie nicht zu Sonderdelikten, wie Homosexualität, Sodomie usw., zählten. Keine Aussagen trafen die Polizeiordnungen in bezug auf die Rechtswidrigkeit und die Schuld der Fornicanten oder zu speziellen Problemen, wie Jugendlichkeit oder geistiger Zurechnungsfähigkeit. Als Instrument zur Verhinderung geschlechtlicher Beziehungen Nichtverheirateter waren Präventivmaßnahmen, vor allem aber Geld-, Gefängnis- und Leibesstrafen vorgesehen, zu denen im Laufe der Entwicklung Ehrenstrafen kamen.

Zuständig für Fornicationsfälle waren grundsätzlich die Grundherrschaften und Stadtobrigkeiten, deren Vorgehen sich dabei an den Grundsätzen des Inquisitionsprozesses orientierte. Unklare Bestimmungen darüber, ob für die Verfolgung der Fornicationsdelikte das Territorialitätsprinzip oder das Personalitätsprinzip Geltung haben sollte, bewirkten zahlreiche Kompetenzkonflikte, die durch die Einteilung der Obrigkeiten in Hoch- und Niedergerichte, auf Grund der bestimmte Herrschaften nur Strafen eines bestimmten Ausmaßes verhängen durften, erschwert wurden. Während es zu keiner abschließenden Festlegung zwischen Territorialitäts- und Personalitätsprinzip kam, konnte eine weitgehende Abgrenzung zwischen Hoch- und Niedergerichten durch eine dreifache Staffelung der Fornicationsstrafen erzielt werden. Danach waren für die Verfolgung der erstmaligen, meist mit Geld- oder Gefängnisstrafen geahndeten Begehung der Tat die Niedergerichte zuständig; ebenso auch für die Tatwiederholung, da üblicherweise nur erhöhte Geld-, Gefängnis- oder auch Ehrenstrafen verhängt wurden. Die Verfolgung der zweiten Tatwiederholung, wofür Körperstrafen und Verweisung vorgesehen waren, oblag regelmäßig den Hochgerichten.

Das Fehlen eines dogmatischen Aufbaues des frühneuzeitlichen Polizeirechtes nach Tatbestand, Rechtswidrigkeit und Schuld sowie das schematische Modell der Bestrafung von Fornicationsdelikten lassen nur schwer die zugrundeliegenden Bewertungskriterien für Unzucht sichtbar werden. Abgesehen von dem erwähnten, den „Gemeinen Nutzen“ bedrohenden und damit generellen, nicht auf die Unzucht beschränkten Kriterium der Sündhaftigkeit, gaben die Polizeiordnungen die Ehre als einen unter anderem auf Unzucht bezogenen Maßstab vor. Das frühneuzeitliche Polizeirecht knüpfte damit an die im Mittelalter ausgebildete werthafte Verknüpfung von Ehe und Sexualität an und ließ sogar Ehrverlust als Rechtsfolge für Unzucht eintreten. Ehrverlust bedeutete eine Beschränkung der Handlungsfähigkeit des betroffenen Menschen, wenn nicht sogar eine Beschränkung seiner Rechtsfähigkeit.

Während der zweiten Entwicklungsstufe des Fornicationsdeliktes, die den Zeitraum vom 30jährigen Krieg bis zum frühen 18. Jh. umfaßte, blieben die geschilderten Strukturen im wesentlichen erhalten. Die als Folge des Krieges auftretenden Schwierigkeiten bewirkten allerdings einen Wandel im Verständnis hinsichtlich der Bedeutung polizeilicher Normen. Man glaubte, daß eine Überwindung der bestehenden Krise unter anderem nur durch strikte Einhaltung der polizeilichen Gebote möglich sei, weshalb ihre Befolgung schärfer überprüft werden sollte. Damit erfuhr das dem frühneuzeitlichen Polizeirecht zugrunde liegende christlich-aristotelische Hausmodell ebenfalls eine tendenzielle Veränderung. Konnte der hierarchisch gegliederte Aufbau des Gemeinwesens bis zum Beginn des 17. Jhs. als wechselseitiges Vater-Kind-Verhältnis verstanden werden, so trat jetzt an Stelle des Fürsorgegedankens die Kontrolle in den Vordergrund. Das ohnehin bestehende Auseinanderklaffen zwischen den Zielen der Polizeinormen und den tatsächlichen Lebensgewohnheiten mußte sich noch mehr vertiefen.

Die im Polizeirecht des 16. Jhs. enthaltenen Bewertungskriterien für Unzucht blieben auch in der folgenden Periode enthalten. Die Verbindung von Unzucht und Ehrverlust erfuhr allerdings auf Grund der erweiterten Kontrolle und dem daraus resultierenden Ansteigen der Fornicationsfälle eine deutliche Verschärfung. Anders als in der ersten Entwicklungsstufe des Fornicationsdeliktes schien jetzt auch die bereits im Mittelalter ausgebildete Verbindung zwischen Sexualität und Hexerei zumindest ansatzweise im Polizeirecht auf. Dazu kamen gesundheitspolizeiliche Normen, aus denen gleichfalls die wachsende Abwertung aller außerehelichen Geschlechtsverbindungen ersichtlich wurde.

Die letzte Entwicklungsphase des Fornicationsdeliktes vollzog sich auf zwei Ebenen: auf einer theoretischen und einer praktischen. Auf theoretischer Ebene kamen neue Anstöße aus dem Naturrecht, die allerdings nur punktuell und sehr spät in die Rechtspraxis Eingang finden konnten. Grundsätzlich gelangten die Vertreter des Naturrechtes zu einer ablehnenden Haltung gegenüber nichtsanktionierten Geschlechtsbeziehungen, behandelten sie aber aus verschiedenen Gesichtspunkten differenziert. Eine Unterscheidung erfolgte nach Geschlechtern, wobei außereheliche Geschlechtsbeziehungen von Frauen schlechter bewertet wurden als jene von Männern, weil sich erstere stärker „verunreinigten" als letztere. Zu einer differenzierten Betrachtung außerehelicher Geschlechtsbeziehungen führte außerdem das auf dem Fortschrittsglauben der Aufklärung beruhende naturrechtliche Verständnis von Moral. Diesem zufolge wurde der insbesondere durch Bildung beeinflußbare Stand der Vernunft mit Moral in Beziehung gesetzt und zwar so, daß ein Ansteigen der Vernunft ein Ansteigen der Moral bewirke. Eine so „machbar" gewordene Moral mußte umgekehrt Verständnis für jene Menschen aufkommen lassen, welche mangels vernünftiger Einsicht ein moralisches Fehlverhalten setzten. Ein weiterer Aspekt zur differenzierten Betrachtung außerehelicher Geschlechtsbeziehungen während der Zeit des Naturrechtes entsprang dem zeitgenössischen Wirtschaftsdenken des Merkantilismus. Danach war die Wirtschaftslage eines Staates direkt von der Bevölkerungszahl abhängig, weshalb durch sozialpolitische Maßnahmen sanktionierte Geschlechtsbeziehungen gefördert und bestehende Benachteiligungen unehelicher Eltern und derer Kinder schrittweise aufgehoben wurden. Insgesamt betrachtet gelangten die Vertreter des Naturrechtes zu einer differenziert-ablehnenden Haltung gegenüber außerehelichen Geschlechtsbeziehungen, tolerierten sie aber innerhalb gewisser Grenzen, die durch polizeiliche Normen gesichert werden sollten.

Anders verlief die Entwicklung in der Rechtspraxis der altösterreichischen Länder. Weiterhin blieben die im 16. und 17. Jh. ausgebildeten, lediglich durch einzelne gleichartige Bestimmungen ergänzten Strukturen bestehen. Nur langsam und punktuell gelangten in der ersten Hälfte des 18. Jhs. naturrechtliche Einflüsse zum Tragen, die aber das Gefüge der bestehenden Unzuchtsnormen und die damit verbundenen Wertvorstellungen nur in geringem Umfange änderten.

Ein bedeutender Entwicklungsschritt wurde durch das Inkrafttreten der *CCT* am 1. Jänner 1770 gesetzt. Das neue Strafgesetz, in das auch Teilbereiche des Polizeirechtes aufgenommen wurden, war in seinem dogmatischen Aufbau und seiner Systematik vom Naturrecht beeinflußt, sein materielles Recht war jedoch weitgehend am Rechtsdenken des 17. Jhs. orientiert. Das Bestreben der *CCT*, eine Gesamtgestaltung des Strafrechtes und des Strafverfahrensrechtes vorzunehmen, wobei bestimmte Bereiche des Polizeirechtes miteinbezogen wurden, führte auch zur Normierung des Fornicationsdeliktes im Rahmen dieses Gesetzes. Anders als in den Rechtsquellen der vorangehenden Perioden formulierte die *CCT* das Delikt genauer und verstand darunter die beweisbare, wissentliche und willenliche, rechtswidrige und schuldhafte Aufnahme geschlechtlicher Beziehung Nichtverheirateter. Zuständig für die Verfolgung des Deliktes blieben weiterhin die historischen Obrigkeiten,deren Kompetenz sich auf Grund der beibehaltenen dreifachen Staffelung des Deliktes ergab. Als Strafen waren Geld-, Gefängnis- und Leibesstrafen sowie die Verweisung vorgesehen. Die Verhängung einer Strafe konnte von der zuständigen Obrigkeit entweder geheimgehalten oder öffentlich vollzogen werden. In der ausdrücklichen Angabe der Strafzwecke, nämlich Genugtuung, Prävention und Besserung des Täters, die auch für Fornicanten Geltung hatten, wurde naturrechtlicher Einfluß spürbar.

Gedankengut der Aufklärung war es, das zu einer Wandlung im Verständnis des dem frühneuzeitlichen Polizeirecht zugrunde liegenden christlich-aristotelischen Hausmodelles führte. Die Lösung des Landesfürsten von dem bis zur Aufklärung um ihn zentrierten Staatsgefüges, das den Staat als abstrakte und nicht mehr personenbezogene Struktur erscheinen ließ, bewirkte, daß in Fragen der Sitte und Moral nicht mehr die Verantwortung des Landesfürsten gegenüber Gott im Vordergrund stand, sondern die des Einzelnen. Die mit der Aufklärung verbundene Tendenz zur Säkularisierung hatte außerdem zu Folge, daß die metaphysische Verankerung der Sexualität allmählich an Bedeutung verlor, wodurch der nächste Entwicklungsschritt vorbereitet wurde, der Sexualität zu einem Problem der Privatsphäre werden ließ, sofern durch sie nicht öffentliches Ärgernis erregt wurde.

Naturrechtlichen Einflüssen ist es zuzuschreiben, daß die Verknüpfung von Ehre und Sexualität in der *CCT* einschneidend verändert wurde. Das Gesetz unterschied grundsätzlich zwischen sozialer Ehrenminderung und Ehrenminderung als Rechtsfolge für die Begehung bestimmter Delikte. Die Erfüllung des Tatbestandes der Unzucht hatte nicht mehr automatisch Ehrverlust zur Folge, sondern konnte nach Ermessen des Gerichtes in bestimmten krassen Fällen verhängt werden. Das Gesetz sah vor, daß die Gerichte hinsichtlich der Ehre Betroffener schonend vorgehen und leichte Fälle nicht der Kenntnis der Öffentlichkeit zuführen sollten. Hierin spiegelte sich die Forderung der Aufklärung nach Abschaffung des Fornicationsdeliktes, die damit begründet wurde, daß Ehrverlust oft zu Kindesmord führe. Diese Forderung wurde erreicht, als mit Wirksamkeit des im Jahre 1787 kundgemachten Josephinischen Gesetzbuches das Delikt der Unzucht in den deutschen Erblanden außer Kraft gesetzt wurde, nachdem es fast ein Vierteljahrtausend strafbar gewesen war.

Diese an Hand der Rechtsquellen dargestellte Geschichte des Fornicationsdeliktes muß bei genauer Betrachtung von der Entwicklung jener Auswirkungen unterschieden werden, welche die Fornicationsnormen in der Rechtspraxis entfalteten. Da sich die Grundsätze der Sittennormen vorwiegend an ideellen Vorstellungen orientierten und nicht auf die konkreten Lebensverhältnisse abgestimmte waren, ist hierbei ein Auseinanderklaffen zwischen dem angestrebten Ziel der frühneuzeitlichen Sittengesetzgebung einerseits und der Rechtswirklichkeit andererseits erkennbar. Die auf mehreren Ebenen wirksam werdende Diskrepanz trat vor allem auf zweierlei Weise in Erscheinung: Zum einen bedingte die unterschiedliche, durch rechtliche und soziale Schranken deutlich voneinander abgehobene Lebensweise der Stände jeweils unterschiedliche Auswirkungen der Fornicationsnormen innerhalb eines bestimmten Standes. Zum anderen gelangten bei der konkreten Anwendung der Unzuchtsnormen manchmal Einflüsse zur Wirksamkeit, aus denen für Frauen und Männer unterschiedliche Folgen erwachsen konnten.

Die Darstellung der Auswirkungen von Fornicationsnormen auf die Mitglieder der verschiedenen Stände legte den Aufbau der Gesellschaft in Adel, Bürger und Bauern zugrunde, während andere gesellschaftliche Gruppen, wie Kleriker oder Militär, nicht berücksichtigt werden können.

Da der dynastische Adel, dem in den altösterreichischen Ländern grundsätzlich nur die landesfürstliche Familie angehörte, nicht Normadressat der Polizeiordnungen war und der dem Landesfürsten untergeordnete Landadel aus politischen Gründen, wegen des Fehlens landesfürstlicher Organe zur Durchführung der Polizeinormen, vor allem aber wegen seiner eigenständigen Gerichtsbarkeit faktisch nicht dem Polizeirecht unterlag, erfaßte das Polizeirecht vorwiegend die Angehörigen des Bürger- und Bauernstandes.

Innerhalb des nicht als homogene Schicht in Erscheinung tretenden Bürgerstandes dominierte in den altösterreichischen Ländern das Handwerk, welches ein breites Spektrum vom Großbetrieb bis zum Ackerbürger umfaßte. Die Engräumigkeit der bürgerlichen Siedlung,die meist beschränkte wirtschaftliche Entfaltungsmöglichkeit und schließlich die weitgehende Rezeption kirchlicher Moralvorstellungen seit dem Hochmittelalter führten im Bürgertum, besonders aber im Handwerkertum, zu einer sehr scharfen Scheidung zwischen legitimer und illegitimer Sexualität. Der gesamte Werdegang eines Handwerkers als Lehrling, Geselle und schließlich Meister war gänzlich von dieser Scheidung abhängig, indem nur ehelich Geborene in das Handwerk eintreten durften und avancieren konnten. Darüber hinaus determinierte die Verknüpfung der Ehre mit der scharfen Scheidung legitimer und illegitimer Sexualität weitgehend die soziale Stellung eines Handwerkers. Die im Handwerkertum bestehenden Strukturen entsprachen demnach im wesentlichen den Zielsetzungen der polizeilichen Sittlichkeitsnormen und übertrafen diese sogar in mancher Hinsicht. Mehrere landesfürstliche Ordnungen waren notwendig, um die oft zu weit gehenden Zunftordnungen einzudämmen und beispielsweise unehelich geborenen und legitimierten Menschen den Zugang zum Handwerk und Meistern die Heirat mit einer unehelich geborenen Frau zu ermöglichen. Abschwächungen der strengen Sittlichkeitsnormen ergaben sich in jenen bürgerlichen Gemeinschaften, die unter ländlich-bäuerlichem Einfluß standen. Obwohl beispielsweise die Angehörigen des Handwerks mit Ausnahme der Meister regelmäßig zu ehelosem und darüber hinaus zu zölibatärem Leben verpflichtet waren, bewirkte die Rezeption bäuerlicher Anschauungen und Sitten auch im Handwerkertum die stillschweigend geduldete Aufnahme geschlechtlicher Beziehungen durch Lehrlinge und Gesellen im Zuge der verschiedenen Formen der Eheeinleitung.

Anders gelagert waren die Strukturen in der bäuerlichen Bevölkerung, in deren durch Brauchtum und Sitte genau fixierten Rahmen Triebe in einer von der Gemeinschaft anerkannten Form reguliert anstatt außerhalb der Ehe vollständig unterbunden wurden. Die stufenweise, nicht an den Abschluß einer Formalehe gebundene Freigabe geschlechtlicher Beziehungen zielte grundsätzlich auf den formalen Abschluß einer Dauerverbindung, mußte aber nicht notwendigerweise in einer solchen münden. Zur Vermeidung von Auswüchsen wurden die einzelnen Entwicklungsstufen von der Gemeinschaft kontrolliert und dergestalt korrigiert, daß ein oftmaliger Partnerwechsel zu sozialen Sanktionen führte und bei Schwangerschaft das Paar zur Heirat veranlaßt wurde. Als Gestaltungsprinzip einer bestehenden Ehe war die Monogamie anerkannt, wenn auch Ehebruch nicht als allzugroße Schuld galt.

Die großzügige, nicht auf Askese und Virginität ausgerichtete Lebensweise der bäuerlichen Bevölkerung stand somit im Gegensatz zu den Zielen der polizeilichen Sittlichkeitsnormen, welche Sexualität ausschließlich auf die Ehe beschränkten. Diese Diskrepanz trat nicht nur in der Notwendigkeit für den Polizeigesetzgeber, Sittlichkeitsnormen immer wieder ergänzen und erneuern zu müssen, in Erscheinung, sondern konnte auch bei der Verfolgung des konkreten Einzelfalles große Schwierigkeiten bereiten. Solange nämlich die soziale Selbstregulierung in der bäuerlichen Bevölkerung funktionierte und es deshalb nicht zur Anzeige durch Rechtsgenossen kam, war es für die zum amtswegigen Einschreiten verpflichteten Obrigkeiten schwer, Kenntnis vom Geschlechtsverhalten der Untertanen zu erhalten. Dies hatte zur Folge, daß in der Rechtspraxis die Schwangerschaft oftmals zum Hauptindiz für das Vorliegen eines Fornicationsdeliktes wurde. Das faktische Anknüpfen einer Unzuchtsstrafe an die Schwangerschaft bedeutete aber auch für verheiratete Paare, daß sie mit einer Strafe rechnen mußten, wenn ihr Kind als sogenanntes „unzeitiges Kind" vor dem siebten Monat nach dem Abschluß der Ehe zur Welt kam, da die den bäuerlichen Eheeinleitungsformen entgegenstehenden Fornicationsnormen keine, auch nicht solche auf den Abschluß einer Ehe abzielende Geschlechtsbeziehungen zuließen. Es bedeutete allerdings ein gewisses Entgegenkommen gegen die Sitte der Eheeinleitung, wenn in der Rechtspraxis die Unzuchtsstrafen manchmal danach gestuft wurden, ob bei der Aufnahme geschlechtlicher Beziehungen die Aussicht auf eine konkrete Ehe bestand oder nicht. Im wesentlichen war jedoch die Zeit, während der die Fornicationsnormen in Geltung standen, von einem Mißverhältnis zwischen den Zielen der Polizeinormen und dem Sittlichkeitsverständnis der ländlichen Bevölkerung gekennzeichnet.

Neben ständisch bedingten Unterschieden konnten bei der konkreten Anwendung von Fornicationsnormen manchmal Einflüsse zur Wirksamkeit gelangen, aus denen unter Umständen geschlechtsunterschiedliche Folgen erwuchsen, obwohl das altösterreichische Polizeirecht grundsätzlich nicht nach Geschlechtern differenzierte, sondern Männer und Frauen ausdrücklich gleich behandelte. Die außerhalb des Polizeirechtes liegenden Einflüsse konnten von der besonderen Ausgestaltung des christlich-aristotelischen Hausmodells und dem Nahverhältnis zwischen dem unehelichen Kind und seiner Mutter, die im Regelfall das Kind aufzog, ausgehen.

Das in seiner frühneuzeitlichen Ausformung auf der ständischen Gliederung basierende christlich-aristotelische Hausmodell sah als Bezugsinstitutionen den Landesfürsten, den Grundherrn und schließlich den Hausvater vor, woraus in den verschiedenen Rechtsbereichen eine bestimmte Überordnung des Mannes über die Frau erwachsen konnte. Anders als in der Entwicklung des Privatrechtes war das Polizeirecht vom Ziel des Auf- und Ausbaues des „Gemeinen Nutzens" geleitet, wozu Männer und Frauen in gleichem Maße beizutragen hatten und deshalb gleich behandelt wurden. Bei der Anwendung des Polizeirechtes kam jedoch nicht nur die Grundstruktur des Hausmodells zum Tragen, sondern verschiedene diesem zugrundeliegende Strömungen und Wertungen, wobei vor allem auf die Theorie der dreifachen Minderwertigkeit der Frau verwiesen werden muß. Ausgehend von den naturwissenschaftlichen Kenntnissen der Zeit gelangte diese Theorie zur Aussage, daß die Frau eher zur Unzucht neige als der Mann, woraus im Zusammenspiel mit den christlich-aristotelischen Hausmodell der frühen Neuzeit zwei Folgerungen gezogen werden konnten: War der Mann befähigter als die Frau und ihr daher übergeordnet, dann muße er vorrangig für die Verhinderung außerehelicher Beziehungen Sorge tragen. Umgekehrt konnte auch die Position vertreten werden, daß die Frau für ihre stärkere Neigung zur Unzucht selbst einstehen sollte. Im Zuge der Entwicklung gewann die zweite Ansicht immer mehr an Boden, was pointiert als Wechsel der Bewertung der Frau von der Position der Verführten zur Position der Verführerin umschrieben werden kann. Wäre dieser schon im späten Mittelalter ausgebildete Ansatz auch für die Bestrafung von Unzuchtsfällen wirksam geworden, hätten daraus unterschiedliche, regelmäßig wohl schwerere Strafen für Frauen resultieren müssen. Nach Durchsicht von etwa 500 abgeurteilten oberösterreichischen Fornicationsfällen unter Beiziehung bereits publizierter Quellen ergaben sich jedoch keine Hinweise auf eine pauschal gehandhabte geschlechtsspezifische Ungleichbehandlung von Männern und Frauen. Unterschiede ergaben sich nicht generell, sondern nur im Einzelfall, wie auch aus einer Betrachtung der Gerichtsorganisation deutlich wird. Da die Entlohnung der mit der Durchführung polizeilicher Bestimmungen betrauten Herrschaftspfleger häufig in einem quotenmäßigen Anteil der eingegangenen Polizeistrafen bestand, waren die Pfleger in den meisten Fällen nur an der Zahl der Fornicationsfälle interessiert, nicht aber an einer Ungleichbehandlung der Fornicanten.

Der bedeutsamste Ansatzpunkt für die ungleiche Behandlung unehelicher Mütter und unehelicher Väter lag demnach im tatsächlichen Nahverhältnis zwischem dem Kind und seinen Eltern, wobei zwischen unehelichen Eltern unterschieden werden muß, deren Verbindung in eine Ehe oder eheähnliche Gemeinschaft mündete und solchen, die keine Dauerverbindung eingingen.

Die erste Gruppe, welche vor allem in der ländlichen Bevölkerung, kaum aber im Bürgertum begegnete, bildete sich meist als Folge der Sitte der Eheeinleitung oder auf Grund bestehender Heiratsbeschränkungen. Unzuchtsstrafen bewirkten in diesen Fällen oft nur den beschleunigten Abschluß der Formalehe, wurden manchmal aber auch in Kauf genommen, da nur so Heiratsbeschränkungen umgangen werden konnten. Darin lag ein wichtiger Ansatzpunkt für die Staffelung und Erhöhung der Fornicationsstrafen und der Grund für die Bestimmungen mancher Weistümer, daß entsprechende Paare der Herrschaft zu verweisen seien. Grundsätzlich scheinen jedoch Paare, deren Verbindung auf Dauer angelegt war, in der Rechtspraxis nicht unterschiedlich behandelt worden zu sein.

Führten die Geschlechtsbeziehungen hingegen nicht zu einer Dauerverbindung, mußte nach der streitigen oder unstreitigen Feststellung des Kindesvaters geklärt werden, ob und in welcher Höhe der Frau eine Entschädigung für ihre nach der Geburt eines unehelichen Kindes geminderte Heiratsaussicht zu geben war, wer die Entbindungskosten zu tragen hatte und wie hoch und in welcher Form der Unterhalt des Kindes zu erbringen war. Die Entscheidung der beiden ersten Fragen wurden regelmäßig davon abhängig gemacht, inwieweit die Frau für die Aufnahme der unehelichen Beziehung mitverantwortlich war, wobei geschlechtsspezifische Wertungen einfließen konnten. Obwohl der aus dem römisch-gemeinen Recht rezipierte Unterhaltsanspruch des unehelichen Kindes immer als Anspruch des Kindes gegen den unehelichen Vater galt, wurde er in der Rechtspraxis oftmals mit dem Anspruch der Mutter engstens verquickt und war so bis zu einem gewissen Grad vom Vorwurf der Leichtfertigkeit der Mutter abhängig. Als weiteres Problem mußte die Frage geklärt werden, welcher Elternteil das uneheliche Kind aufzuziehen hatte. Vereinzelt sind Bestimmungen und Entscheidungen der Rechtspraxis bekannt, welche die Erziehung dem unehelichen Vater zuwiesen, im Regelfall zog aber die uneheliche Mutter das Kind auf, während der Kindesvater Unterhalt zu leisten hatte. Sofern die uneheliche Mutter keinen eigenen Haushalt führte, war sie von der Versorgungslage und der jeweils herrschenden Haltung gegenüber unehelichen Müttern und unehelichen Kindern jenes Haushaltes abhängig, dem sie angehörte. Während das Bürgertum aus wirtschaftlichen Gründen oder auch wegen seiner Sittlichkeitsvorstellungen eine eher ablehnende Stellung bezog, war die ländliche

Bevölkerung grundsätzlich zur Aufnahme unehelicher Mütter und ihrer Kinder bereit, wurde aber durch polizeiliche Vorschriften in einzelnen Herrschaften dazu veranlaßt, uneheliche Mütter nicht zu behalten und zu unterstützen. Die Ausweisung bedeutete für die Betroffenen aber mehr als eine momentane Schwierigkeit Unterhalt und Wohnung zu finden, da bei Ausweisung kein Dienstzeugnis gegeben werden durfte, das seinerseits Anstellungserfordernis für eine neue Stellung war. Die uneheliche Mutter war damit in weiterer Folge auf die zuständigen Stadt- und Grundobrigkeiten angewiesen, deren Unterstützungsbereitschaft vom jeweiligen Herrschaftsträger abhing. Daraus entstehende Mißstände wurden erst unter dem Einfluß des Naturrechtes und des Merkantilismus abgestellt, als uneheliche Mütter nicht mehr entlassen und von den zuständigen Obrigkeiten nicht mehr abgeschoben werden durften, sondern unterstützt werden mußten.

Das Nahverhältnis zwischen unehelichen Müttern und ihren Kindern war außerdem ausschlaggebend für die Frage der Ehre unehelicher Eltern. Obwohl weder die altösterreichischen Polizeiordnungen die Ehre unehelicher Mütter und unehelicher Väter unterschiedlich treffende Strafen vorsahen, noch in der Rechtspraxis geschlechtsspezifische Ehrenstrafen verhängt wurden, konnte es in manchen Fällen zu einer schwereren Belastung der unehelichen Mutter kommen. Unter der Voraussetzung, daß die uneheliche Mutter das Kind aufzog, war das Kind ein sie stets begleitendes Zeugnis ihres „Fehlverhaltens", während der „Fehler" des unehelichen Vaters wegen des mangelnden Nahverhältnisses zum Kind leichter in Vergessenheit geriet. Außerdem konnten gerade auf die soziale Bewertung unehelicher Eltern zahlreiche außerrechtliche geschlechtsspezifische Vorstellungen einwirken. Auch in den Belangen der Ehre führte erst das Naturrecht zu einer Eindämmung entsprechender Mißstände.

Überblickt man die Lage unehelicher Mütter und die geringen Aussichten unehelicher Kinder auf ein glückliches Leben, verwundert es nicht, daß die Quellen der frühen Neuzeit von zahlreichen Abtreibungen, Kindesweglegungen und Kindesmorden berichten. Obwohl der Zusammenhang zwischen diesen Delikten und den Unzuchtsnormen bekannt war, gelangten erst die Vertreter des Naturrechtes zur Forderung nach der Abschaffung der Fornicationsnormen und zum Aufbau staatlicher Einrichtungen, die unehelichen Müttern Hilfe anstatt Verfolgung angedeihen lassen sollten.

Quellenverzeichnis

Bayerische Landesordnung 1616
Bayerische Landesordnung 1616, München 1616.

Beckmann, Idea iuris
Nicolaus von *Beckmann*, Idea iuris statuarii et consuetudinarii Stiriaci et Austriaci ..., Graz 1688.

CCT
Constitutio Criminalis Theresiana. Maria Theresias peinliche Gerichtsordnung. Faksimiledruck der Ausgabe Wien 1769, Osnabrück 1975.

Codex Austriacus
Codex Austriacus, I und II in einem Band, herausgegeben von Franz Anton Edler von Quarient, Wien1704, III (= Supplementum Codicis Austriaci I), herausgegeben von Sebastian Gottlieb Herrenleben, Leipzig 1748, IV (= Supplementum Codicis Austriaci II), herausgegeben von Sebastian Gottlieb Herrenleben, Wien 1752, V und VI herausgegeben von Thomas Ignaz Freiherr von Pöck, Wien 1777.

Consuetudinarienbuch
siehe *Oberösterreichisches Landesarchiv, Consuetudinarienbuch.*

Gál, Summa legum
Alexander *Gál*, Die summa legum brevis, levis et utilis des sogenannten Doctor Raymundus von Wiener-Neustadt, II Bände, Weimar 1926.

Geschichte der Stadt Wien
Geschichte der Stadt Wien, herausgegeben vom Wiener Altertumsverein, VIII Bände, Wien 1897-1918.

Hexenhammer
siehe *Sprenger* und *Institor, Hexenhammer.*

LGO 1656
Land = Gerichts = Ordnung 1656, gültig für Österreich unter der Enns, in: *Codex Austriacus*, II, 659-728.

Miscellanea Juridica
Miscellanea Juridica, in: *Sammlung Chorinsky*, Band 32.

Myller, Jurisprudentia
Myller von Freyburg, Jurisprudentia criminalis in iudicio castrensi et forensi seu corpus juris Caesari in delictis militaribus et criminalibus ... , Wien 1726.

Niederösterreichisches Landesarchiv, Herrschaft Sonnberg
Band 110.

NÖPO 1527
Die new pollicey vnd ordnung der hanndtwercher vnd dienstuolk der niderosterreichischen lande 1527, in: *Sammlung Chorinsky*, Band 43 (umfaßt IV und 60 Seiten).

NÖPO 1542

Romischer zu hungern und behaim etc. Küniglicher Mayestät Ertzherzogen zu Osterreich etc. ordnung vnd reformation gutter polizey in derselben niederösterreichischen landen anno MDXXXXII. Auffgericht, in: *Sammlung Chorinsky*, Band 43 (umfaßt 90 Seiten).

NÖPO 1552

Römischer zu hungernn vnnd behaimb etc. Küniglicher Mayestät Ertzhertzogen zu Osterreich etc. ordnung vnd reformation guter pollicey. In derselben fünff niederösterreichischen lannden vnd fürstlichen graffschafft Görtz aufgericht vnnd ernewert. Anno 1552, in: *Sammlung Chorinsky*, Band 43 (umfaßt VIII und 195 Seiten).

Oberösterreichisches Landesarchiv, Consuetudinarienbuch

—*Landschaftsarchiv*, Handschrift 112.

—*Neuerwerbungen*, Handschrift 160.

—*Stiftsarchiv Gleink*, Handschrift 134.

Oberösterreichisches Landesarchiv, Herrschaft Engelszell

—Handschrift E 511.

Oberösterreichisches Landesarchiv, Herrschaftsarchiv Eferding

—Starhemberger Handschrift 86.

Oberösterreichisches Landesarchiv, Herrschaftsarchiv Steyr

—Schachtel 50.

—Schachtel 378.

Oberösterreichisches Landesarchiv, Herrschaftsarchiv Wartberg

—Schachtel 40.

Oberösterreichisches Landesarchiv, Herrschaftsarchiv Weinberg

—Band 20, Nr. 14.

Oberösterreichisches Landesarchiv, Stadtarchiv Freistadt

—Schachtel 366.

Oberösterreichisches Landesarchiv, Statthaltereiakten

—Band 26.

Oberösterreichisches Landesarchiv, Stiftsarchiv Garsten

—Band 317, Nr. 19.

Oberösterreichisches Landesarchiv, Stiftsarchiv Mattighofen

—Band 10.

Oberösterreichische Weistümer

Oberösterreichische Weistümer, V Bände (=Österreichische Weistümer XII-XV), 1960-1978.

ONÖPO 1566

Der Rö. Khay. Mat. Maximilian des anndern, zu allen zeiten merer dess reichs, auch zu hungern vnd behem, etc. Künig, Ertzhertzog zu Osterreich, etc. reformation, bestätigung vnnd besserung, Weylendt Kayser Ferinanden, hochlöblichster gedächtniss, hiervor aussgangnen policey ordnung, in irer Kayserlichen Maiestat, niederösterreichischen landen, jetzt von newem aussgangen, vnd publiciert, anno MDLXVI, in: *Sammlung Chorinsky*, Band 43 (umfaßt I und 35 Seiten).

ONÖPO 1568
Polizey = Ordnung / auff die fünff nieder = oesterreichischen Länder / und die fürstliche graffschafft Görtz, in: *Codex Austriacus*, II, 147-151.

OÖ Landtafel
Landtafel des Erzherzogthums Österreich ob der Enns, VI Teile, in: *Sammlung Chorinsky*, Bände 22-24.

OT-L 1633
Tugendsame Lebens = Führung 1633, in: *Codex Austriacus*, II, 353-359.
Dazu ergingen Novellen in den Jahren 1663, 1677, 1683, 1683, ebenda, 359-362.

Reformation der Polizei im Viertel ob dem Wienerwald
Reformation der Polizei im Viertel ob dem Wienerwald vom Jahre 1524, in: *Sammlung Chorinsky*, Band 37, 142-164.

Reichs = Abschiede
Neue und vollständige Sammlung der Reichs = Abschiede, ... , II Bände, Neudruck der Ausgabe 1747, Osnabrück 1967.

Sachsenspiegel
Sachsenspiegel, Landrecht, herausgegeben von Karl August Eckhardt, Göttingen 1955.

Sammlung Chorinsky
Hektographisch vervielfältigte *Sammlung* des Grafen Carl *Chorisky* im Oberösterreichischen Landesarchiv mit einem Umfang von 52 numerierten Bänden, Signatur D 775/1-52.

Schwabenspiegel
Heinr. Gottfr. Gengler, Des *Schwabenspiegel*s Landrechtsbuch. Zum Gebrauche bei akademischen Vorträgen mit einem Wörterbuche herausgegeben ... , Erlangen ^{2}1875.

Sprenger und *Institor, Hexenhammer*
Jakob *Sprenger* und Heinrich *Institor*, Der *Hexenhammer* (Malleus maleficarum). Aus dem Lateinischen übertragen und eingeleitet von J. W. R. Schmidt, München 1982.

Stahel, Tractat
Veith *Stahel*, Tractat vom Erbrecht, in: Oberösterreichisches Landesarchiv, Herrschaftsarchiv Eferding, Starhemberger Handschrift 86, fol. 244-317.

StmkPO 1577
Ordnung guter policey. Wie solliche von der fürstlichen Durchleuchtigkait / Herrn Karln Ertzhertzogen zu Oesterreich / Hertzogen zu Burgundi / Steyer / Kärndten / Crain / vnd Wiertemberg / Grauen zu Tiroll vnd Görtz / etc. in derselben löblichen Hertzogthumb Steyer / mit vorwissen vnd rätlichem gutbeduncken einer allgemainen ersamen Landtschafft daselbst / im fünffzehn hundert / sieben vnd sibentzigisten jare / vernewert / auffgericht vnd bestett worden, Augsburg 1577.

Summa legum
siehe *Gál*, Summa legum.

Suttinger, Consuetudines
Johann Baptist *Suttinger von Thurnhof*, Consuetudines Austriacae, ... , Nürnberg 1718.

TPO 1573

Newe reformierte Landsordnung der fürstlichen graffschaft Tirol. Fürstlicher durchleuchitigkeyt ertzhertzogen Ferdinanden zu Österreich/Hertzogen zu Burgundi etc. Grafen zu Tirol etc. ordnung vnd reformation guter policey/in jrer durchleuchtigkait fürstlichen graffschafft Tirol, ... , o. O. 1573.

Tractatus de juribus incorporalibus

Tractatus de juribus incorporalibus, in: *Codex Austriacus*, I, 581-607.

Wekebrod, Sammlung

Franz Xaver *Wekebrod*, Sammlung der seit dem Jahre 1600 bis zum Jahre 1740 ergangenen allerhöchsten Gesetze. In chronologischer Ordnung, Brünn 1795.

Literaturverzeichnis

Adelung, Wörterbuch

Johann Christoph *Adelung*, Grammatisch=kritisches Wörterbuch der Hochdeutschen Mundart, mit beständiger Vergleichung der übrigen Mundarten, besonders aber der Oberdeutschen ...., Wien, Auflage 1811.

Andreas, Deutschland

Willy *Andreas*, Deutschland vor der Reformation, Stuttgart [5]1948.

Arbiter, Die Regeln

Petrus *Arbiter*, Die regeln des Christlichen Ehestandes/...., o.O. 1553.

Aventinus, Ain warnus

Aventinus, ain warnus vnd anzaigung der ursach, warumb got der her dem Türcken als ainem verfolger christlichen glaubens vnd namens so viel sigs wider uns christen gebe ... Zitiert nach den von der königlichen Akademie der Wissenschaften herausgegebenen sämtlichen Werken, Band 1, München 1881.

Bänninger, Untersuchungen

Hans *Bänninger*, Untersuchungen über den Einfluß des Polizeistaates im 17. und 18. Jahrhundert auf das Recht der Eheschließung in Stadt und Landschaft Zürich, Diss. phil., Zürich 1948.

Bauer, Liebesleben

Max *Bauer*, Liebesleben in deutscher Vergangenheit, Berlin o.J.

Beck, Tractatus

Johann Jodocus *Beck*, Tractatus von Schwäch- und Schwängerung der Jungfrauen und ehelichen Wittwen, Nürnberg 1743.

Bennecke, Lehre

Hans *Bennecke*, Die strafrechtliche Lehre vom Ehebruch in ihrer historisch-dogmatischen Entwicklung. 1. (einzige) Abteilung. Das römische, kanonische und das deutsche Recht bis zur Mitte des 15. Jahrhunderts. Neudruck der Ausgabe Marburg an der Lahn 1884, Aalen 1971.

Bodemeyer, Rechtsalterthümer

Hildebrand *Bodemeyer*, Hannoversche Rechtsalterthümer. Erster Beitrag. Die Luxus=und Sitten=Gesetze, Göttingen 1857.

Brachmann, Hausfriede

Gustav *Brachmann*, Der Hausfriede im Spiegel deutschen Volksrechtes in Österreich, in: Oberösterreiche Heimatblätter 13, Linz 1959, 327-354.

Brauneder, Ehescheidung

Wilhelm *Brauneder*, Die Ehescheidung dem Bande nach in den Landesordnungsentwürfen für Österreich unter und ob der Enns 1595 und 1609, in: Österreichisches Archiv für Kirchenrecht, 22, 1971, 273-290.

Brauneder, Gehalt
Wilhelm *Brauneder*, Der soziale und rechtliche Gehalt der österreichischen Polizeiordnungen des 16. Jahrhunderts, in: Zeitschrift für historische Forschung, 3. Band, Heft 1/2, Berlin 1976, 205-219.

Brückner, Ehrenstrafen
W. *Brückner*, Ehrenstrafen, in: *HRG*, I, Sp. 851-853.

Brunner, Rechtsgeschichte
Heinrich *Brunner*, Deutsche Rechtsgeschichte, Band I, Berlin ²1906, Band II, Neu bearbeitet von Claudius Freiherrn von Schwerin, Berlin ²1928.

Brunner, Grundbegriffe
Otto *Brunner*, Werner Conze und Reinhart Koselleck Hg., Geschichtliche Grundbegriffe. Historisches Lexikon zur politisch-sozialen Sprache in Deutschland, bisher V Bände, Stuttgart 1979-1984.

Brunner, Haus
Otto *Brunner*, Das „ganze Haus" und die alteuropäische „Ökonomik", in: Otto Brunner, Neue Wege der Sozialgeschichte, Vorträge und Aufsätze, Göttingen 1956, 33-61.

Brunner, Land
Otto *Brunner*, Land und Herrschaft. Grundfragen der territorialen Verfassungsgeschichte Österreichs im Mittelalter, Darmstadt ⁶1970.

Brunner, Studien
Otto *Brunner*, Zwei Studien zum Verhältnis von Bürgertum und Adel,
1. Das Wiener Bürgertum in Jans Enikels Fürstenbuch (116-134)
2. Bürgertum und Adel in Nieder- und Oberösterreich (135-154)
in: Brunner, Wege, 116-154.

Brunner, Wege
Otto *Brunner*, Neue Wege der Verfassungs- und Sozialgeschichte, Göttingen ²(1968).

Buechner, Frauenfrage
Karl *Buechner*, Die Frauenfrage im Mittelalter, in: Karl Buechner, Beiträge zur Wirtschaftsgeschichte, Tübingen 1922, 259-299.

Byloff, Hexenglaube
Fritz *Byloff*, Hexenglaube und Hexenverfolgung in den Österreichischen Alpenländern, Berlin-Leipzig, 1934.

Cantzler, Auß was ursach
Wolfgang *Cantzler*, Auß was ursach Gott den Türcken verhengt das er die Christenheit so starck überzeucht und mit blutdürstiger Hand / ermordt / verfolgt und hin wegk fürt ..., o.O. 1532.

Chorinsky, Vormundschaftsrecht
Carl Graf *Chorinsky*, Das Vormundschaftsrecht Niederösterreichs vom sechzehnten Jahrhundert bis zum Erscheinen des Josefinischen Gesetzbuches, Wien 1878.

Conrad, Rechtsgeschichte
Hermann *Conrad*, Deutsche Rechtsgeschichte, Band I, Karlsruhe ²1962, Band II, Karlsruhe 1966.

Coreth, Geschichtsschreibung
Anna *Coreth*, Österreichische Geschichtsschreibung der Barockzeit (1620-1740), Wien 1950.

Dahm, Strafrecht
Georg *Dahm*, Das Strafrecht Italiens im ausgehenden Mittelalter. Untersuchungen über die Beziehungen zwischen Theorie und Praxis im Strafrecht des Spätmittelalters, namentlich im XIV. Jahrhundert, Berlin-Leipzig 1931.

Demelius, Dorfversammlung
Heinrich *Demelius*, Über Dorfversammlung und Herrschaftsgericht im 17. Jahrhundert, in: Jahrbuch für Landeskunde und Heimatschutz von Niederösterreich und Wien. Neue Folge, 20. Jahrgang, 1926 und 1927, II. Teil, Wien 1927.

Dietrich, Eherecht
Hartwig *Dietrich*, Das protestantische Eherecht in Deutschland bis zur Mitte des 17. Jahrhunderts, München 1970.

Doehring, Geschichte
Erich *Doehring*, Geschichte der deutschen Rechtspflege seit 1500, Berlin (1953).

Donner, Rechte
Johann Udalrich *Donner*, Die österreichischen Rechte, das ist eine Einleitung zum Kenntniß aller in Österreich bis auf gegenwärtige Stunde übliche Gesetze und Gerechtsamen aus den Patenten und Resolutionen, nach Ordnung der öffentlichen Vorlesungen gezogen, und in Gestalt eines juridischen Wochenblatts zum Druck befördert von Johann Udalrich Donner, I. Theil, Wien 1777.

Dufour, Geschichte
Pierre *Dufour*, Geschichte der Prostitution. Deutsch von Adolf Stille und Dr. Bruno Schweiger. Fortgeführt und bis zur Neuzeit ergänzt von Franz Helbing, Band III, Berlin o. J.

Ebel, Geschichte
Wilhelm *Ebel*, Geschichte der Gesetzgebung in Deutschland, Göttingen 1958.

Eisenbart, Kleiderordnungen
Lieselotte Constanze *Eisenbart*, Kleiderordnungen der deutschen Städte zwischen 1350 und 1700. Ein Beitrag zur Kulturgeschichte des deutschen Bürgertums, Göttingen-Berlin-Frankfurt 1962.

Eisenhart, Grundsätze
D. Johann Friedrich *Eisenhart*, Deutsches Recht in Sprichwörtern. Nach seinem Werk „Grundsätze der deutschen Rechte in Sprichwörtern". Helmstädt 1759. Neu bearbeitet und mit Anmerkungen sowie mit einem Vor- und Nachwort versehen von Waldmann, Berlin (1935).

Eliade, Religionen
Mircea *Eliade*, Die Religionen und das Heilige. Elemente der Religionsgeschichte, Darmstadt 1976.

Elias, Prozeß
Norbert *Elias*, Über den Prozeß der Zivilisation. Soziogenetische und psychogenetische Untersuchungen, II Bände, Bern [2]1969.

Ellrichshausen, Consuetudinarienbücher
Egon *Ellrichshausen*, Die Consuetudinarienbücher im Oberösterreichischen Landesarchiv. Ein Beitrag zur Rechtsquellenforschung der frühen Neuzeit, in: Jahrbuch des oberösterreichischen Musealvereins. Gesellschaft für Landeskunde, Band 127/I, Linz 1982, 107-128.

Ellrichshausen, Legitimatio
Egon *Ellrichshausen*, Die legitimatio per oblationem curiae in Neith Stahels Traktat vom Erbrecht, in: Mitteilungen des Oberösterreichischen Landesarchives, 15, Linz 1986.

Ellrichshausen, Weiterwirken
Egon *Ellrichshausen*, Die Consuetudinarienbücher und ihr Weiterwirken in der österreichischen Rechtsentwicklung. Dargestellt an einem Beispiel zum Erb- und Vormundschaftsrecht, in: Bericht über den sechzehnten österreichischen Historikertag in Krems/Donau, 1985, 298-304.

Englisch, Geschichte
Paul *Englisch*, Geschichte der erotischen Literatur, Stuttgart 1927.

Erasmus von Rotterdam, Von loblichem herkomen
Erasmus von Rotterdam, Von loblichem herkomen notwendige eingriff ..., Augsburg 1542.

Erle, Ehe
Manfred *Erle*, Die Ehe im Naturrecht des 17. Jahrhunderts. Ein Beitrag zu den geistesgeschichtlichen Grundlagen des modernen Eherechtes, Göttingen 1952.

Erler, Dei Gratia
A. *Erler*, Dei Gratia, in: *HRG*, I, Sp. 672-673.

Erler, Frauenraub
A. *Erler*, Frauenraub (raptus), in: *HRG*, I, Sp. 1210-1212.

Erler, Gottes Gnaden von
A. *Erler*, Gottes Gnaden von, in: *HRG*, I, Sp. 1762.

Erler, Kranzgeld
A. *Erler*, Kranzgeld, in: *HRG*, II, Sp. 1177.

Fehr, Rechtsstellung
Hans *Fehr*, Die Rechtsstellung der Frau und der Kinder in den Weistümern, Jena 1912.

Feigl, Grundherrschaft
Helmuth *Feigl*, Die niederösterreichische Grundherrschaft vom angehenden Mittelalter bis zu den theresianisch-josephinischen Reformen, Wien 1964.

Feigl, Rechtsentwicklung
Helmuth *Feigl*, Rechtsentwicklung und Gerichtswesen Oberösterreichs im Spiegel der Weistümer, Wien 1974.

Felber, Unzucht
Alfons *Felber*, Unzucht und Kindsmord in der Rechtsprechung der freien Reichsstadt Nördlingen vom 15. bis 19. Jahrhundert, Diss. iur., Bonn 1961.

Fischer, Probenächte
Friedrich Christoph *Fischer*, Über die Probenächte der teutschen Bauernmädchen. Nachdruck der Ausgabe Leipzig 1780, Leipzig 1910.

Friedberg, Bußbücher
Emil *Friedberg*, Aus deutschen Bußbüchern. Ein Beitrag zur deutschen Culturgeschichte, Halle 1868.

Friedell, Kulturgeschichte
Egon *Friedell*, Kulturgeschichte der Neuzeit. Ungekürzte Ausgabe in einem Band, München o.J.

Fuchs, Ehrenstrafen
Irene *Fuchs*, Die Ehrenstrafen der Vergangenheit und Gegenwart, Diss. iur., Köln 1928.

Giesen, Konkubinat
D. *Giesen*, Konkubinat, in: *HRG*, II, Sp. 1074f.

Globig und *Huster*, Abhandlungen
Hans Ernst von *Globig* und Johann Georg *Huster*, Abhandlungen von der Criminal-Gesetzgebung. Eine von der ökonomischen Gesellschaft in Bern gekrönte Preisschrift, Zürich 1783.

Goldschmidt, Verwaltungsstrafrecht
James *Goldschmidt*, Das Verwaltungsstrafrecht. Eine Untersuchung der Grenzgebiete zwischen Strafrecht und Verwaltungsrecht auf rechtsgeschichtlicher und rechtsvergleichender Grundlage, Berlin 1902.

Grabmann, Studien
M. *Grabmann*, Studien über den Einfluß der aristotelischen Philosophie auf die mittelalterlichen Theorien über das Verhältnis von Kirche und Staat, Sitzungsbericht der Bayerischen Akademie der Wissenschaften, Philosophisch-historische Abteilung, Jahrgang 1934, Heft 2, München 1934.

Grimm, Rechtsaltertümer
Jacob *Grimm*, Deutsche Rechtsaltertümer. Nachdruck der 4. vermehrten Auflage, Leipzig 1899, II Bände, Darmstadt 1974.

Hansen, Quellen
Josef Hansen, Quellen und Untersuchungen zur Geschichte des Hexenwahns und der Hexenverfolgung im Mittelalter, Bonn 1901.

Hansen, Zauberwahn
Josef *Hansen*, Zauberwahn, Inquisition und Hexenprozeß im Mittelalter und die Entstehung der großen Hexenverfolgung, München - Leipzig 1900.

Hartl, Kriminalgericht
Friedrich *Hartl*, Das Wiener Kriminalgericht. Strafrechtspflege vom Zeitalter der Aufklärung bis zur österreichischen Revolution, Wien - Köln - Graz (1973).

Hartung, Volk
Fritz *Hartung*, Volk und Staat in der deutschen Geschichte. Gesammelte Abhandlungen, Leipzig 1940.

HdA
Handwörterbuch des Deutschen Aberglaubens, X Bände, Berlin - Leipzig 1927 - 1942.

Heierle, Geschichte
Jacob *Heierle*, Die Geschichte des Vaterschaftsprozesses nach dem Züricherischen Recht, Zürich 1948.

Hellbling, Tat- und Täterbezeichnung
Ernst C. *Hellbling*, Tat- und Täterbezeichnung, Täterwillen und Schuldformen nach den wichtigsten landrechtlichen Kodifikationen Österreichs vom Ausgang des Mittelalters bis zur Theresiana und der CCC — eine Gegenüberstellung, in: Festschrift Hermann Baltl, Innsbruck 1978, 297-307.

Hellbling, Verfassungs- und Verwaltungsgeschichte
Ernst C. *Hellbling*, Österreichische Verfassungs- und Verwaltungsgeschichte, Wien 1956.

Hentig, Strafe
Hans von *Hentig*, Die Strafe, Berlin-Göttingen-Heidelberg, Band I, 1954, Band II, 1955.

Hinschius, System
Paul *Hinschius*, System des katholischen Kirchenrechts mit besonderer Rücksicht auf Deutschland, VI Bände, Neudruck der Ausgabe Berlin 1869-1897, Aalen 1959.

His, Geschichte
Rudolf *His*, Geschichte des deutschen Strafrechts bis zur Karolina (unveränderter reprografischer Nachdruck der Ausgabe München-Berlin 1928), München 1967.

His, Strafrecht
Rudolf *His*, Das Strafrecht des deutschen Mittelalters. Teil 1 und 2, Neudruck der Ausgabe 1920, II Bände, Aalen 1964

Hoegel, Geschichte
Hugo *Hoegel*, Geschichte des Österreichischen Strafrechtes in Verbindung mit einer Erläuterung seiner grundsätzlichen Bestimmungen. Erstes Heft: I. Übersicht der Geschichte des österreichischen Strafrechtes, II. Die allgemeinen Schuldformen, Wien 1904, Zweites Heft: III. Die vorsätzlichen Straftaten gegen Leib und Leben, Wien 1905.

Hoffmann, Polizeisätze
Hermann *Hoffmann*, Würzburger Polizeisätze. Gebote und Ordnungen des Mittelalters 1125-1495, Würzburg 1955.

Hoheneck, Herren = Stände
Johann Georg Adam Freiherr von *Hoheneck*, Die Löblichen Herren Herren Stände Deß Ertz = Herzogthumb Oesterreich ob der Ennß..., III Bände, Passau 1727-1742.

Holzhauer, Majestätsbeleidigung
H. *Holzhauer*, Majestätsbeleidigung, in: *HRG*, III, Sp. 177-182.

Hoops, Reallexikon
Johannes *Hoops*, Reallexikon der germanischen Altertumskunde, Berlin-New York 1973ff.

HRG
Handwörterbuch zur deutschen Rechtsgeschichte herausgegeben von Adalbert Erler u.a., Band I, Berlin 1971, Band II, Berlin 1978, Band III, Berlin 1984, Band IV, Berlin 1985ff.

Hügel, Findelhäuser
Fr. S. *Hügel*, Die Findelhäuser und das Findelwesen Europa's, ihre Geschichte, Gesetzgebung, Verwaltung, Statistik und Reform, Wien 1863.

Hugo, Lehrbuch
Gustav *Hugo*, Lehrbuch des Naturrechts 1819. Eingeleitet von Th. Vieweg. Nachdruck der Ausgabe Berlin 1819, Glashütten im Taunus 1971.

Huizinga, Herbst
Johan Huizinga, Herbst des Mittelalters. Studien über Lebens- und Geistformen des 14. und 15. Jahrhunderts in Frankreich und in den Niederlanden. Herausgegeben von Kurt Köster, Stuttgart ([11]1975).

Hye, Beitrag
Anton *Hye*, Beitrag zur österreichischen Strafrechtsgeschichte, in: Zeitschrift für österreichische Rechtsgelehrsamkeit und politische Gesetzeskunde 1844/I, 372-386.

Janovsky, Prostitution
B. *Janovsky*, Die Prostitution, in: K. Koßmann und Jul. Weiß (Hg), Mann und Weib. Ihre Beziehung zueinander und zum Kulturleben der Gegenwart, Band II, Stuttgart-Berlin-Leipzig o.J., 436-487.

Justi, Grundsätze
Johann Heinrich Gottlob von *Justi*, Grundsätze der Policey=Wissenschaft in einem vernünftigen, auf den Endzweck der Policey gegründeten, Zusammenhange Und zum Gebrauch Academischer Vorlesungen abgefasset, Göttinggen [2]1759.

Kaufmann, Notzucht
E. *Kaufmann*, Notzucht, in: *HRG*, III, Sp. 1101 f.

Kink, Geschichte
Ruedolf *Kink*, Geschichte der kaiserlichen Universität zu Wien, Band I, Theil I, Geschichtliche Darstellung, Theil II, Urkundliche Beilagen, Wien 1854.

Klein-Bruckschwaiger, Landtafelentwurf
Franz *Klein-Bruckschwaiger*, Veit Stahels erster Landtafelentwurf für Österreich ob der Enns, in: Jahrbuch des oberösterreichischen Musealvereins, 92. Band, Linz 1947, 215-255.

Knecht, Handbuch
August *Knecht*, Handbuch des katholischen Eherechts, Freiburg 1928.

Knemeyer, Polizei
Franz-Ludwig *Knemeyer*, Polizei, in: Brunner, Grundbegriffe, IV, 875-897.

Koebner, Eheauffassung
Richard *Koebner*, Eheauffassung des ausgehenden Mittelalters. (Vorbemerkungen und Kapitel IV: Die religiöse Beurteilung des ehelichen Lebens), Diss. phil., Breslau 1911.

Koestler, Ehebewilligung
R. *Koestler*, Die väterliche Ehebewilligung, in: U. Stutz (Hg), Kirchenrechtliche Abhandlungen, Heft 51, Stuttgart 1908.

Kolb, Heirat
Franz *Kolb*, Heirat und Ehe in der Wipptaler Bauernfamilie. Nach den Gerichtsbüchern des 16. Jahrhunderts, in: Tiroler Heimat. Jahrbuch für Geschichte und Volkskunde, XIX. Band, Innsbruck-Wien 1955.

Kramer, Bamberg
Karl-Sigismund *Kramer*, Volksleben im Hochstift Bamberg und im Fürstentum Coburg (1500-1800). Eine Volkskunde auf Grund archivalischer Quellen, Würzburg 1967.

Kramer, Braut
Karl-Sigismund *Kramer*, Braut, in: *HRG*, I, Sp. 514-517.

Kramer, Grundriß
Karl-Sigismund *Kramer*, Grundriß einer rechtlichen Volkskunde, Göttingen 1874.

Kreittmayer, Anmerkungen
Wigelius Xaverius Aloisius Freiherr von *Kreittmayer*, Anmerkungen über den Codicem Maximilianeum Bavaricum civilem..., München 1768.

Kroeschell, Bürger
K. *Kroeschell*, Bürger, in: *HRG*, I, Sp. 543-553.

Kroeschell, Familia
K. *Kroeschell*, Familia, in: *HRG*, I, Sp. 1066-1067.

Kroeschell, Haus
Karl *Kroeschell*, Haus und Herrschaft im frühen deutschen Recht, (Göttingen 1968).

Kuenssberg, Volkskunde
Eberhard Freiherr von *Kuenssberg*, Rechtliche Volkskunde, Halle an der Saale 1936.

Leineweber, Beziehungen
Anke *Leineweber*, Die rechtlichen Beziehungen des nichtehelichen Kindes zu seinem Erzeuger in der Geschichte des Privatrechtes, Königstein/Taunus, 1978.

Leitich, Maßnahmen
Kristl *Leitich*, Obrigkeitliche Maßnahmen zur Hebung der Sitten in den Ländern Unter und Ob der Enns während der frühen Neuzeit. Landesfürstliche und herrschaftliche Ordnungen von 1520 bis 1780, Diss. phil., Wien 1968.

Lexer, Handwörterbuch
Matthias *Lexer*, Mittelhochdeutsches Handwörterbuch. Nachdruck der Ausgabe Leipzig 1872-1878, III Bände, Stuttgart 1970.

Lieberich, Anfänge
Heinz *Lieberich*, Die Anfänge der Polizeigesetzgebung des Herzogtums Baiern, in: Festschrift für Max Spindler zum 75. Geburtstag herausgegeben von Dieter Albrecht, Andreas Kraus, Kurt Reindl, München (1969).

Lieberwirth, Ehebruch
R. *Lieberwirth*, Ehebruch, in: *HRG*, I, Sp. 836-839.

LThK
Lexikon für Theologie und Kirche, begründet von Dr. Michael Buchberger. Zweite, völlig neu bearbeitete Auflage, X Bände, Freiburg 1857-65.

Lutz, Sitte
Gerhard *Lutz*, Sitte und Infamie. Untersuchungen zur rechtlichen Volkskunde am Phänomen des Verrufs, Diss. phil., Würzburg 1954.

Maier, Staats- und Verwaltungslehre
Hans *Maier*, Die ältere deutsche Staats- und Verwaltungslehre (Polizeiwissenschaften). Ein Beitrag zur Geschichte der politischen Wissenschaften in Deutschland, (Neuwied am Rhein - Berlin), (1966).

Marcuse, Handwörterbuch
Max *Marcuse* (Hg), Handwörterbuch der Sexualwissenschaft. Enzyklopädie der natur- und kulturwissenschaftlichen Sexualkunde des Menschen, Bonn ²1926.

Marcuse, Incubi und Succubi
Max *Marcuse*, Incubi und Succubi, in: Marcuse, Handwörterbuch 295 - 297.

Marcuse, Kommnächte
Max *Marcuse*, Kommnächte, Probenächte, Zeitehe, in: Marcuse, Handwörterbuch, 381 - 383.

Mayer - Maly, Gemeinwohl
Theo *Mayer - Maly*, Gemeinwohl und Necessitas, in: Rechtsgeschichte als Kulturgeschichte. Festschrift für Adalbert Erler zum 70. Geburtstag, Aalen 1976, 135 - 145.

Melzer, Geschichte
Raimund *Melzer*, Geschichte der Findlinge in Österreich mit besonderer Rücksicht auf ihre Verhältnisse in Jllyrien, Leipzig 1846.

Merzbacher, Ehe, kirchenrechtlich
F. *Merzbacher*, Ehe, kirchenrechtlich, in: *HRG*, I, Sp. 833 - 836.

Merzbacher, Infamie
F. *Merzbacher*, Infamie, in: *HRG*, II, Sp. 358 - 360.

Merzbacher, Kirchenbuße
F. *Merzbacher*, Kirchenbuße (poenitentia, punitentia), in: *HRG*, II, Sp. 750 - 752.

Michl, Geschlechtsleben
J. *Michl*, Geschlechtsleben, in: *LThK*, IV, Sp. 808 - 810.

Mikat, Ehe
P. Mikat, Ehe, in: *HRG*, I, Sp. 809 - 833.

Mischler und *Ulbrich*, Staatswörterbuch
Ernst *Mischler* und Josef *Ulbrich*, Österreichisches Staatswörterbuch. Handbuch des gesamten österreichischen öffentlichen Rechtes, IV Bände, Wien 1905 - 1909.

Mitteis, Rezeption
Heinrich *Mitteis*, Zur Geschichte der Rezeption in Österreich, in: Zeitschrift der Savigny Stiftung für Rechtsgeschichte, Germanistische Abteilung, 66, 1948, 524 - 528.

Mitterauer, Mütter
Michael *Mitterauer*, Ledige Mütter. Zur Geschichte unehelicher Geburten in Europa, München (1983).

Mitterer, Mann
Albert Mitterer, Mann und Weib nach dem biologischen Weltbild des heiligen Thomas und dem der Gegenwart, in: Zeitschrift für katholische Theologie, 57. Band, Innsbruck 1933, 491 - 556, 1. Heft.

Mommsen, Strafrecht
Th. *Mommsen*, Römisches Strafrecht, Nachdruck der Ausgabe 1899, Graz 1955.

Moos, Verbrechensbegriff
Reinhard *Moos*, Der Verbrechensbegriff in Österreich im 18. und 19. Jahrhundert. Sinn- und Strukturwandel, Bonn 1968.

Moser, Jungfernkranz
Hans *Moser*, Jungfernkranz und Strohkranz, in: Das Recht der kleinen Leute. Beiträge zur Rechtlichen Volkskunde. Festschrift für Karl-Sigismund Kramer, herausgegeben von Konrad Köstlin und Kai Detlev Sievers, Berlin (1976).

Motloch, Landesordnungen
Th. *Motloch*, Länder, Landesordnungen (geschichtlich) und Landhandfesten, in: Mischler und Ulbrich, Staatswörterbuch, III, Wien 1907, 331-356.

Müller-Freienfels, Religion-Psychologie
Richard *Müller-Freienfels*, Religion-Psychologie, in: Marcuse, Handwörterbuch, 655-666.

Oehler, Erweiterung
Dietrich *Oehler*, Die Erweiterung der Strafgewalt im oberitalienischen Recht der zweiten Hälfte des Mittelalters, in: Aktuelle Fragen aus modernem Recht und Rechtsgeschichte. Gedächtnisschrift für Rudolf Schmidt, Berlin (1966), 493-505.

Ogris, Ärgere Hand
W. *Ogris*, Ärgere Hand, in: *HRG*, I, Sp. 218-220.

Ogris, Geschäftsfähigkeit
W. *Ogris*, Geschäftsfähigkeit, in: *HRG*, I, Sp. 1594-1596.

Ogris, Hausgemeinschaft
W. *Ogris*, Hausgemeinschaft, in: *HRG*, I, Sp. 2024-2026.

Ogris, Munt, Muntwalt
W. *Ogris*, Munt, Muntwalt, in: *HRG*, III, Sp. 750-761.

Osenbrueggen, Strafrecht
Eduard *Oesenbrueggen*, Das alemannische Strafrecht im deutschen Mittelalter, Nachdruck der Ausgabe Schaffhausen 1860, Aalen 1968.

Panzer, Tanz
Marianne *Panzer*, Tanz und Recht, Frankfurt am Main 1938.

Patzelt, Entstehung
Erna *Patzelt*, Entstehung und Charakter der Weistümer in Österreich. Beitrag zur Geschichte der Grundherrschaft, Urbarialreform und Bauernschutzgesetzgebung vor Maria Theresia. Neudruck der Ausgabe Budapest 1924, Aalen 1979.

Pichler, Necessitas
Johannes W. *Pichler*, Necessitas. Ein Element des mittelalterlichen und neuzeitlichen Rechts. Dargestellt am Beispiel österreichischer Rechtsquellen, Berlin (1983).

Pichler, Necessitas non habet legem
Johannes W. *Pichler*, Necessitas non habet legem, in: Aus Österreichs Rechtsleben in Geschichte und Gegenwart. Festschrift für Ernst C. Hellbling zum 80. Geburtstag, Berlin 1981, 659-682.

Portmann, Wesen

Heinrich *Portmann*, Wesen und Unauflöslichkeit der Ehe in der kirchlichen Wissenschaft und Gesetzgebung des 11. und 12. Jahrhunderts. Ein Beitrag zur kirchlichen Rechtsgeschichte, Emsdetten 1938.

Preu, Polizeibegriff

Peter *Preu*, Polizeibegriff und Staatszwecklehre. Die Entwicklung des Polizeibegriffs durch die Rechts- und Staatswissenschaften des 18. Jahrhunderts, Göttingen 1983.

Prinz, Mönchtum

Friedrich *Prinz*, Frühes Mönchstum in Frankreich. Kultur und Gesellschaft in Gallien, den Rheinlanden und Bayern am Beispiel der monastischen Entwicklung (4.-8. Jahrhundert), München-Wien 1965.

Quanter, Schand- und Ehrenstrafen

Rudolf *Quanter*, Die Schand- und Ehrenstrafen, Dresden 1901.

Quanter, Sittlichkeitsverbrechen

Rudolf *Quanter*, Sittlichkeitsverbrechen im Laufe der Jahrhunderte und ihre strafrechtliche Beurteilung, Berlin [8]1925.

Reitzenstein, Liebe

Ferdinand von *Reitzenstein*, Liebe und Ehe im Mittelalter, Stuttgart [3] o.J.

RGG

Die Religion in Geschichte und Gegenwart. Handwörterbuch für Theologie und Religionswissenschaft, I, Tübingen [3]1957, Sp. 639-648.

Richter, Lehrbuch

Aemilius Ludwig *Richter*, Lehrbuch des katholischen und evangelischen Kirchenrechts. Mit besonderer Rücksicht auf deutsche Zustände, Leipzig [8]1886, 343ff. und 349ff.

Rosenberger, Sexualstrafrecht

Fritz Eduard *Rosenberger*, Das Sexualstrafrecht in Bayern von 1813 bis 1871, Diss. iur., Marburg 1973.

Rudeck, Geschichte

Wilhelm *Rudeck*, Geschichte der öffentlichen Sittlichkeit in Deutschland, Berlin [2]1905.

Schäferdiek, Christentum der Bekehrungszeit

Knut *Schäferdiek*, Christentum der Bekehrungszeit, I. Historisch-Religionswissenschaftliches, A. Kirchliche Voraussetzungen der Germanenbekehrung, in: Hoops, Reallexikon, IV, 1981, Sp. 501-510.

Scharfe, Kontrolle

Martin *Scharfe*, Soziale Kontrolle, soziale Sanktion, in: Schulwarte 12, (1969), 892ff.

Scharr, Privatrecht

Erwin *Scharr*, Römisches Privatrecht Lateinisch und Deutsch. Ausgewählt, übertragen und eingeleitet von Erwin Scharr, Zürich-Stuttgart (1960).

Scheuer, Bett

O. F. *Scheuer*, Bett, in: Marcuse, Handwörterbuch, 52-53.

Scheuer, Brautnacht

O. F. *Scheuer*, Bett und Defloration, in: Marcuse: Handwörterbuch, 73-75.

Scheyhing, Adel
R. *Scheyhing*, Adel, in: *HRG*, I, Sp. 41-51.

Schmalzgrueber, Jus
Franciscus *Schmalzgrueber*, Jus ecclesiasticum universum..., Rom 1843-1845.

Schmelzeisen, Polizeiordnungen
Gustav Klemens *Schmelzeisen*, Polizeiordnungen und Privatrecht, Münster-Köln 1955.

Schmelzeisen, Rechtsgebot
Gustav Klemens *Schmelzeisen*, Das polizeiliche Rechtsgebot in der neueren Privatrechtsgeschichte, Karlsruhe 1967.

Schmelzeisen, Rechtsstellung
Gustav Klemens *Schmelzeisen*, Die Rechtsstellung der Frau in der deutschen Stadtwirtschaft. Eine Untersuchung zur Geschichte des deutschen Rechts, Stuttgart 1935.

Schmidt, Einführung
Eberhard *Schmidt*, Einführung in die Geschichte der deutschen Strafrechtspflege, Göttingen [3]1965.

Schmidt, Halsgerichtsordnungen
Eberhard *Schmidt*, Die Maximilianischen Halsgerichtsordnungen für Tirol (1499) und Radolfzell (1506) als Zeugnisse mittelalterlicher Strafrechtspflege, Schloß Bleckede an der Elbe 1949.

Schreiber, Gemeinschaften
Georg *Schreiber*, Gesammelte Abhandlungen, 1. Gemeinschaften des Mittelalters Recht und Neufassung, Kult und Frömmigkeit, Münster 1948.

Schubart-Fikentscher, Thesen
Gertrud *Schubart-Fikentscher*, Goethes sechsundfünfzig Straßburger-Thesen vom 6. August 1771. Ein Beitrag zur Geschichte der deutschen Rechtswissenschaft, Weimar 1949.

Schubart-Fikentscher, Unehelichen-Frage
Gertrud *Schubart-Fikentscher*, Die Unehelichen-Frage in der Frühzeit der Aufklärung, Berlin 1967.

Schwab, Familie
D. *Schwab*, Familie, in: *HRG*, I, Sp. 1067-1071.

Schwab, Gleichberechtigung (der Geschlechter)
D. *Schwab*, Gleichberechtigung (der Geschlechter), in: *HRG*, I, Sp. 1696-1702.

Schwab, Grundlagen
Dieter *Schwab*, Grundlagen und Gestalt der staatlichen Ehegesetzgebung in der Neuzeit bis zum Beginn des 19. Jahrhunderts, Bielefeld 1967.

Schwab, Heiratserlaubnis
D. *Schwab*, Heiratserlaubnis, in: *HRG*, II, Sp. 60-66.

Schwab, Kind
D. *Schwab*, Kind, in: *HRG*, II, Sp. 717-725.

Schwarzlmüller, Berufslaufbahn
Josef *Schwarzlmüller*, Die Berufslaufbahn: Lehrlinge-Geselle-Meister in den Handwerkszünften Oberösterreichs, Wien 1979.

Schwarzlmüller, Lehrling
Josef *Schwarzlmüller*, Vom Lehrling zum Meister im alten Schneiderhandwerk Oberösterreichs (vom Mittelalter bis zur Gewerbeordnung 1859), (Linz) (1984).

Schwerin, Buchbesprechung Merschberger
Claudius Freiherr von *Schwerin*, Gerda Merschberger, Die Rechtsstellung der germanischen Frau, Leipzig 1937, in: Zeitschrift der Savigny Stiftung für Rechtsgeschichte, Germanistische Abteilung, 58, 1938, 824-839.

Segall, Geschichte
Josef *Segall*, Geschichte und Strafrecht der Reichspolizeiordnungen von 1530, 1548 und 1577, Dis iur., Gießen (1913).

Simon, Untertanenverhalten
Christian *Simon*, Untertanenverhalten und obrigkeitliche Moralpolitik. Studien zum Verhältnis zwischen Stadt und Land im ausgehenden 18. Jahrhundert am Beispiel Basels, Basel-Frankfurt am Main 1981.

Sonnenfels, Grundsätze
Josef von *Sonnenfels*, Grundsätze der Polizey, Handlung und Finanzwissenschaft, III Teile, ^{3}1770-1776.

Staehlin, Sittenzucht
Adrian *Staehlin*, Sittenzucht und Sittengerichtsbarkeit in Basel, in: Zeitschrift der Savigny Stiftung für Rechtsgeschichte, Germanistische Abteilung, 85, 1968, 78-103.

Starkenfels, Wappen
Die Wappen des Adels in Oberösterreich. J. Sibmachers großes Wappenbuch, Band 27, Neustadt an der Aisch 1984.

Stintzing-Landsberg, Geschichte
R(oderich von) *Stintzing-Landsberg*, Geschichte der deutschen Rechtswissenschaft. Von R(oderich v.) Stintzing (Abteilung 3: Ernst Landsberg), 3. Abteilung, (Nachdruck der Ausgabe München-Leipzig 1880-1910), (Aalen 1957).

Stobbe, Handbuch
Otto *Stobbe*, Handbuch des deutschen Privatrechts, V Bände, Berlin 1883-1893.

Sudhoff, Prostitution
Karl *Sudhoff*, Prostitution, Geschichte, in: Marcuse, Handwörterbuch, 594-601.

Ter Laan, woordenboek
K. *Ter Laan*, Folkloristisch woordenboek van Nederland en Vlaams België, 's-Gravenhage, 1949.

Tremel, Wirtschafts- und Sozialgeschichte
Ferdinand *Tremel*, Wirtschafts- und Sozialgeschichte Österreichs, Wien 1969.

Vögtle, Unzucht
A. *Vögtle*, Unzucht, in *LThK*, X, Sp. 538.

Voltelini, Lehren
Hans von *Voltelini*, Die naturrechtlichen Lehren und die Reformen des 18. Jahrhunderts, in: Historische Zeitschrift, Band 105, (1910), 65-104.

Waas, Mensch
Adolf *Waas*, Der Mensch im deutschen Mittelalter, Graz-Köln 1964.

Waechtershaeuser, Verbrechen
Wilhelm *Waechtershaeuser*, Das Verbrechen des Kindesmordes im Zeitalter der Aufklärung. Eine rechtsgeschichtliche Untersuchung der dogmatischen, prozessualen und rechtssoziologischen Aspekte, (Berlin) (1973).

Weber, Dekalog
Hellmuth von *Weber*, Der Dekalog als Grundlage der Verbrechenssystematik, in: Festschrift für Wilhelm Sauer zu seinem 70. Geburtstag am 24. Juni 1949, Berlin 1949, 44-70.

Weber, Geschlechtlichkeit
L. M. *Weber*, Geschlechtlichkeit, in: *LThK*, IV, Sp. 803-807.

Weber, Wirtschaft
Max *Weber*, Wirtschaft und Gesellschaft, Tübingen [5]1972.

Weinhold, Frauen
Karl *Weinhold*, Die deutschen Frauen in dem Mittelalter, II Bände, Wien 1897.

Werunsky, Maiestas Karolina
Emil *Werunsky*, Die Maiestas Karolina, in: Zeitschrift der Savigny Stiftung für Rechtsgeschichte, Germanistische Abteilung, 9, 1888, 64-103.

Wesener, Rechtsstellung
Gunther *Wesener*, Die Rechtsstellung des unehelichen Kindes in Österreich (vom Mittelalter bis zur Gegenwart), in: L'Enfant. Recueils de la Societé Jean Bodin XXXVI, Bruxelles 1976, 493-515.

Wieacker, Privatrechtsgeschichte
Franz *Wieacker*, Privatrechtsgeschichte der Neuzeit unter besonderer Berücksichtigung der deutschen Entwicklung, Göttingen 1952.

Wiese, Religion-Soziologie
L. von *Wiese*, Religion-Soziologie, in: Marcuse, Handwörterbuch, 653-655.

Wikman, Einleitung
K. Rob. V. *Wikman*, Die Einleitung der Ehe. Eine vergleichende ethno-soziologische Untersuchung über die Vorstufe der Ehe in den Sitten des schwedischen Volkstums, in: Acta Academiae Aboensis Humaniora, Band XI, Abo 1937, 1-384.

Wisnicki, Geschichte
Fritz *Wisnicki*, Die Geschichte der Abfassung des Tractatus de iuribus incorporalibus, in: Jahrbuch für Landeskunde und Heimatschutz von Niederösterreich und Wien. Neue Folge, 1927, 69-91.

Wolzendorff, Polizeigedanke
Kurt *Wolzendorff*, Der Polizeigedanke des modernen Staats. Ein Versuch zur allgemeinen Verwaltungslehre unter besonderer Berücksichtigung der Entwicklung in Preußen, Neudruck der Ausgabe Breslau 1918, Aalen 1964.

Würtenberger, System
Thomas *Würtenberger*, Das System der Rechtsgüterordnung seit 1532. Freiburger Preisschrift des Jahres 1932, Breslau - Neukirch 1933.

Zatschek, Ordnung
H. *Zatschek*, Die Ordnung der Wiener Goldschmiedezeche aus dem Jahre 1367, Wien 1950.

Zeiller, Commentar
Franz von *Zeiller*, Commentar über das allgemeine bürgerliche Gesetzbuch, IV Bände, Wien und Triest 1812 - 1813.

Zunkel, Ehre, Reputation
Friedrich *Zunkel*, Ehre, Reputation, in: Brunner, Grundbegriffe, II, 1 - 63.

FSC
www.fsc.org
MIX
Papier | Fördert
gute Waldnutzung
FSC® C083411

Kolibri 360 GmbH
Ferdinand-Jühlke-Straße 7
99095 Erfurt, Deutschland
produktsicherheit@kolibri360.de

Druck:
CPI Druckdienstleistungen GmbH
im Auftrag der
Kolibri 360 GmbH
Ferdinand-Jühlke-Str. 7
99095 Erfurt